高职高专人力资源管理创新系列教材

工作分析

何永强　李济良　主编

中国财富出版社

图书在版编目（CIP）数据

工作分析／何永强，李济良主编．—北京：中国财富出版社，2019.4（2021.8 重印）
（高职高专人力资源管理创新系列教材）
ISBN 978－7－5047－6880－3

Ⅰ.①工…　Ⅱ.①何…　②李…　Ⅲ.①人力资源管理—高等职业教育—教材
Ⅳ.①F243

中国版本图书馆 CIP 数据核字（2019）第 058000 号

策划编辑　谷秀莉　　责任编辑　邢有涛　栗　源
责任印制　尚立业　　责任校对　孙丽丽　　责任发行　杨　江

出版发行　中国财富出版社
社　　址　北京市丰台区南四环西路 188 号 5 区 20 楼　　邮政编码　100070
电　　话　010－52227588 转 2098（发行部）　　010－52227588 转 321（总编室）
　　　　　010－52227588 转 100（读者服务部）　　010－52227588 转 305（质检部）
网　　址　http://www.cfpress.com.cn
经　　销　新华书店
印　　刷　宝蕾元仁浩（天津）印刷有限公司
书　　号　ISBN 978－7－5047－6880－3/F・3006
开　　本　787mm×1092mm　1/16　　版　　次　2019 年 7 月第 1 版
印　　张　15.75　　印　　次　2021 年 8 月第 2 次印刷
字　　数　336 千字　　定　　价　42.00 元

前　言

随着知识经济时代的到来，全球化竞争不断加剧，人力资源管理作为企业的核心资源，越来越受到学者和企业家的关注，由此衍生出的人力资源管理，同样成为企业管理的重要组成部分。而工作分析作为人力资源管理体系的基础，其结果可以被应用到人力资源管理的各个方面，如企业定岗定检定员、薪酬福利、体系设置、绩效管理、招聘选拔等。只有学习和掌握工作分析的理论和方法，才能真正优化企业人力资源管理，为企业健康发展夯实基础。

本书是一本能够更好地为工作分析实践提供理论分析和方法指导的教材，具有较为完善的理论体系框架，全书共八章，分别从工作分析总论、工作分析方法与工具、工作分析流程、工作描述、岗位规范、工作说明书、工作分析结果的应用、工作设计这八个方面对工作分析做了全面、系统的论述，旨在让读者通过本教材，不仅能对工作分析的基本理论有一个全面的了解，还能把所学到的工作分析的方法应用到实践中去，以帮助读者加深对工作分析的认识，并能够在实际生活中更有效地开展工作分析活动。

具体来讲，本书主要有几大特点：

（1）体例设置新颖，趣味性十足。本书在对工作分析理论进行系统且全面介绍的同时，在体例设置方面也有所创新。首先，在每一章插入了“学习目标”模块，旨在使读者更加清楚地了解每章的理论内容设置；其次，还插入了“知识延伸”“拓展阅读”两大模块，目的是增强读者的阅读兴趣，拓宽其知识视野；最后，通过“本章回顾”“思考题”两大模块，帮助读者进行复习和思考，加深其对工作分析等相关内容的认识。

（2）紧密结合企业实际，立足人力资源管理实践。本书力求用科学的理论与方法指导工作分析实践，本书每一章均设有“案例引入”模块，以此把读者的注意力吸引到本章的主题上，在增强读者对理论知识深入理解的同时，通过我国国内的人力资源管理案例来提高其工作分析的实际操作能力。

（3）前沿性与科学性兼顾。本书以学科前沿为背景，在内容的选择和编写上突出了基础心理学、行为经济学等分支学科、领域的最新进展，以及这些学科的进展在实际问题中的具体应用。同时，本书还充分吸收了国内外相关教材、著作及论文的知识和最新研究成果，包含一些分析图表，具有较强的科学性、理论性，以此来引导读者从多个层面掌握相关理论的进展和方法。

由于编写时间及编者水平有限，不足之处在所难免，恳请专家学者批评指正，并请读者多提宝贵意见。

编者

2019 年 2 月

目　录

第一章　工作分析总论 ………………………………………… 1

第一节　工作分析的内涵及原则 ………………………………… 2

第二节　工作分析的导入时机与内容 …………………………… 8

第三节　工作分析的产生和发展 ………………………………… 12

第四节　工作分析的作用 ………………………………………… 23

第二章　工作分析方法与工具 …………………………………… 27

第一节　工作分析方法 …………………………………………… 28

第二节　工作分析工具 …………………………………………… 56

第三章　工作分析流程 …………………………………………… 63

第一节　工作分析的前提 ………………………………………… 65

第二节　工作分析的流程 ………………………………………… 66

第三节　工作分析的阶段 ………………………………………… 69

第四节　工作分析的常见问题及解决策略 ……………………… 86

第四章　工作描述 ………………………………………………… 91

第一节　工作描述概述 …………………………………………… 92

第二节　工作描述的应用 ………………………………………… 97

第三节　工作描述内容及编写 …………………………………… 102

第五章　岗位规范 ………………………………………………… 114

第一节　岗位规范概述 …………………………………………… 116

第二节　岗位规范的编写 ………………………………………… 119

第三节　任职资格等级标准的确立 ……………………………… 129

第六章　工作说明书 …… 146
第一节　工作说明书概述 …… 147
第二节　工作说明书的编写 …… 150
第三节　工作说明书应用范例 …… 163

第七章　工作分析结果的应用 …… 169
第一节　工作分析与定编定员 …… 170
第二节　人力资源规划 …… 176
第三节　人员招聘与培训 …… 183
第四节　工作分析与绩效管理 …… 198
第五节　工作分析与薪酬管理 …… 207

第八章　工作设计 …… 216
第一节　工作设计概述 …… 217
第二节　工作设计新思路 …… 228
第三节　工作调查 …… 230
第四节　工作再设计 …… 234

参考文献 …… 242

第一章　工作分析总论

【学习目标】

1. 明确工作分析的内涵，并对工作分析的原则有基本的了解。
2. 从整体上准确把握工作分析的产生和发展，认识到工作分析的重要性。
3. 了解工作分析的导入时机及其内容，对工作分析的作用有更加深刻的认识。

【案例引入】

国企人事部经理的困惑

一家20世纪60年代建厂，年产120万吨钢材，拥有3万名职工的国有大型企业，在市场经济的冲击下，进行了公司化制度改革，初步建立了现代企业制度，公司生产、经营业绩显著提高，职工收入明显增加。但随着经济全球化的不断发展，公司面临着降低成本的巨大压力，公司高层经过分析论证，认为产品成本太高的主要原因在于公司闲杂人员太多，人未尽其事。因此，公司给人事部下达了今年的工作任务，即在引进高层次人才的同时将企业总职工人数降至2.5万人。面对减员5000人的计划，公司人事部制定了一系列考核政策，并采取了下岗分流、内退、工龄买断、提前退休等措施。

经过第一季度的政策实施，在季度工作总结中发现公司减员成效显著，仅钢铁生产部就减少员工300人，加上其他部门，第一季度总共减员1500人，人事部上下对这一成绩感到振奋，认为实现减员5000人的目标指日可待。但是，在季度生产工作总结会上，人事部经理却受到了各生产部门经理的责难。会上，公司总经理认为第一季度钢材产量和质量都不如从前，要求各部门经理找出原因。

生产部经理说：第一季度从我部门离职的员工有300人，其中有150人是刚毕业不久的大学生以及有5年以上工作经验的工程师，刚毕业不久的大学生都是主动要求离职的，而有工作经验的工程师大多是以买断工龄或提前退休的方式离职。年轻大学生申请离职时都反映，他们从大学里出来，本来以为可以有一个很好的环境去发挥自己所学的知识，没想到自己卖力工作所拿的工资与成天闲聊的技校生没区别。离职的老工程师则认为，自己为企业工作了十几年，孩子都快上小学了，一家人还挤在一间屋子里。高素质的技术人员都走光了，产品质量能上得去吗？该走的人没有走，不该走的全走了。我手里现在还有几个大学生的辞职报告，你说我批还是不批！

技术部经理也说道：自己部门里大学生流失严重，高级技术人员抱怨得不到再学习的机会，对前途没有信心，对工作不投入，技术革新缓慢，更谈不上开发适应市场需求的新产品，并要求人事部对此负责。

市场部经理抱怨：市场部业务员无论业绩有多好，工资也得不到提升，仍然拿固定工资，奖金微薄，因此他们工作没有积极性。

对此，公司高层要求人事部经理作出书面解释，并制定出有效的措施。

请思考：

1. 你认为案例中出现的问题的根源是什么？
2. 假设你是人事部经理，你会作出何种书面解释，并会采取哪些措施？

随着社会的不断发展，部分企业在谋求自身利益的同时，对人员的管理缺乏一定的认知，对工作也缺乏必要的了解和分析，由此影响了公司的成长与发展。从一定角度来说，工作分析是企业一切人力资源管理工作的基础，大至组织决策，小到人员培训，都离不开工作分析。不同岗位上的各个职工都需做些什么？如何做？需具备哪些知识、技能才可以胜任职务的要求？这些问题都是工作分析要了解的信息。因此，全面、深入地进行工作分析，可以使组织充分了解各种工作的具体特点和对工作人员的行为要求，为人事决策奠定坚实的基础。

那么，到底什么是工作分析呢？工作分析的产生及发展又经历了哪些过程呢？工作分析的作用又有哪些呢？接下来让我们一起学习。

第一节　工作分析的内涵及原则

一、工作分析的内涵

（一）工作的定义

“工作”（Job），有大量的研究学者和实践管理者对其进行了界定，其中，被广为采纳的是埃尔根（Ilgen）和霍伦贝克（Hollenbeck）所做的定义，他们将“工作”定义为分配给一位特定个体去执行一系列任务要素的集合。从广义上来看，工作这一术语具有以下几大含义：

第一，工作是组织最基本的活动单元，它是组织中最小的相对独立体。每种工作从本质上来说都是不同的，它们具有支撑组织有效达到目标的不同功能。

第二，工作是相对独立的职责、职权的统一体，职责和职权都来自组织的授予，“在职就拥有，离职就失去”。组织中的员工完成任务是履行组织所分配的职责，而职权是其履行职责的保障。

第三，工作是同类职位的总称。从严格意义上来讲，工作相当于职务，岗位相当于职位。但是在现实情况下，工作、岗位及职位往往交替使用。例如，某公司有三名前台接待人员，前台接待员是一个工作，它提供了三个职位。

第四，工作是部门、业务组成和组织划分的信息基础。组织的划分与部门业务的分割往往是以工作的信息为基础的。部门的职责是由具体的工作支持的，业务的划分也是以流程的逻辑相关性或活动的同类性为基础的。因此，工作分析所提取的信息，是管理组织活动的重要基础。

第五，工作与组织相互支持。组织目标是工作分解的基础，工作是构成组织的基本单元。当组织发生变革的时候，工作的分配也将发生改变；同时，随着工作流程的改变及工具与技术的进步，工作的内涵和外延都可能发生变化，而这种变化最终会导致组织分工方式和管理方式的改变。值得一提的是，当今时代，各种工作之间的界限变得越来越模糊，静态的、个人化的工作越来越多地为角色和流程所代替。

（二）工作分析的概念

工作分析其实是一种活动和过程，它是分析者采用科学的手段与技术，直接收集、比较、综合有关工作的信息，就工作岗位的状况、基本职责、资格要求等作出规范性的描述和说明，为组织特定的发展战略、组织规划、人力资源管理以及其他管理行为提供基本依据的一种管理活动。

工作分析有广义和狭义之分。广义的工作分析是对整个国家与社会范围内各岗位工作的认识和分类过程；狭义的工作分析又称职务分析或岗位分析，是对某一具体组织内部各岗位工作的认识和分类的过程。本书主要从狭义的角度来探讨工作分析，大致可以从组织、作业和岗位三个层面展开。

第一，组织层面的工作分析就是从组织的宗旨、总体目标以及内外环境的分析出发，就组织整体架构和战略发展来分析组织的工作系统、工作机制和业务流程等。

第二，作业层面的工作分析是针对组织的作业部门展开的，它主要通过系统地收集反映工作特征的数据和其他信息，根据期望的绩效标准，观察实际的作业流程，来确定总体的实际绩效和理想绩效之间的差距。

第三，岗位层面的工作是组织工作系统分解的最微观层面，它是组织层面工作分析的基础工作。岗位层面工作分析的内容，主要是在明确岗位工作的性质、过程、范畴、机理、关系等的基础上，厘定岗位的职责和职权，分析实现岗位理想绩效所需要的知识、技能、资历、能力，以及岗位任职者在这些方面与期望状态的差异等。

工作分析的整个过程大致可分为分解、比较和综合三个步骤。其中，分解是基础，比较是关键，综合是结果。所谓分解，是对一定事物的组成部分进行分割拆解，研究它们是如何组成这个事物的。当待分解的事物是较大的系统时，不仅要研究该系统内部的组成关系，还要弄清楚每个构成部分是如何为整体服务的。这些分析研究能帮助我们找到系统与构成部分之间不断变化的关系。这种解析思想在工作分析中的运用是典型的，即把工作看作组织的构成部分，进而研究工作内部构成要素之间的关系。任何复杂的工作系统都是从产出、投入、过程及其关联因素四个层面进行分析的。

第一，产出。对一项工作而言，什么是规范化、标准化的物化产品与服务产品？它们在哪些方面不同于组织内其他工作的产品或服务？

第二，投入。完成这项工作需要具备哪些知识、品行、技能和能力？这项工作的运作需要哪些材料、资本和其他非人工成本的参与？

第三，过程。资源是怎样变成令人满意的产品和服务的？在这种转变过程中，需要使用哪些生产程序、技术和工艺方法？哪些要靠机器，哪些单纯靠人力来完成？这项工作中包括员工的哪些行为？它们之间的联系是怎样的？

第四，关联因素。这项工作能在组织结构图中的哪一部分找到？它的责任与权力是什么？这项工作对工作环境和心理承受力有何要求？对员工完成此项工作的时限有何规定？这项工作在工作环境方面有哪些法律规定或其他法定要求？

因此，工作分析的活动主体是工作分析者，活动客体是整个组织体系，分析对象是工作，包括战略目标、组织结构、部门职能、岗（职）位的工作内容、工作责任、工作技能、工作强度、工作环境、工作心理，以及工作方法、工作标准、工作时间及其在组织中的运作关系等，工作分析通过对具体的工作环节乃至行业状况的全面分析来制订工作说明书。

（三）工作分析的类型

工作分析的类型多种多样，不同类型的工作分析，其分析目的、作用和内容也不尽相同。除了上述工作分析有广义及狭义之分以外，还可以从其目的、分析切入点两个角度来了解工作分析。具体内容如下。

1. 单一目的型工作分析与多重目的型工作分析

按工作分析的应用目的划分，可将工作分析分为单一目的型和多重目的型两种类型，二者的主要区别在于它们所关注的内容不同，对单一目的型工作分析而言，如果工作分析的目的是更好地开展组织培训，那么在工作分析活动中，它所关注的内容则是工作职责。值得注意的是，即使工作分析只有单一目的，记下所有的细节也是较为经济的，可以避免日后重复调查。

2. 工作导向型工作分析、人员导向型工作分析和过程导向型工作分析

按工作分析的切入点划分，工作分析有以下三种类型。

（1）工作导向型工作分析

这一类型的工作分析关注的是工作所涉及的任务和行为。

（2）人员导向型工作分析

这一类型的工作分析关注的是能够带来高工作绩效的任职者特征，如专业知识、技能、能力等。

（3）过程导向型工作分析

这一类型的工作分析关注的是组织所提供的产品或服务的流程，从组织流程入手调查，展开流程中各个环节的工作分析活动。

（四）工作分析的相关术语

在工作分析中，常常会用到一些术语，但这些术语的含义经常被人们混淆。因此，理解并掌握它们的含义，对科学有效地进行工作分析十分必要。

1. 微动作

微动作涉及人们最基本的动作，比如触及、抓起、安置或放下一个物体。美国著名的工业管理学家吉尔布雷斯夫妇把各种各样劳动中手的动作分解为多种基本动作，分别是寻找、找到、选择、抓取、夹持、移动、定位、装配、使用、拆卸、检验、预定位、放物、空移、休息、不可避免的耽搁、计划。

2. 工作要素

工作要素是指工作中不能再继续分解的最小动作单位。例如，酒店里负责接待客人的服务员，在客人刚刚来到酒店时要帮助客人运送行李，而运送行李的这项工作中就包含将行李搬运到行李推车上、推动行李推车、打开客房的行李架、将行李搬运到行李架上四个工作要素。

3. 任务

任务是指工作中为了达到某种目的而进行的一系列活动。任务可以由一个或多个工作要素组成。例如，生产线上的工作人员给瓶子贴标签这一任务中就只有一个工作要素；上面提到的运送行李的任务中就包含四个工作要素。

4. 职责

职责是指任职者为实现一定的组织职能或完成工作使命而进行的一个或一系列工作。例如，营销部的经理要实现新产品推广的职责，就需要完成一系列工作，包括制定新产品推广策略、组织新产品推广活动和培训新产品推广人员等。

5. 职权

职权是指为了保证职责的有效履行，任职者必须具备的对某一事项进行决策的权限。它常常用“具有批准……事项的权限”来表达，比如，具有批准超出预算5000元以内的费用支出的财务权限。

严格意义上来讲，组织中的个人职权与个人权力是两个不同的概念。职权是职务范围内的管理权限，与职位相关，职权是影响决策过程的一种手段，而权力是一个人影响决策的能力，它包括组织赋予的职权和个人非正式权力，由此可见，权力是比职权更宽泛的概念，在实际工作中，二者不能混淆。

6. 职位

职位也叫岗位，担负一项或多项责任的一个任职者所对应的位置，就是一个职位。一般来说，有多少个岗位就有多少个任职者。例如，总经理、秘书、出纳、招聘主管、营销总监等。应该注意的是，职位是以“事”为中心确定的，强调的是人所担任的岗位，而不是担任这个岗位的人。

7. 职务

职务是由组织上主要责任相似的一组职位组成的，也称工作。在规模大小不同的组织中，根据不同的工作性质，一种职务可以有一个职位，也可以有多个职位。例如，营销人员的职务中可能有从事各种不同营销工作的人，但他们的主要工作责任是相似的，因此可以归于同样的职务。

【知识延伸】

职务与职称的区别

职称的说法源于职务名称，理论上来说，职称是指反映专业技术人员的专业技术水平、能力以及成就的等级称号。就学术方面而言，职称又具有岗位的性质。专业技术人员拥有何种专业技术职称，表明了他具有何种学术水平或从事何种岗位，专业技术职称象征着一定的身份。而职务则是劳动者在工作单位所任的头衔。职称是要经过国家的相关考核认定才能获得的，职务由劳动者所在单位任命即可。

8. 职业

职业是由不同组织中的相似工作组成的跨组织工作集合，如教师职业、律师职业等。工作和职业的区别主要在于其范围不同，前者范围较窄，一般是针对组织内部而言的；后者则可以跨组织，是针对整个行业而言的。

除上述术语外，还有一些术语与工作分析中的职位分类有着密切的关系，它们分别是职系、职组、职门、职级、职等。其中，职系、职组和职门是对工作进行横向划分后的形式，职级和职等是对工作进行纵向划分后的形式。

二、工作分析的原则

（一）目标导向原则

工作分析是目的性很强的工作。根据目的的不同，工作分析的规模、投入、侧重点有很大差异。如果是新筹建企业的工作分析，那么其所分析的职位就是广泛而系统的；如果只是招聘某个职位的人员，那么针对该职位的工作分析就非常具体，分析规模也很小。在所分析职位数量相同的情况下，工作分析所服务的职能不同，工作分析的详略和侧重点也就不同。如果服务于整体的人力资源管理，则应该系统而详尽；如果服务于培训，则强调工作描述；如果服务于薪酬，则强调任职资格和工作环境等。

（二）职位导向原则

工作分析过程同时涉及具体的职位特征和该职位任职者的特征，尽管如此，工作分析的核心仍是职位而非任职者。不管谁来承担该职位的工作，该职位的职责、工作内容、工作关系、工作环境、任职资格等属性都是相同的。否则，就可能出现因人设岗的情形；也有可能使当前的任职者考虑到自身利害关系而不如实反映工作分析过程中出现的问题。工作分析并不关心具体任职者的情况，而是只关心职位的特征；当前任职者之所以被涉及，仅仅是因为其通常最了解该职位的情况。

（三）客观性原则

工作分析着重于对某职务现状的信息收集和分析，强调对当前客观事实的了解，而不是对现状的判断。工作分析人员的任务是尽可能地获取和传递事实资料，而将判断的工作留给工作说明书的最终用户去做。在强调客观性的同时，也要注意在分析过程中，不要仅仅罗列出问卷或访谈中所得到的原始信息；在分析过程中，要将工作分解为几个重要的组成部分，审查后将其重新组合，整理出规整的分析结果。

（四）时效性原则

任何工作分析都是以当前工作为依据的，因此工作分析的结果只适用于某一特定时间范围内的职务现状。工作说明书在时间特性上不能含混不清，随着时间的推移和企业的变革，要及时更新工作分析结果，要根据战略规划、环境变化、业务调整，经常性地对工作分析结果进行调整和修订。具体部门在运作工作说明书时也要看清其编制时间，以免产生误导。

（五）经济性原则

工作分析是耗时、耗力、耗财的工作。规模较大的工作分析，不仅需要组织内部人力资源专员、有关职位任职者、相关部门负责人参与，还可能需要外聘管理咨询公司的专家。这个过程可能影响到组织的工作，使日常生产活动无法正常进行，从而造成一定的经济损失。外部咨询公司的参与需要较高的费用，也会给企业带来一定的经济负担。因此，在开展工作分析时，应本着经济性原则，以较小的投入获得最佳的分析结果。

（六）应用性原则

工作分析本身是一项牵连面较广的工作，而工作分析的应用则更是“牵一发而动全身”的活动。现代组织要重视工作分析，为管理的规范化奠定基础，更要把工作分析的结果落到实处，切实在企业中导入岗位规范和工作说明书。由于工作分析导入应用时会引发许多员工在工作权限和利益方面的调整，往往会使他们产生较强的抵触心理。为了做好这项工作，一方面要有管理制度方面的保障，要做好宣传和培训工作；另一方面工作分析结果本身的实用性和可操作性也要有充分的保障。因此，要以一种务实的态度深入、细致地做好工作分析。

第二节　工作分析的导入时机与内容

一、工作分析的导入时机

尽管工作分析在美国等发达国家已经得到广泛应用，但对我国的企业和政府组织来说，它还是一个比较新的名词。那么，到底什么样的组织有必要开展工作分析呢？这就是工作分析的导入时机问题。结合我国情况，导入工作分析的时机主要包括以下几种情形。

（一）新组织建立时

新筹建的组织需要从无到有建立整个人力资源管理体系。首先，进行组织设计，建立组织结构图；其次，要明确各岗位的职责、工作内容、工作关系、任职资格等；最后，进行员工招聘，设计培训方案，建立薪酬制度和绩效考核制度。很多集团或公司会不断扩大经营范围，主营房地产的集团可能进军酒店和餐饮业，在这种情况下，就需要对新筹建的企业进行全面的工作分析。不过，这种分析因为没有事先的任职者，所以只能通过企业的发展规划、组织结构以及其他企业的同类工作说明书获取数据。

除了建立全新的组织，在组织建立新的部门、增加新的工作岗位、岗位增加新内容时，都有必要开展工作分析。随着企业业务的扩展，组织可能需要增加新的部门，如原来产品主要内销的企业改变经营战略，要走向国际，为此成立出口部。该部门的设立和任职人员的招聘，显然需要先进行工作分析。同一部门可能会随着产品多样性的发展增加一些新的岗位。例如，化妆品公司开发了某种新产品，则可能需要增加该种产品的销售经理岗位，从而需要进行工作分析。

（二）引进新技术、新方法、新工艺或新系统而使工作发生变化时

企业引入新技术、新工艺，必然会引起岗位设置和任职资格的变化。在新技术条件下，任职者到底需要进行哪些内容的工作？包括哪些职责？工作关系如何？应该具备什么样的任职资格？这一系列的问题都需要靠工作分析去解答。新技术的引进，也包括工作流程的重组和新的管理模式的导入，这种组织内部的革新，会带来组织规模的变化和人员结构的变化。这些变化既会增加一些新的需要做工作分析的职位，也会使原有职位的职责、权限和任职资格发生变化，因此，需要对原有的工作说明书进行更新。

（三）组织管理存在弊端时

尽管以上两种情形是典型的引入工作分析的时机，但是在我国的各种组织中，其实还存在着更为典型的工作分析需求，也就是在既没有建立新企业也没有引进新技术的平常时期的工作分析。相对于西方发达国家而言，我国企业的管理基础比较薄弱，管理思想比较落后，多数企业的人力资源管理没有建立在工作分析的基础之上。这种局限性往往会表现为大量的现实问题，例如，很多职位的任职者职责不清，工作关系错综复杂，工作环境缺乏人本关怀，有些人忙得焦头烂额，有些人则怠惰散漫，人浮于事者有之，搪塞推诿者有之……这些问题可以被诊断为组织在管理上的弊端。那么，组织在诊断弊端时，就是开展工作分析的最佳时机。

二、工作分析的内容

（一）工作职责分析

工作职责是指一个岗位所要求的需要去完成的工作内容以及应当承担的责任范围，它是组织为完成某项任务而确立的，由工种、职务、职称和等级等内容组成。工作职

责是确定任职资格的依据，是绩效评估的基础和对象，也是在招聘过程中评估应聘者能否胜任工作的基础。工作职责分析包括对工作任务范围的分析和对工作责任重要程度的分析，大体可分为管理责任和非管理责任两类。分析的内容包括资产的使用和保管、完成工作任务的数量和质量要求、工作流程、监督管理和被监督管理等。在工作分析过程中，应该明确以下几个问题：①工作岗位的职责是什么；②工作岗位的工作负荷怎么样；③任职者是否拥有完成工作任务所需要的资源；④任职者是否具备完成工作所需要的权限；⑤工作岗位的工作关系是怎样的；⑥工作岗位是否有监督、管理的责任；⑦工作岗位接受何种监督和管理。

（二）工作流程分析

工作流程是指企业中的成员为了完成某一特定任务所需要做的一系列相关工作。工作流程是工作效率的保证。管理学界认为，流程决定效率，流程影响效益。在现代化企业中，分工越来越细，不同部门、不同岗位间的协作越来越重要。清晰的工作流程能够使企业各项业务管理工作良性开展，明确每一项任务的责任人，有助于管理者清楚地认识到工作是如何完成的，从而保证企业的高效运转。

（三）工作权限分析

工作权限分析应该根据权责对等的原则，核查任职者是否具备完成任务所需要的权限。如果权力大于责任，可能会造成任职者滥用职权，而如果权力小于责任，则会导致任职者无法顺利完成工作任务。在企业管理实践中，后一种情况更为多见。例如，一些企业的基层管理人员往往没有对下属员工行使考核、奖励、惩罚的权力，工作职责的履行因此无法得到保障。

（四）工作关系分析

企业中的每个岗位都有其独特的职责和功能，并与其他岗位之间存在一种不可分割的联系。因此，各个岗位必须明确与其他岗位的协作关系，尤其是其上下级岗位的关系。例如，一个工作岗位在企业中，哪些是其上级岗位，要接受何种监督管理；哪些是其下级岗位，负有何种监督管理责任；与哪些工作岗位有协作关系，协作的内容与方式如何等。通过对该工作关系的分析，可以了解工作岗位在企业工作中的位置和在工作流程中所发挥的作用。

（五）工作环境分析

工作环境分析主要是考虑工作环境中对劳动者的生产率和身心健康有影响的因素。通过对工作环境中各种有害因素进行评估和分析，可以确定岗位工作环境条件对劳动者生产效率和健康的影响程度，并能确定相对应的补偿。例如，公司应该说明一项工作是否具有危险性，在工作描述和工作规范中应该反映出这一点。在某些危险的工作中，工人为了安全地完成工作，也需要了解一些相关的危险信息。

（六）任职资格分析

对任职者的资格条件分析包括经验、技能、教育水平、培训、心理及生理因素等分析。如果招聘者不知道胜任某项工作所必需的资格条件，那么对员工的招聘和选择就将漫无目的，而且通过任职资格条件分析，可以有目的地对员工进行培训和开发，帮助他们为升迁到更高的工作职位做好准备。在现代化大生产中，社会分工越来越细，人们所掌握的知识、技能越来越受到工作经验的局限，因此，在任职资格条件中，工作经验越来越受到重视。

【知识延伸】

任职资格的设计步骤

第一，对工作进行梳理，工作分析的目的在于为职业资格体系的建立奠定基础，便于制定人才发展策略。依据稀缺性和重要性两个维度，将人才分为四类，同时根据在四个维度上所需人才的数量制定不同的人才发展策略。对既稀缺又重要，但是公司所需人才数量及工作量少的人才可借助于外部力量，将工作外包，公司不培养这类人才，如律师、预算工程师等；对既重要又稀缺，同时需要量大的人才，如研发、管理等，公司采用内部培养为主，外部引进为辅的人才策略；对不重要、不稀缺、企业所需数量少的人才采用从外部招聘，内部不培养的策略，如环保管理员、计量管理员、安全管理员等。

第二，依据人才培养策略，在工作梳理分析的基础上建立分类、分层的职业资格体系。根据职业特点建立管理类、营销类、研发类、机电类、工艺类、质量管理类、化验类、采购类、人力资源类、财务类等专业及技术资格类别。依据人才成长规律及公司的发展战略，将研发类、工艺类设计成五个层级，依次是初级工程师、助理工程师、工程师、高级工程师、专家。人力资源类分为四个层级，其余的分为三个层级。

第三，建立任职资格开发小组，并对开发小组进行任职资格角色培训。分别从所需知识、业务技能、经营成果、基本素质几个方面对各类及各层人员进行角色定义。角色定义的目的是为下一步职业资格标准的开发建立依据。其中，培训内容包括行业知识、公司知识、专业知识、相关知识；依据各类职业族的工作要求建立职业技能，包括业务处理能力、沟通能力、学习能力等。依据各类职业族工作特点，并参考素质词典建立各类职业族所需具备的职业素质，如服务精神、自我实现等。依据各类人才成长特点设定角色定义，如工作年限、工作成果等。同时，明确掌握知识、技能的层次，分别为了解、熟悉、掌握、精通；在帮助下能从事、能独立从事、能指导他人从事、能处理不常出现的复杂问题等。

第四，依据任职资格角色定义，进行封闭开发任职资格标准。成立任职资格开发小组，组织各类专业人员依据任职资格标准进行开发。这里所讲的开发，是依据角色定义，详细描述各类各层人员的知识、技能等标准。

第五，依据任职资格标准开发测评标准。测评标准的开发在于明确界定人员在知识、技能、素质方面的测评标准，重点在于确定知识测评大纲、技能测评各层人员的技能区分点、素质测评方法等。

第六，开发任职资格应用体系。任职资格的应用体系包括人员的培训课程、职业发展通道、与公司薪酬体系对接、人力资格测评手册、管理制度、管理表格等。

第七，进行培训和辅导。

第三节　工作分析的产生和发展

一、工作分析的思想来源

“工作分析”一词在管理学领域最早见于20世纪初。1916年，泰勒把工作分析列为科学管理五大原则之首。然而，工作分析的思想与活动却源远流长，一般认为，工作分析的思想与活动最早起源于社会分工。在历史上，最早论述分工问题的是中国古代政治家管仲。大约在公元前700年，管仲就提出了著名的四民分业定居论，他主张将国人划分为士、农、工、商四大行业，并按专业分别聚居在固定的区域。后来，荀况把分工称作“曲辨”，并特别强调分工的整体功能。他认为，人类强于动物之处不在于个体的能力，而在于群体的能力与智慧。就个体来说，“力不若牛，走不若马”。群体的力量产生于合理而科学的分工，只有确定了合理而科学的分工，人们才能各就各位，有序地工作，从而避免纷争，发挥出群体的共同能力。虽然中国古代思想家对分工早有研究，且不乏自己的独到见解，但由于中国古代的生产方式是典型的自然经济，是以农业与家庭手工业结合为基础的，与之相适应的主导经济思想是自给自足的小农意识，因而限制了中国分工思想的进一步发展与提升，未能形成系统的分工理论。

古代希腊的社会分工和商品交换活动比较发达，对分工问题的探讨相对重视并频繁。其中，最有代表性的人物是柏拉图和色诺芬。柏拉图在其哲学著作《理想国》中，以记录苏格拉底与学生之间对话的形式，详细论述了社会职业的分工。他认为，人的社会需求是纷繁复杂的，要满足人们所有的愿望是不可能的。相对而言，要求建筑工匠、农民、鞋匠、纺织工人和其他工人适当地专门化，做他们力所能及的工作，并尽心竭力地为社会服务，这种由特定的工人从事特定工作的社会分工方法，将大大提高社会的生产率，为社会做出更大的贡献。

个人能力与不同工作的要求存在着差异，具体表现为以下四点：

（1）个人的工作才能具有差异性；

（2）不同工作岗位的具体要求存在差异性；

（3）让每个人根据自己的天生才能，在适当的时间内不做别的工作而只做一件事，他们将能做得更多、更出色、更容易；

（4）让每个人从事其最适合的工作，以取得最高的工作效率，是我们管理工作最为重要的目标。

二、工作分析的早期发展

系统的工作分析最早出现在20世纪初美国开展的科学管理运动中，其中，泰勒（F. W. Taylor）的时间研究和动作研究被认为是科学工作分析的开端。泰勒在1908年出版的《工厂管理》一书中详细介绍了把工作分成若干部分从而提高劳动效率的事实。在1911年出版的《科学管理原理》中，泰勒表示要对企业进行科学管理，就必须对企业中的每一份工作进行研究，从而科学地挑选、培训员工。泰勒提出的科学管理原理和方法，主要是指确定工作的标准化作业方法，选择标准化作业工具，确定标准作业时间，确定单位时间标准工作量。随后，吉尔布雷斯夫妇通过动作分析，运用照相机对工人劳动的过程进行了认真的动作分解，然后利用他们发明的一种计时器和灯光示迹摄影法，清晰地看到并记录每项工作的时间，再对此进行深入研究。他们认为，工作分析的研究应当在合理安排生产辅助设备、员工培训的基础上进行。适当的人员配备，有利于实现人尽其才，达到提高劳动效率的目的。在泰勒等人研究的基础上，工作分析制度产生了，在工商企业中被广泛推广并应用。1918年，美国熟练工人及非熟练工人的工资调整与标准化方案就是以工作评价制度为基础编制而成的。1921年，全美铁路、运输业在工作分析的基础上实行了员工职级制。

【知识延伸】

经济人

18世纪70年代，英国古典政治经济学家亚当·斯密（Adam Smith）在其著名论著

《国民财富的性质和原因的研究》中第一次提出了“经济人”的概念，这一观点与劳动分工理论的提出，对后来的管理理论产生了深刻的影响。

亚当·斯密认为，人是理性的经济人，为了经济利益而活动，所有的经济现象都是由具有利己主义的人们的活动所产生的。每个人在经济活动中都完全追求个人的利益，但是每个人的私人利益又受到其他人利益的制约，每个人都是自私的，因此，在依靠他人并获得自身利益的同时，个人就必须付出相应的代价；同样，只有意识到为别人做事会有利于自己的时候，个人才会去帮助别人。因此，每个人的利益都是相互依存、相互制约的，这种相互的依存和制约关系，促成了人与人之间的共同利益，进而产生了社会利益。这种认为人的行为驱动力完全是基于经济利益的观点，就是经济人观点。这种理论观点对资本主义管理理论的形成及实践，产生了重要的影响，为日后科学管理理论的诞生奠定了理论基础。

从19世纪末到20世纪初，在工商企业的影响下，美国政府部门及军队积极采用工作分析、工作评价及工作分级等新方法，改革政府部门及军队的人事管理。

第一次世界大战前夕，“工业心理学之父”闵斯特伯格等人进行了工作要求与甄选的系统研究。在1912年闵斯特伯格出版的《心理学与经济生活》一书中，他详细分析了最适合的人、最适合的工作和最理想的效果，表明不同的工作岗位对工作人员的素质要求是不一样的。闵斯特伯格对工业中的实际问题进行了大量研究，他最著名的一个研究是探明安全驾驶的无轨电车司机应具备的特征。他系统地研究了这项工作的各个方面，并且设计了模拟电车的实验室并进行实验，结果发现，一个好的司机应该在能够驾驶的同时理解所有影响电车行驶的因素。他的研究促进了工作分析的发展，也为第一次世界大战前美国海军的征兵动员工作提供了极大的帮助。

1916年，斯考特在卡耐基工学院由其领导的“推销员研究所”里进行了一项早期研究，在该研究中制定了销售员工绩效标准。该标准更多地与“办事能力”等特征相联系，而不强调具体的工作内容。后来，斯考特根据这些“个性特征”重新修订并制定了一份针对军队的新标准。斯考特的个性特征描述是从心理学角度进行的，并对“办事能力”等个性特征作了详尽描述，但没有对某一个特定岗位进行专门的工作分析，因而其理论缺乏普遍应用的价值。

1919年，巴鲁斯受美国国家内政改革委员会的委托，对一万多名公职人员进行了问卷调查，以收集有关政府岗位任务的事实资料。巴鲁斯通过工作分析得出了公职人员薪资等级的划分标准，以此为基础，美国国会通过了“工薪等级法”，并批准在华盛顿特区试行。新“工薪等级法”的实施，改变了长期以来美国政府公职人员工资的高低和工作任务毫无关系，政府各级主管人员随意调整职员工资的现象，使公职人员的薪资划分及薪资调整有了科学的依据和标准。

1920 年前后，美国国会研究会开始考虑将工作分析的方法用于减少失业及其所造成的社会压力方面。研究会成员威斯提出了一套有关工作能力的指标体系，他将体能划分为五个等级，除此之外，他认为，不同的工作导致不同的能量消耗速度，有的工作对体能的要求不大，但较快的工作节奏会使能量消耗很快。

1934 年，美国政府成立了国家就业局岗位研究会，大力开展工作分析的研究工作，先后完成《就业指导词典》《职位名称词典》及人事配置表的开发研究，并培养了大量的工作分析、人事管理的专门人才，大大推进了工作分析的发展。1946 年，美国劳工部针对工作分析过程的信息收集问题，提出了一个简单而完整的工作分析模式，以此作为工作分析的指导。这个工作分析指导包括任职者要做什么、任职者是如何做的、为什么任职者做这些工作以及完成工作任务所需的技能是什么等。

三、工作分析的近期发展

早期的工作分析，侧重于对岗位信息的定性描述。第二次世界大战结束后，随着统计科学、心理测量理论等相关学科及人们对工作分析的了解、研究的增多和要求的提高，工作分析作为整个人力资源管理工作的基础，其地位愈加确立。到 20 世纪 70 年代，工作分析已经被西方发达国家视为人力资源管理现代化的标志之一，此后各种工作分析系统纷纷建立，工作分析方法逐渐趋于多样化、系统化。工作分析系统的研究开发始于 20 世纪四五十年代，在 20 世纪七八十年代趋于成熟，并获得了广泛应用。

1950 年，赛迪 · 范提出了“职能职业分类计划”理论，该理论有三个前提假设：①对任务中人的关注，包括工作者进行任务时所需要的生理、心理和个性行为水平；②技能划分，任务绩效包括一般技能、专业技能和特殊技能三种；③任务的系统性，每项任务都是对工作者“做了什么”和“需要做什么”作了基本的区分，任何工作都与处理信息、人与事之间相关，对应这三种基本关系，工作者的职能体现在不同的方面，每一特定范畴的活动功能可以有层次区分，高层功能可以包括底层功能，任何工作或活动都可以依照这三种关系界定或评定其功能层级。

20 世纪 50 年代，麦考密克等在赛迪 · 范的基础上开发了一种新的工作分析方法，即“工作分析问卷”，设计者的初衷在于开发一种通用的、以统计分析为基础的方法，来建立某职位的能力模型，同时，运用统计推理进行职位比较，以确定相对报酬。麦考密克以某类工作作为研究变量，根据分析人员对此类工作任职者的观察和访谈，收集大量的事实资料，通过分析整理，制定出以“工作任职要求”为主要内容的核对清单。通过十年的研究，麦考密克完成了包括 195 项具体内容的“工作分析问卷”的制作，该问卷被公认为一种标准的工作分析工具。工作分析问卷的实质是将以人为中心的工作要素与以工作为中心的工作要素相对照，同时考虑工人和工作两个变量因素，并将各种工作所需的技能与其基本行为以一种标准化的形式罗列出来。经过不断的开发与应用，工作分析问卷还可以用于许多其他人力资源管理工作，如工作分类、职业生涯设计、培训、工作设计等。

任务清单法也是第二次世界大战后被广泛应用的工作分析技术，它是由美国空军人力资源研究室开发的，是一种典型的工作倾向性工作分析系统。任务清单分析系统一般由两个子系统构成：一是用于收集工作信息的一套系统的方法、技术；二是与信息收集方法相匹配的，用于分析、综合和报告工作信息的计算机应用程序软件。在任务清单中，任务被定义为工作任职者能够明细辨别的一项有意义的工作单元。在编排之前，要先准备一份岗位职责清单，然后把任务分配到各个岗位。这种方法被美国空军用来收集和分析分散在各地的大量工作者的工作信息，为培训开发、工作分类、工作评价、工作设计等管理职能服务。

另一种应用较为广泛的工作分析系统方法是由美国人事管理事务所研究开发出来的工作要素法。工作要素法是一种典型的开放式人员导向型工作分析系统，该系统基于德国心理学家冯特所提出的基本原则，即"在我们没有对最简单的东西熟悉之前不可能了解复杂的现象"，对工作来说，简单的方面就是组成工作的要素或影响工作者成功完成工作所需的人员特征。工作要素法的目的在于确定对成功完成特定领域的工作有显著作用的行为。通常情况下，工作要素法分析的对象不是某一具体的工作岗位，而是某一类具有相似特征的工作。作为一种典型的开放式工作分析系统，工作要素法的开放性就在于它所研究的行为或行为特征要素与其他工作分析系统所研究的有所不同，它是由对所分析的工作非常熟悉的一组专家级任职者或其直接上级来确定的。

非结构化的工作分析中被广泛应用的是军队系统的心理学家约翰・C・弗莱内根开发的关键事件分析。当时，军队方面需要心理专家分析飞行员绩效低的原因。弗莱内根通过研究和调查，列举了绩效低的种种原因，称之为"关键事件"。关键事件法是指由上级主管记录员工平时工作中的关键事件：一种是做得特别好的，一种是做得不好的。在预定的时间，通常是半年或是一年以后，利用积累的记录，由主管者与被测评者讨论相关事件，为测评提供依据。关键事件法为工作分析提供了最真实、客观与定性的资料，既能获得有关职务的静态信息，也可以了解职务的动态特点。

四、工作分析在我国的发展

我国的工作分析起源于人事心理学领域的研究。1916 年，清华大学为了指导学生选择职业，在学校开展了职业指导。1921 年，中华职业教育社采用自制职业心理测试对入学学生进行测验。20 世纪 30 年代还成立了"人事心理学会"，当时主要是以测量作为淘汰人员的依据，并未真正研究人力资源的合理使用和科学人事制度的建立。

中华人民共和国成立初期，我国国民经济处于恢复时期。这一时期，企业在民主改革的基础上进行了生产管理的改革，初步建立了生产责任制以及合理劳动定额。在工作分析方面，主要吸收苏联企业管理的经验，在中苏共管的中国长春铁路公司普遍采用了工时定额标准，按八小时工作制和岗位劳动繁简难易程度，确定出各类岗位的定员标准。全面实行生产责任制，确定了每个岗位的职责，并以此为基础，在直接生产人员中实行了八级工资制和计件工资制，取得了较好的效果。

从我国企业管理的实际情况来看，纺织企业工作分析的历史较长，效果也很显著。纺织企业开展工作分析是从推行岗位工资制开始的。1951 年，纺织工业部根据棉纺织运转工的劳动特点，在《棉纺织工人工资制度调整方案（草稿）》中提出：对实行计件工资的纺织运转工人，按照各工种技术难易、责任大小、劳动轻重和劳动条件，分别确定不同的工资标准，采取一个工种拟定一个工资标准的办法，建立“独立的工资率”，也就是岗位工资制。建立岗位工资制的前提是工作分析和工作评价。当时是采用评分法对各岗位进行评价，然后再确定出各工种的工资等级系数和工资标准。其具体方法如下。

（1）在实行计件的纺织运转工种中选择代表性工种，多数是细纱挡车工或织布挡车工。按照技术难易、责任大小、劳动轻重、劳动条件四个因素与实行等级工资制的有关工种相比较，找出相近的工种并确定代表性工种的岗位工资标准。

（2）对于实行计件的其他工种，则按上述四个因素与代表性工种进行综合比较的方法或分项评分的办法进行岗位评价。

1956 年，在全国工资改革中，纺织工业部又在工作评价的基础上对所属纺织企业分地区制定了纺织运转工人工资标准，无论计时、计件，全部纳入统一的工资标准，这进一步完善了“一岗一薪”的岗位工资制。

20 世纪 60 年代以来，我国的工作分析、人事管理工作长期处于停滞状态。工作分析在我国的真正发展，始于改革开放以后，尽管起步较晚，但由于广大科技工作者和管理学界同人的共同努力，它已获得迅速发展。西方所采用的工作分析方法，也已被介绍并应用到实际工作中。

1977 年以后，随着经济体制改革的不断深入，我国企业管理逐步走向科学化、合理化、标准化的轨道，一些企业创造出了许多先进的管理方法。例如，首钢公司在企业内部将岗位责任制发展为经济责任制。冶金行业开展了对专业技术岗位设置与评价系统的研究，并取得了一系列的成果。首钢公司实行岗位技能工资制，之后又构建了以岗位价值为特征的薪酬分配体系。

改革开放以来，我国开展了比较系统的劳动心理学研究，但职务分析的研究仍处于起步阶段，这时心理学家进行了使工人适应工作要求的研究以及工效学方面的研究。例如，为了探索干部的德才和工作绩效的科学评定方法，心理学家在杭州开展了有关企业管理干部职务分析和测评的研究，他们运用个案法、工作日记法、问卷调查法和现职干部评定法等，对企业各个层次和部门的干部工作任务和职务特征进行了比较全面的分析，这些研究明确了企业各级管理者的职责，初步确定了任职者需要具备的心理素质、知识和能力等条件，为各级管理者的选拔、培训、考核、调动、晋升打下了基础，取得了较好的结果。

随着时代的不断发展，中国各个地区、各个行业发展水平差异很大，各种类型企业的管理水平参差不齐，中国企业应该根据自己所处的不同阶段来选择适应自身特点的管理方法，工作分析同样如此。从最简单的工作分析方法到最近发展的新方法都有着广阔的应用空间。很多管理基础薄弱的企业需要从最基本的工作做起，应用工作分析的各种基本方法，构建管理平台，提高管理的规范化、科学化水平。有一定管理基础的企业可以开发利用现代工作分析系统方法，提高工作分析的效率。理论工作人员应加强对工作分析理论与方法的研究，研究开发具有中国特色的工作分析系统，使工作分析的理论与方法本土化，进而积极指导中国的企业人力资源管理实践。

五、工作分析面临的挑战及未来发展趋势

工作分析作为一种人力资源管理活动，包括主体、客体和对象，其主体是工作分析者，客体是整个组织体系，对象是工作。实践中，我国企业开展工作分析所遇到的挑战大多源于这三个方面。

（一）工作分析面临的挑战

1. 工作分析者面临的挑战

作为工作分析活动的主体，工作分析者的业务素质、责任心以及实践能力等对企业开展工作分析有重要的影响。工作分析者通常有三类：外部专家、主管、本职员工。开展工作分析，三类人员各有优劣势：外部专家业务素质高，能够保证工作分析的客观性，但成本太高；主管对工作熟悉，并能从整体上系统把握工作所需的技能和要求，但需要对其进行培训，费时费力；本职员工对工作最熟悉，但也要对其进行培训，同时出于对个人利益的考虑，员工有夸大本职工作责任的嫌疑。因此，企业不得不在效率和成本之间进行博弈：一方面，为了保证工作分析结果的信度和效度，要尽可能地选择较宽泛的人员组合；另一方面，过多的工作分析造成了成本的飙升。我国企业在工作分析者的选择上，往往依赖于外部专家，轻视企业人员的参与。外部专家的参与，的确有利于企业工作分析，但其结论的全面性值得商榷。另外，外部专家相对于企业人员，对于企业战略的认知程度远远不够，其所开展的工作分析的战略性价值大大降低。在当前强调人力资源战略管理的时代，我国企业选择工作分析者的标准亟待优化。

2. 组织体系面临的挑战

作为分析客体，组织体系承载着工作分析的内部环境建设人，为工作分析的开展提供系统性的思考框架的重任。组织体系的发展变化，往往预示着工作分析时机的到来。现代社会信息瞬息万变，社会处于快速的发展变化之中。面对外部环境的巨变，企业内部的小环境也随之发生变化，组织体系的改变势在必行。开展工作分析，为组织体系的构建提供基础资料以适应环境，成为众多企业的选择。

从实际上来讲，探讨工作分析在组织体系方面面临的挑战，本质上是工作分析如何适应动态环境的问题。改革开放以来，我国企业得到了长足发展，但在企业由小变大、由大变强的过程中遇到了重重桎梏。其中，工作分析的缺失就是一块主要的“短板”，其短板效应在我国当前企业发展过程中日益明显。“中国企业岗位管理现状调查报告”显示，我国企业对工作分析重要性的认识具有高度一致性，但是在实践中对工作分析的动态管理却缺乏足够的认识。许多企业试图“毕其功于一役”，以为进行一次工作分析便万事大吉；工作说明书也常常被束之高阁，无人问津。

【拓展阅读】

组织结构问题的重要性

有两支龙舟队，分别为龙队和虎队，两支队伍进行了很长时间的训练后，开始了正式的比赛，比赛结果是龙队获胜，虎队落后于龙队 1 千米。

看到这个结果，虎队的领导很不服气，召集大家开会分析失败原因，研究发现，龙队成员的组成是八个划桨员，一个掌舵员，而虎队恰恰相反，其成员组成是八个掌舵员，一个划桨员，不过虎队领导并未看重这一点，而是“聪明”地认为，他们失败的原因是八个掌舵员当中没有中心，没有层次。

于是，虎队领导调整了掌舵员的组织结构，由四个掌舵经理全面负责掌握航向，三个区域掌舵经理分工负责自己的区域，剩下的一个是行政后勤人员，为掌舵经理提供后勤服务，同时监督划手的行为。此时，仍然只有一个划手。

两队进行了很长的训练后再次进行比赛，这次比赛的结果，不用说大家也会猜到，还是龙队赢，虎队落后 2 千米。

虎队领导很恼火，比赛结束后马上召集大家开会，经过讨论，大家一致认为是划手工作不力，予以开除，行政后勤员工作监督不力，予以处分，但是考虑到他为领导服务细心周到，功过相抵，不予追究，而给领导班子成员每人发一个红包，以奖励他们共同发现了根本问题。

这个故事可以说明：做一件事情，就会产生一个组织，比如划船。每一个组织都有一种结构，比如龙队的八名划手、一个掌舵员，就是一种结构，而虎队的舵手经理、区域舵手经理、行政后勤和划船员也是一种结构。不同的组织结构会带来不同的运营成本，另外，不同的组织结构带来的行为结果也不同，虎队连续输给龙队，就是一个经典的例子。

这就要求我们通过工作分析发现组织管理中存在的结构问题、职责问题、岗位设置问题，并利用科学的手段去克服组织体系面临的各种挑战，为企业管理打下基础。

3. 工作面临的困难

工作性质不同，工作分析人员所用的分析工具也有所差别。利用分析生产性岗位的方法去分析管理性的工作岗位，则其分析结果的正确性值得怀疑。就一国范围而论，工业结构及工人素质等因素会影响到企业开展工作分析的难易程度，这些因素也是多数工作面临的困难。

4. 工作条件的变化

一方面是价值观的变化。价值观会间接地影响人们的工作取向、工作地点以及工作时间。许多受过高等教育的人渴望从事的工作富有挑战性且有意义。他们认为，工作是对自我的挑战和个人自我发展的手段，同时，也是为他人谋福利的工具，这会影响到他们从事工作的态度和目的。此外，越来越多的年轻人形成了“享受生活”的态度，必将对他们的工作方式产生深远的影响。

另一方面，随着教育年限的延长以及教育水平的提高，企业内部员工的平均年龄在逐渐增长。许多职业男性与女性比例已基本相当，如律师和心理学家；企业国际化以及本土化战略的推行，促使企业内部劳动力日益多元化。社会环境的变化对工作的影响，可能有三方面：其一，工作适应人，而不是人适应工作；其二，受过高等教育的员工的个人发展及他们在工作中接受的挑战会越来越复杂；其三，在工作中不同背景的员工之间的沟通与交流显得越来越重要。

（二）工作分析的未来发展趋势

1. 工作分析战略化

当一项工作被新创建出来或者遭受巨大变革时，组织就要着眼于未来，基于组织战略，针对“未来的职位”进行工作分析，并识别出组织的核心竞争力，建立胜任特征模型，帮助组织赢得竞争优势。美国的本杰明·施耐德和安德烈亚·考茨提出了“战略性工作分析”方法，该方法的目的是界定未来职位所需要的任务和KSAs指标，包括Knowledge（知识）、Skills（技能）、Abilities（能力）以及其他个人特质指标。该方法大体包括如下步骤：①对现有职位进行分析，从而识别出目前的任务和KSAs指标；②将了解该职位的主题专家（如任职者、主管）及组织中其他对发生变革的职位具有深刻了解的人组织起来，共同讨论未来变化对该职位会有怎样的影响，并收集他们对未来任务和对KSAs指标的一些设想；③识别对该职位现在和将来判断的差别，分离出所预料到发生最大变革的任务和KSAs指标。这些信息是招聘未来职位任职者的基础。

由此可见，整个过程的关键因素是正确挑选主题专家，因为是由他们对未来职位的变化进行预测。如果当前职位正在经历变革，则可以要求职位的任职者、主管及其他专家预测工作活动和KSAs指标的变革。如果被分析的职位是要被创造出来的，则可以选择组织中对职位变化有远见的人，或者挑选组织外拥有关于变革的专业技术知识的人，比如熟悉组织战略和技术变革的人，以及与所预测的新职位相似的职位任职者和主管。

由于职位、技术和组织快速、持续的变化，有人建议要识别出基于组织的核心竞争力，就要放宽视野，结合组织战略，考虑组织的长期需要，更广泛地界定员工应具备的KSAs指标。这些核心竞争力由跨工作任务的特性组成，并且体现出组织文化，而不断变化的内外部环境要求员工具备的核心竞争力包括学习能力、自我管理、自我激励、团队合作性、适应能力、社交能力以及在压力下工作的能力等。实际上，这种理念提倡的是以稳定的组织要求为基础而非以不断变化的职位要求为基础开展工作分析。

2. 工作分析信息来源扩大化

就工作分析信息的获取来说，尽管任职者是最常见的信息来源，但是任职者之外的其他信息来源也变得日益重要。

（1）客户

员工和客户之间的关系变得日益紧密和重要，客户对工作业绩的衡量标准具有至关重要的影响，因此，自然就成为工作分析的重要信息来源。有许多企业采取“秘密客户”的方式来收集关于服务质量的信息。“秘密客户”是指由企业雇佣的乔装成顾客的人员。员工在向“秘密客户”提供服务时，并不知道他们是企业的雇员。通过系统培训，“秘密客户”能够观察客户服务人员的服务行为，因此，就服务性工作来说，“秘密客户”可以成为很好的工作分析信息的来源。

（2）专家

任职者对他们从事的工作并不能总是做出最好的判断，特别是与自己利益息息相关时。而岗位培训专家则对工作负荷、工作环境等影响工作的许多因素都比较了解，例如，拥有心理学背景的专家对工作的心理压力就能做出准确的评估。与任职者相比，专家对工作有更为准确的判断。

（3）计算机

虽然人对任务和工作内容的反应比简单的知觉判断复杂得多，但是计算机仿真系统，能够帮助分析操作人员的业绩。因此，计算机模型将日渐成为工作分析数据的又一来源。

3. 工作分析技术信息化

传统的工作分析一般采用人工方法。随着新技术的发展，计算机网络技术也可以运用于工作分析，工作分析技术趋向于高科技化。具体来说有以下几个方面。

（1）计算机网络

因特网和企业内部的局域网对数据收集有着广泛而深入的影响。现在的任务清单或其他类型的纸笔调查将逐渐被网络所代替，特别是那些要应用计算机的工作。这使被调查者可以将信息直接输入计算机，摆脱了打印以及邮寄等烦琐的过程。

（2）电子业绩监督

目前，计算机能够监视员工的工作过程，可以对工作做出详细的分析。但是，计算机不能理解它所记录的内容，也就是说，计算机并不知道人们在工作中做什么。这种设想在不远的将来会实现，那时计算机能够告诉我们某人是否在写信、编写代码，或者在进行从因特网上下载文件等与工作相关或不相关的活动。人工智能的增强，将会使电子业绩监督变得越来越普遍。

（3）预测

当进行分析的工作还不存在时，就不能对任职者进行观察、访谈或问卷调查。在这种情况下，只能对工作进行猜测。解决方法之一就是请工作小组列出现在和未来的任务，小组成员必须想象未来的工作是什么样的，然后说明工作流程。

4. 对客户进行工作分析

西方一些在管理上比较先进的公司开始认识到，管理客户和管理员工二者之间存在许多共同之处。美国服务管理专家彼德·米尔斯（Peter Mills）甚至建议，要将客户看作组织的不完全的员工，提出对客户进行工作分析的主张。为了让客户的满意度最大化，西方许多组织纷纷开始对自己的客户进行工作分析。

如果将客户看作组织内“不完全的员工”，就要用人力资源管理的做法来管理他们。本杰明·施耐德和戴维·伯文教授，建议组织使用工作分析的方法来评价当前客户的作用，并且编写客户如何发挥理想作用的说明书。对许多组织来说，在客户到来之前，他们需要做一些事情，比如，担保公司会发给客户一些表格以及附在这些表格上的项目检查让他们填写。一旦客户到来，组织往往会希望客户做些什么以及避免做些什么。通过对客户进行工作分析，可以帮助组织确定能够增加或降低组织盈利的那些客户行为和能力。详细的工作分析结果，描述了组织需要客户具有一些什么样的行为和能力，然后组织可以确定是否能够采用一些方法对客户的行为加以改进，比如，对相同的客户进行不同的培训，促使他们积极做出组织希望的客户行为。

5. 角色说明书取代岗位说明书

传统的工作分析是在竞争环境、组织机构和岗位相对稳定和可以预见的时代发展起来的。然而，现代的工作分析受到了挑战。随着经济全球化的趋势和科学技术的迅猛发展，组织面临的内外部环境也在剧烈变化，使得组织的结构、工作模式、工作性质、工作对员工的要求等都随之发生剧烈变化，如组织结构从等级化逐渐趋于扁平化和弹性化，工作本身从确定性向不确定性、从重复性向创新性转变；建立了跨专业的自我管理团队，在团队成员之间出现了工作交叉和职能互动，从偏重对任职者的体能要求到越来越重视对复合型、知识型和创新型员工的吸引、培养和使用；从强调职位之间明确的职责、权限边界转变为允许甚至鼓励职位之间的职责与权限的重塑，打破组织内部的本位主义与思考局限，激发员工的创新能力以及以客户为中心的服务意识。

工作越来越庞杂，员工从一个项目转到另一个项目，从一个团队转到另一个团队，工作职责也变得模糊起来，这一系列变化使得工作分析的结果性文件——工作说明书变得越来越含糊，工作名称也变得越发没有意义。因此，西方一些专业人力资源工作者提出，应当用角色分析这个术语来代替传统的针对岗位的工作分析。他们提倡抛弃传统的工作说明书，代之以角色说明书，提倡在进行工作分析和编写说明书的时候将重点放在角色上。这一点是与更加强调结果而非过程的理念相一致的。

当然，对于那些以团队方式而非以个人为基础来开展工作的组织，这种从关注“岗位”转变到关注“工作作用”的趋势是不可阻挡的。这种趋势尤其在IT（信息技术）企业更为明显，其员工的工作模式发生改变，出现跨团队、跨职能合作，甚至虚拟工作团队。在团队工作的环境中，某个团队成员所从事的工作可能取决于团队中其他人的才能和兴趣。团队作为一个整体，被指定完成某项工作，并且对该工作负责。因此，工作分析要研究团队内各角色的工作流程，以判断产品和服务的改变及其对团队成员的要求，通过工作分析说明一个人作为团队成员所发挥的作用，可能比说明他的个人岗位职责更有用。因此，企业由过去对员工在点上的定位，过渡到现在在区域上的定位。人在企业中的定位，也由点定位转变到区间定位，即角色定位。虽然有人说，随着组织的变革和工作职责边界的逐渐消失，工作分析可能已经过时，甚至工作分析的成果将会葬送工作分析自己。但我们相信，只要存在工作，就会存在工作分析，因为工作分析是理解工作本身的最佳方法。工作分析在未来并不会消亡，而是会适应组织的变革，继续在人力资源管理活动中发挥其独特的基础性作用。

第四节　工作分析的作用

工作分析属于方法论的学科范畴，它是整个人力资源开发与管理的奠基工程，不仅在人力资源开发与管理过程中具有十分重要的作用，而且对于组织的管理与发展，乃至社会生产力的提高，都有着不可忽视的意义。工作分析的作用主要表现在以下几个方面。

一、工作分析是整个人力资源开发与管理科学化的基础

人力资源管理过程包括岗位设计、招聘、配置、培训、考核、付酬等环节，每个环节的工作均需要以工作分析为基础。岗位设计要以岗位职责与工作说明书为依据，培训要以工作内容和要求为依据，考核要以工作目标为依据，付酬要以岗位职责大小、所需技能高低与实际贡献大小为依据。

二、工作分析对于人力资源管理研究是不可缺少的

人力资源管理研究的主要对象是人力资源管理的现象与规律。所有人力资源活动中的“人”与“事”及其关系，都是整个人力资源管理研究的基本点。其中，“事”是内核；而“人”在这里并不是一般意义上的人，而是与一定的“事”及工作相联系的“人”，是在职人员或求职人员。因此，要对人力资源管理进行深入而科学的研究，不掌握工作分析的理论和方法是不行的。

【拓展阅读】

猴子取食实验

美国加利福尼亚大学的学者做了这样一个实验：把六只猴子分别关在三间空房子里，每间空房子里有两只猴子，房子里分别放着一定数量的食物，但放的位置和高度不一样。第一间房子的食物就放在地上，第二间房子的食物分别从易到难悬挂在不同高度的适当位置，第三间房子的食物悬挂在房顶。数日后，他们发现第一间房子的猴子一死一伤，伤的缺了耳朵断了腿，奄奄一息；第三间房子的猴子死了；只有第二间房子的猴子活得好好的。

究其原因，第一间房子的两只猴子一进房间就看到了地上的食物，于是，为了争夺唾手可得的食物而大动干戈，结果伤的伤，死的死；第三间房子的猴子虽做了努力，但因食物太高，它们够不着而被活活饿死了；只有第二间房子的两只猴子先是各自凭着自己的本能蹦跳取食，后来，随着悬挂食物高度的增加，难度增大，两只猴子只有协作才能取得食物，于是，一只猴子托起另一只猴子跳起取食，这样，两只猴子每天都能取得够吃的食物，很好地活了下来。

这个实验虽是猴子取食的实验，但在一定程度上也说明了人才与岗位的关系。岗位工作难度过低，人人能干，体现不出能力与水平，选拔不出人才，反倒会引发争斗

甚至“残杀”，无异于第一间房子里的两只猴子。岗位工作的难度太大，使人虽努力而不能及，甚至会埋没、抹杀人才，就如第三间房子里的两只猴子的命运。只有岗位工作的难度适当，循序渐进，才能真正体现出能力与水平，发挥人的能动性和智慧。同时，人才相互间的依存关系能够使他们相互协作，共渡难关。

三、工作分析是组织现代化管理的客观需要

传统的管理模式有值得借鉴的地方，但也有如下弊端：①凭经验管理；②重视物力、财力等因素而忽视人力因素的作用；③重视人的现有能力而忽视对人的潜力的发掘。在现代社会，工作效率的提高越来越依赖于人力因素。因此，现代管理的突出特点是强调以人为中心，强调在工作分析的基础上进行工作设计和恰到好处的定员、定额，为工作者创造和谐的人际关系和组织气氛，创造良好的工作条件和工作环境，控制各种有害因素对人体的危害和影响，保护工作者的身心健康，以激发工作者的自觉性、主动性与创造性，从而满足现代化管理的需要。

四、工作分析有助于实行量化管理

现代企业管理实践表明，提高效益要依靠好的政策和技术进步，更要依靠严格和科学的管理。而实行严格和科学的管理，需要一系列的科学标准与量化方法。工作分析通过对岗位工作客观数据与主观数据进行分析，充分揭示了整个劳动过程中现象与本质的关系，有助于整个企业管理逐步走向标准化与科学化。

五、工作分析是提高现代社会生产力的需要

社会生产力的提高，表现为生产效率与生产质量的提高，而提高生产效率与生产质量，关键在于简化工作程序，改进生产工艺，明确工作标准与要求，让每个人从事最适合的工作，以达到最好的工作效果。

随着现代生产过程越来越复杂，企业规模越来越大，工艺流程越来越长，分工越来越细，具体的劳动形式和生产环节越来越多，劳动协作在空间和时间上的要求也越来越高。为了科学地配置与协调不同劳动者的工作，必须对生产过程分解后的基本单位——工作岗位进行科学的分析。

【本章回顾】

工作分析是人力资源管理工作的基础和依据，是全面了解组织内各项工作特点的

一项重要的常规性技术。工作分析是为了明确各岗位的职责和权力，以及岗位所需要的人员配置条件，使人员各司其职，人岗匹配，人尽其才。本章着重介绍了工作及工作分析的概念，以及工作分析的类型和相关术语，以此让学生对工作分析有更加深刻的认识。在此基础上，本章还介绍了工作分析的导入时机及其主要内容，并对工作分析的产生和发展进行了详细的论述，同时，对工作分析的作用进行了相应的介绍，使学生从总体把握工作分析的相关知识，为后面各章的学习打好坚实的基础。

【思考题】

1. 通过本章的学习，你对工作分析有了哪些认识？
2. 工作分析应遵循哪些原则？
3. 工作分析的内容涉及哪些方面？
4. 工作分析的作用主要体现在哪些方面？
5. 工作分析的产生及发展都经历了哪些阶段？
6. 请结合我国实际，说明我国企业的工作分析的现状和存在的问题。

第二章　工作分析方法与工具

【学习目标】

1. 对工作分析方法有明确的认识，并在此基础上掌握各种工作分析方法的概念和操作流程。

2. 熟悉常用工作分析方法的优缺点，认识到工作分析方法对未来发展的重要性。

3. 对常用的工作分析的工具有一定的了解，同时掌握选择工作分析工具的必要策略，认识到工作分析工具的重要作用。

【案例引入】

方园公司人力资源变革失败的原因

方园公司是一家房地产开发公司，近年来，随着经济的迅速增长，房地产需求强劲，公司有了飞速的发展，规模持续扩大，逐步发展为一家中型房地产开发公司。随着公司的不断壮大，员工人数大量增加，众多的组织和人力资源管理问题逐渐凸显。为此，人力资源部开始进行人力资源变革，首先从进行职位分析、确定职位价值开始。

首先，他们开始寻找职位分析的工具和技术。在阅读了国内流行的基本职位分析书籍之后，他们从中选取了一份职位分析问卷，作为收集职位信息的工具，然后，人力资源部将问卷发放到各个部门经理手中，同时他们还在公司的内部网上发了一份关于开展问卷调查的通知，要求各部门配合。

据反映，问卷在下发到各部门后，一直搁置在各部门经理手中，并没有发下去。很多部门是直到人力资源部开始催收时，才把问卷发放到每个人手中。同时，由于大家都很忙，很多人在拿到问卷之后，都没有时间仔细思考，而是草草填写完事，还有很多人在外地出差，或者任务缠身，自己无法填写，由同事代笔。此外，一些较为重视这次调查的员工反映，大家都不了解这次问卷调查的意图，也不理解问卷中那些生疏的管理术语，如何为职责、何为工作目的等。很多人想就疑难问题向人力资源部进行询问，可是也不知道具体该找谁。因此，在回答问卷时只能凭借自己个人的理解来填写，无法把握填写的规范和标准。

一个星期之后，人力资源部收回了问卷。但他们发现，问卷填写的效果不太理想，有一部分问卷填写不全，一部分问卷答非所问，还有一部分问卷根本没有收上来。辛劳调查的结果却没有发挥它应有的价值。

与此同时，人力资源部也着手选取一些职位的人员进行访谈。但在试谈了几个人员之后，发现访谈的效果也不好。因为在人力资源部，能够对部门经理进行访谈的人只有人力资源部经理一人，主管和一般员工都无法与其他部门经理进行沟通。同时，经理们都很忙，要把双方凑在一块实在不容易，因此，两个星期过去了，只访谈了两个部门经理。

人力资源部的几位主管负责对经理级别以下的人员进行访谈，但在访谈中，出现的情况却出乎意料，大部分时间都是被访谈的人在发牢骚，指责公司的管理问题，抱怨自己的待遇不公等，而在谈到与职位分析相关的内容时，被访谈人往往又言辞闪烁，顾左右而言他，似乎对人力资源部这次访谈不太信任。访谈结束之后，访谈人都反映，他们对该职位的认识还是停留在模糊的阶段。

请思考：

1. 方园公司的工作分析方法出了哪些问题？
2. 假设你是人力资源部的经理，你该如何解决案例中的问题？

工作分析的方法多种多样，国外已开发出许多较为成熟的方法，并在实践中得到广泛应用。对于方园公司目前的处境，人力资源部通过问卷调查和访谈法收集工作分析的相关信息，虽然最后效果不大，但也从中发现了公司内部人员管理等方面的一系列问题，对公司的不断发展起到了十分重要的作用。问卷法和访谈法这两类方法是工作分析信息收集过程中较为常用的基础性方法。工作分析的基础性方法，泛指工作分析人员在信息采集过程中所使用的方法。这些方法应用范围广泛、调查方式多样。接下来让我们一起学习。

第一节　工作分析方法

一、工作分析方法分类

为了使工作分析方法得到较好的应用，发挥其信度、效度、应用性和实用性方面的优点，工作分析人员有必要掌握各种工作分析方法的内容、适用范围、类型、实施程序，以及这些方法的优缺点，本章围绕这些内容，详细介绍七种工作分析方法，分别是观察法、访谈法、工作实践法、资料分析法、工作日志法、主题专家会议法、问卷调查法。具体内容如下。

（一）观察法

1. 定义

观察法又称现场观测法，是指由工作分析调查人员直接到工作现场，通过实地观察、测定并记录某一时期内特定工作活动的内容、方法、形式、工作时间的关系、人与工作的关系以及工作环境、条件等信息，并在此基础上分析有关工作要素，达到分析目的的一种方法。

运用观察法时，应选择同一工作岗位上的多名工作者进行观察，因为面对同样的工作任务，不同的工作者会表现出不同的行为方式。所以相互对比后，有助于消除分析者对不同工作者行为方式上的偏见。对于同一工作者在不同时间与空间内的观察分析，也有助于消除工作情景与时间上的偏差。

2. 适用范围

观察法适合于简单、标准、短时期、重复性强的操作类工作的信息收集。比如，流水线上的作业人员、档案管理人员、仓库保管人员、门卫所做的工作，就是一些可以运用观察法的很好例子。

观察法适用于对外显行为特征的分析，不适合对隐蔽的心理素质的分析，也不适合对没有时间规律和表现规律的工作。观察法的主要作用：观察、记录、核实工作负荷及工作条件；观察、记录、分析工作流程及工作方法，找出不合理之处。

3. 分类

（1）以观察的目的划分

根据观察目的的不同，可以将工作分析观察法分为描述性观察和验证性观察两种。前者是通过对任职者行为、活动等方面的观察，为后续编制调查问卷、访谈提纲、工作说明书等提供信息支撑；后者则是根据观察来验证通过其他方法所收集到的信息的真伪。

（2）以对观察过程、记录方式、结果整理等环节事先确定和统一的程度划分

根据对观察过程、记录方式、结果整理等环节事先确定和统一的程度，可以将工作分析观察法分为结构化观察和非结构化观察。

①结构化观察。它需要在现有理论模型和对与职位相关的资料进行分析整理的基础上，针对目标职位的特点开发个性化的观察分析指南，对观察过程进行详细规范，严密控制观察分析的全过程。这种形式的观察特点是规范、连贯、可信度高。但结构化观察的不足之处是形式较为僵化，容易造成信息缺失。

②非结构化观察。这一观察形式只需根据观察的目标定位进行观察，方式灵活，

但是指导性较差，分析人员对所收集到的信息整理起来难度较大。

（3）以观察对象的工作周期和工作突发性划分

根据观察对象的工作周期和工作突发性的不同，工作分析观察法可分为直接观察法、阶段观察法和工作表演法。

①直接观察法。它是指工作分析员直接对员工工作的全过程进行观察，适用于工作周期很短的工作。比如，保洁员或餐厅服务生的工作基本上是以一天为一个周期，工作分析人员可以一整天跟随他们进行直接工作观察。

②阶段观察法。这一观察形式适用于那些工作周期长且有规律性的工作。为了能完整地观察到工作周期长的工作，有必要分阶段进行观察。比如，企业的行政文员，需要在每年年终时筹备企业总结表彰大会，工作分析人员就可在年终时对该工作进行观察，这样才能完整地观察到员工的所有工作。有的工作由于阶段时间跨度太长，而工作分析无法拖延很长时间，这时采用工作表演法更为合适。

③工作表演法。这一观察形式适用于工作周期很长且突发性事件较多的工作。比如保安，在保安工作中除了有正常的例行程序外，还有很多突发事件需要任职者处理，如盘问可疑人员等，工作分析人员可以让保安人员表演盘问的过程，而不一定进行对该项工作的实地观察。

4. 实施程序

（1）观察目标定位

这一步包含两个程序：一是明确观察的目的，二是明确观察客体的定位。

观察的目的通常有两类：描述和验证。描述是指对任职者的个体或群体工作活动、行为和环境等进行客观描述，为后续编制调查问卷、访谈提纲、工作说明书提供信息支撑。验证则是通过对工作活动的实地观察，验证其他方法所收集到的信息的真伪。

观察客体的定位。在组织中，观察客体主要有个体、小组、团队、组织四个层面。层面定位是指将所要观察的工作置于怎样的环境中来观察。一方面，应根据目标职位的影响范围来确定观察的层面。若目标职位涉及整个组织的运行，则将其置于组织层面，依此类推。例如，流水线主管人员工作活动的观察应置于整个小组的层面，而对其中某位操作人员的观察则定位在个体层面即可。

另一方面，在确定观察客体的层面时，要根据观察的目的（描述或是验证）进行合理的选择。描述性观察法需要收集全面、完整的信息，因此，应针对上述四个层面展开观察；而验证性观察法仅需对验证信息涉及的客体进行观察。

（2）研究设计与开发

具体来说，观察法的研究设计与开发程序包括以下四个子程序，根据时间顺序对其进行排序，依次为确定观察对象，选择观察形式，确定观察时间、地点，确定所需的设备和工具。

第一，确定观察对象。通常在观察实践中，选择3～5名绩效水平较高的任职者作为被观察对象。对被选定的对象，应及时告知，切忌采用“暗中观察”的方法。虽然“暗中观察”一定程度上能够减轻“霍桑效应”给被观察对象带来的影响，但是这种方法会降低员工对组织的信任感。因此，有必要在被观察对象参与工作分析观察时，向其说明观察的目的、作用、操作流程以及最终影响等，消除其戒备心理，力求获取准确而全面的工作信息。

第二，选择观察形式。选择观察形式指的是工作分析人员决定采用结构化观察形式还是非结构化观察形式。两种形式各有利弊。结构化观察形式的可信度较高，所收集到的信息具有一致性，但形式较为僵化，容易导致信息缺失。而非结构化观察形式灵活，信息收集面较宽。然而，对工作分析人员来说，对所收集到的信息进行整理分析的难度较大。

第三，确定观察时间、地点。工作分析人员应选择典型、常规的工作时间和地点进行观察。对于周期性工作岗位，观察的时间最好覆盖某一工作周期。对于非周期性的工作岗位，应从多方面收集其主要工作职责发生的时间段。在这些特定的时间段对其进行观察。工作分析人员可通过与任职者上司、任职者本人进行沟通讨论，确定典型时间段作为观察时间。

第四，确定所需的设备和工具。观察过程中可能会出现大量信息，需要观察人员及时、快速地记录下来，这样一来，工作分析人员有必要采用一些辅助手段帮助记录。观察过程中常用的设备工具包括录音机、摄像机、录音笔等。在观察过程中，应将各种设备放置于较为隐蔽的、在任职者视线之外的位置，这是由于过于外显的设备会给任职者造成压力，从而不知不觉中改变自己惯常的行为方式，出现“霍桑效应”。同样，观察人员也应处于不显眼的位置，以免影响被观察对象正常的工作。

（3）观察人员的选拔培训

①选拔。观察人员的选拔一般是面向那些具有公正客观的态度、较强的人际交流技能、良好的文字表达能力和较好的对行为理解把握能力的组织内部人员。如果需要对某些特殊工作（如矿工、钻井工）进行观察，还要求观察人员具有较强的体力。

②培训。对观察人员进行培训的主要内容，是使其熟练掌握观察分析的操作方法与技术，以及避免观察过程中的误差和错误。在观察过程中，观察人员可能出现的误差和错误通常有以下几点：观察者偏差，这是一种自我他人的归因偏差现象，是指观察者自己的动机、期望和先前经验等因素妨碍了观察的客观性；趋中效应，该效应是错误地将观察对象的工作绩效划为接近平均或中等水平，当趋中效应发生时，所有观察对象的得分均为平均或接近平均的结果，因此不能辨别谁是最佳或最差的工作者；晕轮效应，又称“光环效应”，是指当观察者对一个人的某种特征形成好或坏的印象后，倾向于据此推论该人在其他工作方面的特征，其本质上是一种认

知上的偏误。

（4）观察的实施过程

①准备观察提纲。表2－1和表2－2是观察提纲的两个范例。其中，表2－1结构化程度较弱，表2－2结构化程度较强。

表2－1　观察记录

序号	工作任务	工作操作程序和方法	工作权限	工作结果	时间花费	备注
1						
2						
⋮						

表2－2　操作工工作分析

基本信息	被观察者姓名：	观察日期：
	观察者姓名：	观察时间：
	所属部门：	岗位：

具体问题：
什么时候开始正式工作？
上午工作几个小时？
上午休息几次？
上午完成多少件产品？
与同事交谈几次？其中与工作无关的有几次？
每次交谈多长时间？
什么时候开始午休？
搬了多少次原材料？

总述：

②进入观察现场。首先，应对任职者承诺：尊重隐私权，保证匿名性，授予拒绝参与权和结果知情权。其次，简要介绍观察目的，过多的介绍可能会束缚任职者的行为。最后，开始安装观察记录设备，设备应放置于较隐蔽的位置，同时观察人员也应处于不显眼的位置。

③进行现场记录。现场记录质量的好坏对观察效果的影响极大，因此，在观察过程中，工作分析专员要严格遵守观察记录的流程要求。本着严肃、敬业的态度，完成对目标职位每个环节的记录工作，适当保持距离，以不影响任职者的工作为前提，在观察后不要忘记与观察对象面谈，以补充信息。必要时，也可以选择一名主管或有经验的员工进行面谈，因为他们比较了解工作的整体情况以及各项工作任务是如何配合起来的。

（5）数据整理

观察结束后应对收集的信息数据进行归类整理，形成观察记录报告。数据整理根据采用的不同方法有不同的整理要求。对于结构化的观察结果，应按照计划要求，对收集的数据进行编码并录入计算机，以便分析；对于非结构化调查的结果，则应按照一定的逻辑顺序（如发生时间）进行整理排列，补齐观察过程中的缩写，形成一份描述性的报告。

（6）数据分析及运用

在数据分析方面，工作分析专员可采用描述性统计和推断性统计方法进行统计分析。若是选择结构化观察方法，则对结果的分析相对容易。

5. 优缺点

（1）优点

①真实性。观察法可为工作分析提供最直接的第一手资料，利用该方法所收集到的信息，也可以用于检验利用其他信息收集方法所获取信息的准确度。

②深入性。从观察法中获得的有深度的工作行为，不仅可以用于描述任职者做什么，而且可以描述任职者是如何组织自己的行为以达到工作目标的，能够获得丰富的关于工作外在特征方面的信息。

③有效性。观察法有助于工作分析者对具体的步骤有更深的了解，加深其对待分析工作的术语的理解，在以后的访谈调查和问卷调查中，也便于工作分析人员与调查对象进行交流。

（2）缺点

①观察时间长。工作分析人员若想通过观察法获得完整的工作信息，则需要进行至少一个工作周期的观察，观察所需时间较长。对时间压力比较大的工作分析活动来说，这种情况下运用观察法收集信息就不太合适了。

②分析难度大。通过观察所收集到的信息量比较庞杂，这些信息较难量化。被观察对象执行了较多任务活动，但是这些任务活动的效果如何，工作分析人员却不好判断。

③易受“霍桑效应”影响。被观察对象很可能将观察结果与自己的绩效考评结果相联系。因此，在工作分析观察过程中，被观察对象的行为表现会出现跟平时不一致的情况，即“霍桑效应”。在任职者看来，观察法必然带有分析专家主观的评价成分，在观察的压力下，任职者可能表现出超常的工作绩效，甚至从事职责外的工作，“展示”出错误信息，由此导致信息失真。研究表明，并不是所有的任职者在观察下都发挥超常，若是任职者从事简单的工作，就容易出现超常反应（即工作效率和效果高于平常）；若是任职者从事复杂的工作，则容易出现失常反应（即工作效率和效果不如平常）。

④表面性。这是由观察法的性质所决定的。工作分析观察法只能用于收集任职者外显行为特征的信息，对任职者内在心理活动如计划、思考、规划等，则无法观察到。这一缺点也使得观察法不适用于对中高层管理职位的工作分析，而是较适合用于简单、标准、短时期、重复性强的操作类职位的工作分析。

⑤成本较高。观察法成本较高的主要原因是耗时长，并且该法在观察分析人员的选聘和培训上花费较多。出于客观公正的角度，观察分析人员通常应由组织外部的专业人士担任，这样一来，其费用成本就会较高。如果从组织内部选拔、培训观察分析人员，则需较长的培训时间。

【知识延伸】

运用观察法时的注意事项

第一，所观察的工作应该相对静止，即在一段时间内，工作内容、工作程序和对工作人员的要求等不会发生明显变化。

第二，所观察的工作行为应该具有代表性，注意分辨在观察过程中人为表现出来的工作行为，而不是机械地记录，注意对工作信息进行比较和提炼。

第三，观察前应当制订详细的工作计划，准备好观察提纲，使观察工作有序进行。

第四，观察人员在观察时应尽量避免引起被观察者的注意，避免干扰被观察者的正常工作，应在适当的时候以适当的方式将自己介绍给被观察人员。

第五，注意将观察法与其他工作分析方法结合使用，避免重要工作信息的遗漏。

（二）访谈法

1. 内容及其适用范围

访谈法又称面谈法，它是通过工作分析人员与任职者、主管等人面对面的谈话来收集相关工作信息的一种工作分析方法。访谈的程序可以标准化，也可以非标准化。通常情况下，使用访谈法时应以标准化访谈格式记录，目的是便于控制访谈内容及对同一职务不同任职者的回答进行相互比较。

访谈法是工作分析方法中应用最为广泛的方法之一。它可对任职者的工作态度和工作动机等深层次的内容进行详细了解，如态度、价值观、信仰、个性等。该方法既适用于短时间内可以把握的行为特征的分析，又适用于长时间才能把握的心理特征的分析。

访谈法的主要作用有两方面：一是获得观察法所不能获得的资料；二是对已获得的资料加以证实。

2. 基本要素和类型

（1）基本要素

①访谈参与者。通常，工作分析访谈的参与者为两人：访谈者和访谈对象。访谈者为工作分析专员，访谈对象一般包括上游供给者，也就是业务流程中的上游工作者对下游工作职责、任职资格的要求；下游接收者，即业务流程中的下游工作者对上游工作的建议和意见；直接上级（主管），即指挥链中的上级对待分析工作的职责期望和任职资格期望；同事，提供与工作分析相关的信息，如何更好地提高效率，促进交流；下级，期望上级扮演的角色；同一工作的不同任职者，要求任职者应是从事该工作六个月以上的组织内正式工作人员。

②访谈者的角色定位。比如消极的信息记录者。其主要职责是根据访谈提纲收集信息，追求信息的完备性；积极的思维引导者，其主要职责是根据任职者提供的线索深入追问，追求信息的深度和有效性。

（2）类型

①按照访谈的结构化程度划分，可将访谈法分为结构化访谈和非结构化访谈两种类型。结构化访谈是对访谈内容、程序进行详细规定，严格按照访谈提纲提问的方法。通过结构化访谈，能够收集到很多目标岗位的信息，但不利于访谈对象充分发挥、畅所欲言。结构化访谈是大体界定访谈内容后，由访谈者根据实际情况掌握谈话进程的方法。非结构化访谈可以比较灵活地收集各种信息，但容易偏离主题，造成所得信息缺乏完备性。在访谈实践中，往往将结构化访谈和非结构化访谈结合起来；以结构化访谈问卷作为访谈一般性指导，在访谈过程中，应根据实际情况就某些关键领域进行深入探讨。

②按照访谈对象的类型划分，可将访谈法分为个人访谈、集体访谈和管理人员访谈三种。对任职者进行的个人访谈，与集体访谈和管理人员访谈相比，耗时长、成本较高；对做相同或相近工作的员工群体进行的访谈，相对而言，较为省时，成本略低；管理人员访谈指的是对了解待分析工作的主管人员进行的面对面访谈。由于有些工作主管和现职人员的说法不同，工作分析人员必须把双方的资料合并在一起，进行独立的观察、证实和权衡。这不仅需要运用科学的方法，还需要具有较强的人际关系技能。通过综合使用多种面谈形式，可以较全面深入地掌握工作分析的信息。

3. 工作分析访谈程序

通用的工作分析访谈包括准备、开始、主体、结束、整理五个阶段，下面对每个阶段进行详细描述。

（1）访谈准备阶段

①制订访谈计划。首先，明确访谈目标，即收集哪类信息，确定访谈对象，选定访谈方法；其次，明确访谈的结构化程度，确定访谈时间，以不影响被访者正常工作

为宜；再次，确定访谈地点，访谈场所应保持安静、整洁、方便；最后，准备材料和设备，如录音机、录音笔、摄像机等。

②培训访谈人员。培训访谈人员的内容包括访谈原则、知识、技巧；针对本次访谈的专项培训，传达访谈目的和计划；准备详尽的访谈提纲，弥补经验不足的缺陷。

③编制访谈提纲。常用的工作分析访谈提纲如表 2－3 所示。

表 2－3　　常用的工作分析访谈提纲

岗位目标： ①此岗位的工作目标是什么？ ②此岗位最终要取得什么结果？ ③从公司角度来看，这个岗位具有什么意义和作用？ ④为这项工作投入经费会有多少收益？
岗位地位： ①公司上级对此岗位作用的评价如何？ ②此岗位在公司中的位置及地位如何？ ③此岗位年所需的各种经费（比如，经营预算、销售额、用于员工本身的开销）是多少？ ④此岗位的主管能否为部门或机构节省大笔开支？能否保持岗位的业绩？ ⑤哪些岗位与此岗位同属一个部门？
内外关系： ①你依据怎样的原则、规章制度、先例和人事制度办事？ ②此岗位的行为或决策受哪个部门或个人控制？ ③在公司内，此岗位与哪些部门或个人有最频繁的工作联系？有哪些联系？ ④你是否需要经常会见上司商讨或者汇报工作？ ⑤你通常需要与上司讨论什么问题？ ⑥你有下属吗？若有，哪些职位由你管辖？有多少人？分别是谁？ ⑦在公司外，此岗位与哪些部门或个人有最频繁的工作联系？有哪些联系？ ⑧此岗位需要出差吗？频率如何？经常去哪里出差？为什么出差？
工作中的问题： ①你认为此工作对你来说最大的挑战是什么？ ②你对此工作最满意和最不满意的地方分别是什么？ ③此工作需要解决的关键问题是什么？ ④你面临的问题是否各不相同？不同之处表现在哪些方面？ ⑤处理问题时有无指导或先例可参照？有哪些处理依据？ ⑥你在工作中遇到的问题在多大程度上是可预测的？ ⑦你对哪些问题有自主权？ ⑧哪些问题你需要提交上级处理？ ⑨你是否经常请求上司的帮助，或者上司是否经常检查或指导你的工作？ ⑩你的上司如何指导你的工作？ ⑪你是否有机会采取新方法来解决问题？

续　表

工作成果： ①你在工作中能够取得什么成果？其中最重要的成果是什么？ ②通常可以用什么标准来衡量你的工作成果？ ③上司对工作任务的完成情况是否起决定性作用？
岗位要求： ①任职者具备哪些专业技术？请按重复程度列出，并举出工作中的实例加以说明。 ②此岗位要求任职者具备哪些知识？请按重要程度列出，并举出工作中的实例来说明。 ③此岗位要求任职者具备哪些能力？请按重要程度列出，并举出工作中的实例来说明。 ④此岗位对任职者的职业道德要求是什么？

根据实际需要，还可以使用结构化程度较高的访谈提纲，或是半结构化的访谈提纲。

（2）访谈开始阶段

在这一阶段，帮助访谈对象建立平和、互信的心态非常重要。在有些访谈实践中，由于开始阶段处理不当，往往会造成访谈对象对访谈产生怀疑甚至敌意的情况，以致访谈者对整个访谈过程不配合或是不能准确地提供与工作有关的信息。

①营造气氛。工作分析专员在访谈开始时，应营造轻松、舒适的访谈气氛，例如，可以使用生动、幽默的开场白，适度赞扬访谈对象。

②介绍程序。工作分析专员应向访谈对象介绍本次访谈的流程以及对被访谈者的要求。如果在访谈过程中需要使用笔录、录音等辅助记录手段，应向访谈对象事先说明。

③强调要素。工作分析专员应重点强调本次工作分析的目的及预期目标、所收集信息的用途，以及本次工作分析相关技术性问题的处理方法。

④做出承诺。有必要向访谈对象说明，本次访谈已经征得其上级的同意。但是，参与访谈的全部人员将保证访谈的内容除了作为分析基础外，将对其上级和组织中的任何人完全保密。

（3）访谈主体阶段

①寻找切入点。访谈的切入点通常可以是询问访谈对象所在部门与其他部门的关系，或者是目标工作与部门内外的联系，抑或是工作环境。随着访谈的逐步深入，所谈内容应逐渐趋于具体和详细，主要询问任职者的工作目标、工作范围、工作性质、工作责任等一系列工作任务的投入、行动及产出。

访谈的切入点通常体现在以下几个方面：工作目标，组织为什么设立这一职务，根据什么确定职务的报酬；工作内容，任职者在组织中有多大的作用，其行动对组织产生的后果如何；工作的性质和范围，这是访谈的核心内容，包括该工作在组织中的关系，其上下级职能的关系，所需的一般技术知识、管理知识、人际关系知识，需要解决的问题性质以及自主权，所负责任，这一点涉及组织、战略政策、控制、执行等多个方面。

②获取“主干”。询问工作任务时，访谈人员可以根据事先准备好的任务清单，与访谈对象就清单上所列项目逐条讨论与核对。询问内容可包括以下问题：我们对这项工作任务的表述是否清晰？我们对这项工作任务的描述所用术语是否正确？是否还有其他更为专业的表述？任务清单是否包括你全部的工作内容？各项任务表述是否相互独立？内容是否可以合并或需要拆分？整个任务清单是否有逻辑混乱和矛盾的地方？

如果访谈前访谈人员没有准备任务清单，则可通过以下几个问题引导访谈对象，以获取信息主干：你的工作主要有哪些板块？各板块包括哪些任务及职责？你每天的工作任务发生顺序是怎样的？

③探索“枝叶”。该程序指的就是掌握待分析工作的任务细节。访谈人员需要从投入、行动、产出三个角度，收集工作的6W1H信息，具体包括Why（此项工作的主要目的）、What（主要的工作内容）、When（工作时间）、Where（工作地点）、Who（工作承担者）、For Whom（工作的服务对象）、How（完成工作的方法、程序、技术及手段）。

（4）访谈结束阶段

一次访谈的时间不宜超过三个小时，时间过长将使得访谈对象感到疲倦。在结束访谈时，访谈人员应注意以下几点：

①允许访谈对象提问；

②重申工作分析的目的与信息的用途；

③追问细节，与被访者确认信息的完整性和真实性；

④如果以后需要继续访谈，那么告知被访者下次访谈内容；

⑤邀请访谈对象在需要的时候与工作分析小组联系；

⑥感谢访谈对象的合作。

（5）访谈整理阶段

这是整个访谈过程的最后一个环节，由工作分析专员整理访谈记录，为下一步信息分析提供清晰、有条理的信息记录。

4. 对访谈者的要求

在工作分析访谈法的实施过程中，访谈者必须注重提问设计、访谈技巧和话谈技术的运用。

（1）提问设计

提问设计用于访谈提纲的形成过程。访谈提纲主要由一系列问题构成，因此，问题的质量将直接影响到访谈效果。下面是关于提问设计的一些建议。

①保持提问设计的热情。在提问设计之前，可先自我提问：我想知道什么？为什么？哪些东西适合于要调查和访谈的问题？

②只选择那些与所调查资料直接相关的问题。

③把问题按一定的逻辑顺序排列，将那些容易的、没有挑战性但又必要的问题排在前面，遵循由浅入深、由简到繁的原则。

④使问题的回答选择化。尽量设计含有三个选项（及以上）的选择题。

⑤不能将两个问题合并为一个。比如，“您和您下级工作的工作量是否饱满”这个问题其实可以分解为两个问题，即“您的工作量是否饱满”和“您下级的工作量是否饱满”。

⑥问题不宜过长，语言不宜过于繁杂，应以简短的语言表达想要说明的意思。如果问题过长且难以阅读理解，会使被调查者失去耐心。

⑦提问要防止诱导，避免倾向性。比如，“您认为在工作中需要运用专业知识和专业技能吗”，答案必然是肯定的。又如，“专家小组认为您所从事的工作体力要求较低，您同意吗”，由于人们通常会认同权威人士的观点，此时所提问题便失去了意义。

（2）访谈技巧

在以往的访谈实践中，已经形成了以下访谈技巧，可供访谈人员参考。

①事先清晰地说明访谈的目标和方法。引导访谈对象阐明访谈内容（访谈什么）、访谈目的（为什么访谈）、访谈程序（如何访谈）。

②选择适当的访谈对象，以满足所寻求信息性质的要求。若是做关于观点、价值观、态度等情感变量的调查，则需要大量的访谈对象；若是做工作方法、过程和环境等客观特征的调查，只需选择少数人作为访谈对象。

③用清楚易懂的语言进行访谈。

④在访谈中要掌握谈话的方向，但是不能与员工进行争论，不要介入员工的抱怨。

⑤在所讨论的问题上不要显示任何偏好，不要表现出对员工工资待遇等方面的兴趣，应保持中立的立场。

⑥在整个访谈过程中要有礼貌并保持谦恭，不要用高人一等的态度对待访谈对象。

⑦记下意外但重要的信息。

（3）访谈技术的运用

访谈中常用的技术有自我介绍、提问、倾听、回应、资料记录和其他技术。

①自我介绍。访谈人员在正式访谈开始前所作的自我介绍，不能使被访者感到压力。访谈人员不必强调自己的职务或职称。

②提问。尽管访谈人员提前设计好了访谈提纲，即已经形成了一些问题，但是在访谈过程中，访谈人员在进行具体提问时，还需注意以下几点：首先，提问要清楚明

确、自然流畅。其次，要维持被访者的兴趣，在提问过程中如果发现被访者对问题不感兴趣，不愿回答或不愿深入回答，则需要访谈人员适当对访谈问题进行调整。再次，提问后，如果被访者提供了“意外”的信息，这些信息虽然没有被列入访谈人员需要收集的信息表单，但是它属于工作和工作者的重要信息，这时，访谈人员应适时追问，以获取更多、更丰富的信息内容。与此同时，不要对被访者的回答给予任何评价。访谈人员在提问后，进行适当的重复、追问是可以的，但是应避免对被访者的回答予以“好”“坏”的评价，以免给被访者带来心理压力。最后，访谈人员应时刻注意身体语言，注重与访谈对象的非言语交流。比如，在肢体动作上，不要环抱胳膊，不要表现出高高在上的姿态。

③倾听。访谈人员在倾听被访者回答问题时，需要遵循以下三个原则：不要轻易打断被访者的话，如果非要打断，应先说声“对不起”；容忍沉默，让被访者有足够的时间思考，对于沉默这一反馈形式，访谈人员需要重视并思考被访者是在个别问题上沉默还是对所有问题都沉默，是个别被访者沉默还是大多数被访者都沉默，不同的沉默形式隐含着不同的信息；亲疏一致，在条件许可的情况下，访谈人员在选取访谈对象时应尽量找一些不熟悉的人。心理学上认为，一定的陌生感会使被访者获得一种心理上的安全距离，觉得访谈人员不会过多地涉及自己的生活，容易对访谈人员产生信任感，从而吐露自己内心的声音，而不是用套话来敷衍访谈人员。

【拓展阅读】

倾听的重要性

富兰克林在年轻时候有争辩的习惯。一天，一位教友会的老朋友把他叫到一旁，尖刻地训斥他：“你真是无可救药。你已经打击了每一位和你意见不同的人。你的意见变得太珍贵了，没有人承受得起。你的朋友发觉，如果你在场，他们会很不自在。你知道的太多了，没有人能再教你什么，也没有人打算告诉你什么，因为那样会吃力不讨好，而且会弄得不愉快。所以，你没法再吸收新知识了，但你的旧知识又很有限。”

富兰克林汲取了这次教训。他明智地领悟到他的确是那样，也发觉他正面临社交失败的命运。他下决心改掉傲慢、粗野的习惯。“我立下一条规矩”，富兰克林说，“绝不准自己太武断。我甚至不准自己在文字或语言上有过于肯定的意见表达，比如‘当然’‘无疑’等，而改用‘我想’‘我假设’‘我想象一件事该这样或那样’或‘目前，我看来是如此’。当别人陈述一种观点而我不以为然时，我绝不立刻驳斥他或立即指正他的错误。我会在回答的时候，表示在某些条件和情况下，他的意见没有错，但在目前这件事上，好像稍有不同。我很快就体会到我改变态度后的收获：凡是我参与的谈话，气氛都融洽得多了。我以谦虚的态度来表达自己的意见，学会了倾听别人的意见，这使得我的很多看法不但容易被接受，更减少了一些冲突。我发现自己有错时，并没有什么难堪的场面。而我自己碰巧是对的时候，更能使对方不固执己见而赞同我。”

富兰克林觉得，最初采用这种方法时，确实和他的本性相冲突，但久而久之他就习惯了。也许多年来，没有人听他讲过些什么太武断的话，这是他提交新法案或修改旧条文能得到同胞的重视，而且在成为民众协会的一员后具有相当影响力的重要原因。他不善辞令，更谈不上雄辩，遣词用字也很迟疑，还会说错话，但一般说来，他的意见还是会得到广泛的支持。

富兰克林之所以能取得成功，很大一部分原因，是他改掉了傲慢、粗野的习惯，他学会了尊重别人，懂得倾听别人的心声，这也告诉我们，倾听的重要性。也就是说，在运用访谈法时，访谈人员要学会倾听被访者的内心声音，尊重被访者，只有这样，才能使访谈收到预期的效果。

④回应。在访谈过程中，访谈人员常见的回应方式有认可、重复、追问、微调和鼓励对方。追问的具体做法是让被访者举例或具体说明。访谈人员可采用附和式提问方式来进行追问。比如，“像你刚才所说的工作压力具体包括哪些呢”“刚才我听你提到了关于营销部的领导方式的问题，你能说得更详细些吗”等。

微调是对在访谈中出现偏离目的情况时的处置技术。在访谈中我们会发现，个别被访者对个人的看法和感受避而不谈。这时访谈人员要及时采取“帮助被访者明确访谈目的”“消除顾虑”“舒缓心理压力”等处置技术进行微调。

⑤资料记录。受时间限制，访谈人员在访谈过程中会简要记录被访者提供的信息，访谈后再对所收集信息进行整理分析。为了保证信息的全面性，访谈人员事先可征求被访者的意见，使用录音笔、摄影仪等设备，如此一来，更方便访谈者事后回顾访谈内容，记录全面的信息资料。

⑥其他技术。在访谈中，还有一些其他技术值得访谈者注意，主要有以下几点：时间，如果被访者很忙，那么不应打扰其正常工作，建议将访谈安排在下班后的空余时间；地点，通常应选择方便、安静、安全的物理环境进行访谈；“刹车”，指的是访谈的及时终止，比如，被访者可能会自觉或不自觉地打探访谈人员对公司工作的看法，为保证公正、客观，访谈人员对此话题要及时“刹车”，又比如，被访者有不耐烦的情绪时，访谈人员要及时变更话题或者结束访谈；保密承诺，指的是访谈人员在访谈开始前向被访者所做出的承诺，保证其个人的合法权益不受损害，使其能知无不言、言无不尽，访谈人员与被访者的关系应该是信任而不亲密的关系；致谢，在访谈结束前，

访谈人员要诚恳地对被访者的支持表示谢意；汇总，访谈结束后，访谈人员在汇总信息时，应本着客观的态度对待被访者提供的每一条信息。

5. 访谈的优缺点

（1）优点

根据工作分析专家的使用经验，访谈法是目前在国内企业中运用最广泛、最成熟、最有效的职位分析方法。并且，该方法是唯一能够适用于各层各类职位的职位分析方法，是对中高层管理职位进行深度职位分析效果最好的方法。访谈的成果不仅仅表现在书面上，在整个访谈过程中，任职者对职位所进行的系统思考、总结与提炼，也具有十分重要的价值与意义。工作分析访谈具有以下优点。

①通过访谈双方当面交流，可深入、广泛地探讨与工作有关的信息，如工作的特征、任职者的态度、价值观和信仰，以及语言技能等。

②工作分析人员能对所提出的问题进行及时的解释和引导，避免因双方书面语言理解的差异而导致收集的信息不准确。

③由任职者亲口讲出工作内容，工作分析者可以随时提问，对有关问题加以澄清，有利于提高工作分析的效率。

④有助于与员工的沟通，缓解其负面情绪，调整其心态。对有抵触情绪的访谈对象，可通过工作分析员的沟通、引导，最大限度地使其参与其中。

（2）缺点

访谈法本身存在一些缺点，值得工作分析人员重视，在实践过程中应采取相应措施进行规避。其主要缺点有：

①访谈法容易受到个人偏见的干扰。受访者的个人特征往往会影响访谈者对工作信息的判断，继而影响其所收集信息的准确性。

②访谈人员在口舌上的工作消耗较多，费力、费时，工作成本较高。

③访谈通常不是匿名的，这样访谈对象容易产生不诚实或自利行为，如会夸大或弱化自身的某些职责，收集到的信息往往扭曲、失真。

④需要专门的技巧，需要受过专门训练的工作分析专业人员。

（三）工作实践法

1. 内容及其适用范围

工作实践法是指工作分析人员通过直接参与某项工作来深入、细致地体验、了解所分析工作的特点和要求的方法。工作实践法适用于内容较简单、无须复杂培训就能胜任的工作，如打字员、服务员等，但该方法不适用于需要进行大量训练的、危险而复杂的工作。

2. 实施程序

工作实践法的实施程序大体可分为准备阶段、主体阶段和结束阶段三个阶段。主要工作如下：

（1）准备阶段

在准备阶段，工作分析人员主要从事以下工作内容：

①进行工作实践之前，阅读目标职位的相关资料。比如，《员工操作手册》《工作计划》《工作说明书》等。

②与目标职位的上司沟通，确定工作实践的具体时间、地点。

③与目标职位的任职者沟通，说明工作分析调查的目的及意义，最大限度地获得目标职位任职者的理解和支持。

（2）主体阶段

工作分析员将通过直接从事目标工作获得所有与目标职位相关的信息。在参与工作的同时，工作分析员应注意运用6W1H原则，观察整个工作流程并进行详细的记录，有疑问的地方需要及时与任职者及任职者的上级主管进行沟通。

（3）结束阶段

工作实践结束后，工作分析人员要分析整理所收集的信息，并与事先收集的相关资料进行核对，从而确定该工作的实际流程及相应的工作职责。

3. 操作注意事项

工作分析人员运用工作实践法进行分析调查时，应注意以下两个问题：

（1）若目标职位技术性要求较高，要事先对参与实践的工作分析人员进行培训。

（2）采取工作实践法时，要获得管理者的支持，并与他们协调工作实践的具体时间。

4. 优缺点

（1）优点

尽管工作实践法在实际工作分析信息收集过程中应用较少，但是它也具有一些优点，值得工作分析人员了解并重视。该方法的主要优点体现在以下几点。

①工作分析人员通过亲身实践工作能获得第一手资料，可以准确了解工作的实际过程，以及该工作在体力、知识、经验等方面对任职者的要求。

②当一些有经验的员工因不善于表达或者并不了解自己完成任务的方式等无法提供确切的工作分析信息时，工作分析者的亲自参与可以使自己获得第一手的工作分析信息。

③工作实践法可以确保所收集信息的真实性和全面性。

（2）缺点

工作实践法的缺点是显而易见的，它适用范围狭窄，对于一些危险的、高度专业化的工作，工作分析者往往不具备从事工作的知识和技巧，无法参与实践。因此，这种方法对工作分析人员的要求较高，需要分析人员具备目标工作的实际操作能力。

（四）资料分析法

1. 内容及其适用范围

资料分析法是一种通过对现存的和工作相关的文档资料进行系统性分析来获取工作信息的一种经济有效的方法。资料分析法是一种非常普遍、通用的方法，一般用于收集工作的原始信息，编制任务清单初稿。在采用这种方法收集信息时，工作分析人员需注意采用其他信息收集方法对所收集到的信息进行验证。

2. 实施程序

资料分析法的实施程序主要包含以下两个步骤。

（1）确定信息来源

文献资料分析的信息来源包括内部信息和外部信息。

内部信息主要有《员工手册》《公司管理制度》《岗位职责说明》《绩效评价》《公司会议记录》《作业流程说明》《ISO 质量文件》《分权手册》《工作环境描述》《员工生产额纪录》《工作计划》《设备材料使用与管理制度》《行政主管、行业主管部门文件》《作业指导书》等。

外部信息是指与外部企事业单位相关的工作分析结果。

（2）整理、分析信息

对于文献资料中的信息，可采用以下四种方式进行整理和分析。

①寻找。进行文献分析时，需要快速浏览大量文献，从中寻找有用的信息。

②标记。当发现有用的信息后，可根据收集信息内容的不同，使用各种符号进行标示，或者采用不同的颜色标示，以便以后快速查找。例如，对于文献中有关工作任务的信息，可使用“T”（即 task 的首字母大写形式）表示；有关管理活动的信息，可使用“M”（即 management 的首字母大写形式）表示；有关任务活动的信息，来源可使用“I”（即 information 的首字母大写形式）表示等。

③标出。针对文献中信息不完整或缺乏连贯性的情况，应及时标出。在编制问卷和访谈提纲时，将其作为重点问题提出。

④挖掘。对于文献中隐含的工作内容、绩效标准、任职资格要求等信息，应深入挖掘，并在以后的分析中积极求证。

3. 操作注意事项

（1）甄别信息

工作分析人员对企业现有文献的分析，要坚持所收集信息的“参考”地位。采取批判吸收的态度，切忌先入为主，避免以旧的、过时的、不适用的信息作为标杆来评价新信息。

（2）做好阅读标记

工作分析人员应按照既定标准记录信息，切忌走马观花，流于形式。

（3）适度运用文献

工作分析人员在面对大量文献资料信息时，应时刻提醒自己不要因陈旧信息的大量堆积而影响到对工作和工作任职者的分析判断。

4. 优缺点

（1）优点

运用资料分析法收集信息的成本较低，它是一种较为经济、方便使用的信息收集分析方法。

（2）缺点

资料分析法的缺点主要是其收集到的信息不够全面。小型企业或管理落后的企业可能没做过系统、规范的职责分解工作，因此这些企业往往无法收集到有用的信息。同时，资料本身的真实性和全面性，决定了工作分析活动的科学性。

（五）工作日志法

工作日志法，也称工作日记法，是指让任职者在一段时间内以工作日记或工作笔记的形式，将其日常工作中从事的每一项活动按照时间顺序记录下来，以此收集工作分析所需信息的方法。工作日志法主要适用于收集有关工作职责、工作内容、工作关系以及劳动强度等方面的原始工作信息，为其他工作分析方法提供信息支持，特别是在缺乏工作文献时，工作日志法的优势会显得尤为突出。但它的使用范围较小，对于分析周期较短、工作状态稳定无太大起伏的工作，比较经济有效。

1. 工作日志的设计

一份工作日志通常包括工作日志基本信息、填写说明和工作日志填写表格三部分。

（1）工作日志基本信息

主要包括任职者姓名、岗位名称、所属部门、从事本业务工龄、联系方式等。

（2）填写说明

在填写工作日志表格之前，通过适当的方式对填写者进行培训，规范工作日志填写方法，将会大大提高工作日志法收集信息的质量。因此，在填写工作日志表格前，再次明确工作日志填写说明，会达到增加信息规范程度、减少分析阶段工作量的目的，从某种意义上来说，还可以打消填写者对工作分析的疑虑。因此，填写说明一般包括两部分内容：一是解释并再次强调通过工作日志收集信息的目的；二是明确填写的时间、方法、注意事项、填写样本等。

（3）工作日志填写表格

工作日志填写表格主要包括以下内容：

①编号：记录工作活动的顺序。

②活动名称：工作活动概述（2～4个字）。

③活动方式：准确描述如何完成该活动。

④活动对象：工作活动的客体，活动加工的对象。

⑤活动结果：工作活动带来的直接成果。

⑥频次：在此段时间内重复出现的次数。

⑦起止时间：工作活动发生的起止时间。

⑧活动地点：工作活动发生的地点以及地点转移。

⑨工作联系：与部门其他人员、其他部门人员、外部人员发生工作联系的内容以及对方的身份（组织、部门、职位）。

⑩性质：常规性或临时性，区分常规工作活动与临时性、偶发性的工作活动。

⑪重要性程度：可以采用三个等级尺度，依次为很重要、重要、一般。工作日志如表2－4所示。

表2－4　　工作日志

首先，感谢您在百忙之中抽出时间配合本次工作分析，本次工作分析的主要目的是确定此岗位任职者的培训需求。您填写的工作日志，将有助于我们全面界定您所在岗位的主要职责。

在接下来的一个月里，请您如实、及时并全面地填写工作信息，在填写过程中，请您注意以下几点：

1. 请在每天工作开始前将工作日志放在手边，按工作活动发生的顺序及时填写，切忌在一天工作结束后一并填写。
2. 要严格按照表格要求进行填写，不要遗漏细小的工作活动，以保证信息的完整性。
3. 请提供真实的信息，以免损害您的利益。
4. 请注意保留，防止遗失。
5. 请于　　年　　月　　日前将填写的工作日志交到公司人力资源部××处。

当您在填写过程中遇到困难或问题时，请及时与我们联系，电话××××。

××公司工作分析项目组

一、工作日志基本信息

姓名：

年龄：

岗位名称：

所属部门：

直接上级：

本岗位任职工龄：

填写日期：自　　月　　日

至　　月　　日

续　表

二、工作日志内容

年　　月　　日

工作开始时间：

工作结束时间：

序号	工作活动名称	工作活动内容	工作活动结果	工作活动起止时间	工作地点	工作关系	工作性质	备注
1								
2								
3								
⋮								

填表人（签字）：

审核人：

2. 工作日志法操作流程

采用工作日志法进行工作分析，其流程方便简捷，易于操作。一般来说，工作日志法操作流程可分为准备阶段、工作日志填写阶段和信息分析整理阶段。

（1）准备阶段

准备阶段主要包括以下几项工作：

①由工作分析人员设计出详细的工作日志表。

②确定工作日志的填写对象。

③培训相关人员。在选定对象以后，应该对其进行相关培训，向他们说明工作分析的目的、操作流程、工作日志填写方法及注意事项、最终的影响等，以消除其抵制心理。

④确定工作日志填写的时间范围。工作日志填写的时间跨度可为 1 周、10 天或 1 个月，记录时间的长短取决于职位特点和所需信息。对于能划分完整工作周期的职位，可选取其一个工作周期作为填写工作日志的总体时间跨度。

（2）工作日志填写阶段

将工作日志发放给任职者，让他们按照要求认真填写工作内容与工作过程信息，并通过中期讲解、阶段成果分析、工作分析交流会等方式进行过程监控，督促被调查对象保质保量地填写工作日志。

（3）信息分析整理阶段

收回工作日志，由任职者的直接主管检查、修正记录，再由工作分析专家对信息进行分析与整理。通过工作日志法收集到的信息量相当大，在分析整理阶段，需要专业的工作分析专家对这些信息进行统计、分类和提炼，以形成较为完整的工作框架。分析整理信息的内容如下：

①提炼工作活动。这是整理工作日志的首要任务。根据各项活动不同的完成方式，采用标准的动词形式，将其划分为大致的活动板块，例如，“起草文件”“办理手续”“编制报表”等，然后按照各板块内部工作客体的不同对工作任务加以细化归类，形成对各项活动的大致描述。

②工作职责描述。在确定工作活动后，根据工作日志内容尤其是工作活动中的“动词”确定目标职位在工作活动中扮演的角色，结合工作对象、工作结果、重要性评价，形成任职者在各项工作活动中的职责。

③工作任务性质描述。区分工作活动的常规性和临时性，对于临时性的工作活动，应在工作描述中加以说明。

④工作联系。将相同的工作联系客体归类，按照联系频率和重要性加以区分，在工作说明书的相应项目下填写。

⑤工作地点描述。对工作地点进行统计分类，按照出现频率进行排列，对于特殊工作地点应详细说明。

⑥工作时间描述。可采用相应的统计制图软件，作出目标职位时间—任务序列图表，确定工作时间的性质。表 2 –5 是工作日志统计的示例。

表 2 –5　　工作日志统计

工作内容	工作职责	临时频率	常规频率
办理结款	处理各个分公司申请借款事宜		6
整理制作	汇总分公司报表，填写报表，汇总资料，归整，分类，存档（非数据）财务材料等		8
确定薪酬	确定本科室员工的工资		2
结算	与各分公司结算业务费		6
处理费用	处理在职、离职人员费用及各类费用		7
起草文件	起草并修订、执行公司财务方面的规定	2	6
……	……		
监督审核	分公司业务监督、总公司资金往来监督审核		6

注：本表是对某公司财务主管三天内工作日志的统计结果。

3. 工作日志法的优缺点

（1）优点

①获取信息的可靠性比较高，适用于确定有关工作职责、工作内容、劳动强度等

方面的信息，所需费用也比较低。

②能在较长时间内记录和收集工作的相关信息，如果员工认真配合，能得到较为全面的工作信息，不容易遗漏工作细节。

（2）缺点

①将注意力集中于活动过程，而忽视了结果。

②适用范围小，不适用于工作周期长、技术含量高的专业性工作。

③信息处理量大，归纳工作较烦琐。

④工作执行者在填写时，出于某种目的和原因，可能会夸大或隐藏自己的某些活动和行为，也会由于不认真而遗漏很多工作内容，甚至会“编造”工作活动。

⑤在一定程度上会影响和干扰员工的正常工作。

4. 使用工作日志法应注意的问题

工作日志法在使用过程中应注意以下问题：

（1）工作日志法获取的信息单向来源于任职者，这就容易造成信息缺失、误差等，因此，在实际操作中，工作分析人员应采取措施，如事前培训、过程指导、中期辅导等，加强与填写者的沟通和交流，以削弱信息交流的单向性，还可通过工作日志填写者的上级来进行必要的检查和校正。

（2）为减少后期分析的难度，应按照后期分析、整理信息的要求，设计结构化程度较高的填写表格，以控制任职者在填写过程中可能出现的偏差和不规范之处。

（3）针对工作日志法的特点，将工作日志法常与其他方法结合使用。在工作分析中，工作日志法一般不会作为唯一的信息收集技术。在实际工作中，许多工作分析专家会将组织既有的日志作为拟订问卷、计划访谈的参考资料来源。

（六）主题专家会议法

1. 内容及其适用范围

主题专家会议法就是将主题专家召集起来，就目标职位的相关信息展开讨论，以收集、验证数据、确认工作分析成果的方法。

主题专家会议的成员主要包括组织内部成员、组织外部成员。组织内部成员主要有任职者、直接上级、曾经任职者、内部客户（即业务流程中的下游）、其他熟悉目标职位的人；组织外部成员主要有咨询专家、外部客户、其他组织标杆职位任职者。主题专家会议法适用范围较广，它除了有收集信息的用途之外，还担负着最终确认工作分析成果并加以推广应用的重要职能。

2. 实施程序

（1）确定会议主持人

主题专家会议法的主持人扮演着十分重要的角色，一般由组织内与目标职位相关的中层管理者担当。这样做的原因有两点：一是中层管理者通常有较强的人际关系协调能力；二是中层管理者较熟悉组织结构及工作流程。选定主持人后，工作分析专员还需对其工作职责进行指导和培训。

（2）选择参加会议的人员

为了提高会议效率，对参加会议的人员规模应加以控制，人数以 5 ~ 8 人为宜，因此，对主题专家会议的参与人必须有所选择。通常，要根据会议的主要目的确定到会的专家，若主要目的是工作设计，则参加会议的专家应为任职者的直接上级、咨询专家、外部客户、其他组织标杆职位任职者等；若主要目的是确定任职资格，则与会者主要应是任职者、任职者的直接上级、外部熟悉目标职位的专家等。

在主题专家的选择上，需要有外部专家的加入。Ash 等人认为，小样本的外部专家就可以提供与大样本任职者同样有效的工作信息。

（3）准备会议相关材料和设施

会议主持人应事先准备好相关书面材料或其他媒体材料，例如，需确认的工作分析初稿、问卷、访谈提纲等。

（4）会议组织与安排

组织者进行会场布置以及后勤准备工作，应将会议时间及会议须知提前通知与会者。若有必要，可将相关工作和工作者的资料提前发放给与会者。

3. 实施中的注意事项

为了发挥主题专家会议法的优点，在其使用过程中，应注意以下四点：

（1）主题专家会议法的主要目的是征求各方面意见，因此，应注意营造平等、互信、友好的会议气氛，与会人员应摈弃层级观念，就目标工作的方方面面进行平等、深入的讨论。

（2）主题专家会议往往承担着最终确认工作分析成果的重任。组织者应在会议前进行周密的计划安排，提供相关书面材料，协调与会人员的时间，做好后勤保障等工作。

（3）主题专家会议的过程应有专人进行记录，对于会议上未形成的决议，会后要有专人负责办理。

（4）注重成果反馈。工作分析人员要将通过主题专家会议法获取的分析成果及时反馈给与会人员，在反馈的基础上，对分析成果进行补充、修订。

4. 优缺点

（1）优点

主题专家会议法的优点主要有以下两点：

①经济有效。主题专家会议法操作简单、成本低，适合各类组织开展。经专家实践，发现该方法是目前国内运用最广泛的、有效的工作分析信息确认方法之一。

②适用范围广。主题专家会议法可以运用于工作分析的各个环节，即不仅可用于

工作分析的信息收集阶段，还可用于工作分析的完成阶段。

（2）缺点

主题专家会议法的不足之处主要体现在以下两点：

①结构化程度低。以主题专家会议法收集到的信息结构化程度较低，工作分析人员在分析信息时期需要对信息进行大量整理分析。

②易受参会人员水平的制约。主题专家会议法的使用效果会受到参会专家知识水平及其相关背景的制约，如果工作分析人员在选取主题专家时出现失误，那么利用该方法所收集到的信息的准确性和有效性就值得怀疑。

（七）问卷调查法

1. 问卷调查法概述

（1）定义及适用范围

问卷调查法简称问卷法，它是以书面的形式，通过任职者或其他职位相关人员单方信息传递来实现的职位信息收集方式。它是工作分析中最常用的信息收集方法之一，几乎所有的结构化工作分析方法在信息收集阶段均采用问卷调查的形式。

问卷调查法可用于组织内各层各类工作的工作分析，具有广泛的适用性。

（2）特征

问卷调查法具有以下四个基本特征：

①标准性。问卷调查法采用标准的调查形式，按照统一设计的问卷进行调查。

②间接性。问卷调查一般是间接调查，即调查者不与被调查者直接见面，而由被调查者自己填写问卷。

③书面性。问卷调查是书面调查，问与答的活动均以书面的形式进行。

④抽样性。问卷调查一般是抽样调查，即被调查者是通过抽样的方式选取的。

（3）类型

根据问卷的结构化程度，可将问卷分为三种类型，即结构化问卷、非结构化问卷和半结构化问卷。具体说明如下。

①结构化问卷。结构化问卷是在相应理论模型和假设前提下，按照结构化的要求设计的相对稳定的工作分析问卷。分析结果可通过对信息的统计分析加以量化，形成对工作的量化描述或评价。

结构化问卷最大的优势在于，问卷经过大量实证检验，通常具有较高的信度与效度，便于职位之间相互比较。结构化问卷的问题设置都是封闭式回答，即设计者设计好答案选项，被调查者不能自由发挥。

②非结构化问卷。经专家调查，非结构化问卷是目前使用较多的工作分析问卷形式，其特点在于，可对工作和工作者进行全面、完整的信息收集，适用范围广泛，能

根据不同的组织性质、特征进行个性化设计。与结构化的问卷相比，非结构化问卷存在信息分散、精度不够、随意性强等缺陷，但是，它也有适应性强、灵活高效等优势。非结构化问卷不仅是一种信息收集工具，还包含了任职者和工作分析专员的信息加工过程，因此，其分析过程更具互动性，分析结果更具智能性。

非结构化问卷中仅有少数几个比较宏观的问题，要求被调查者发挥主观能动性，自己填写答案。

③半结构化问卷。半结构化问卷要求被调查者做选择、适当填空，不会占用被调查者很多时间，同时也便于整理和定量分析。

半结构化问卷的问题设置，既有结构化问卷中追寻细节的选择题，又有非结构化问卷中允许宽泛回答的填空题。

在工作分析的实践活动中，考虑到结构化问卷可能过于僵化，非结构化问卷可能过于灵活，因此，较好的方法是设计半结构化问卷进行问卷调查。

2. 实施程序

（1）问卷设计

①问卷的整体架构。问卷的整体架构应包括职位基本信息、工作目的、工作职责、绩效标准等内容。

• 职位基本信息。职位基本信息包括职位名称，所在部门，任职者姓名、工号、学历、所学专业、工作经历、工龄、年龄、薪资水平（月平均收入）等。

• 工作目的。通常用一个简短的、具有高度概括性的语句来揭示一个职位在组织中存在的目的和作用。它的书写格式：工作依据 + 工作内容 + 工作成果，即根据××，做××，以达到××目的。“工作依据”的格式为“根据××”。比如，根据法律、法规、原理、政策、战略、指导、指示、模型、方法、技术、体系、做法、程序、条件、标准等。“工作内容”的格式为“谓语 + 宾语”。例如，某公司办事处系统部的客户经理职位设置的目的：根据公司有关客户服务的规章制度和公司战略发展的需要，拓展本系统客户关系，确保本系统销售目标的完成和客户关系的提升。

• 工作职责。工作职责是指职位任职者担负的一项或多项相互联系的任务的集合。工作职责的书写通常是按照工作任务的重要性程度排列。需要注意的是，投入时间多的工作职责不一定是最重要的。

• 绩效标准。绩效标准指的是各项工作职责需达到的业绩标准，包括工作结果的数量、质量、时限以及对组织的影响等。

• 工作联系。工作联系指的是目标工作与部门其他工作岗位、本组织其他部门以及组织外部相关工作之间稳定的、长期的工作联系。

• 工作特征。主要从工作时间、工作环境、出差情况、工作负荷、危险程度等角度刻画工作特征。

• 任职资格。工作对任职者学历、工作经验、知识结构、工作技能、综合素质等方面的要求。

• 所需培训。培训的目标、内容、时间、频率及培训的考核方式。

• 职业生涯。在职业生涯部分，询问内容是指哪些职位经过何种培训后可晋升到本职位，本职位经过何种培训后可晋升到何种职位，以及可轮换的职位。

②回答的方式。在设计问卷时，对回答方式的设计有两种形式：开放式回答、封闭式回答。前者是指对问题的回答，不提供任何具体答案，由被调查者发挥主观能动性，自由填写答案。比如，你认为胜任该职位需要具备哪些能力？本岗位的工作有哪几个大项目？请分别列出。在一般情况下，遇到什么事情需向本岗位的主管汇报？在日常工作中，是否出现过由于处理杂事而影响了本岗位工作的情况？这种冲突发生的频率如何？

开放式回答的优点是它具有充分的灵活性，有利于发挥被调查者的主动性和创造性，使他们能够自由表达意见。它的缺点则是可能收集到一些无价值的信息，对信息的整理和分析比较困难，并且它要求被调查者具有较强的文字表达能力。

封闭式回答是指将问题的几种主要答案甚至一切可能的答案全部列出，然后由被调查者从中选取一种或几种答案作为自己的回答，而不能给出这些答案之外的回答。封闭式回答的方式多种多样，常用的有以下三种：

第一种为两项式，即只有两种答案可供选择的回答方式。比如，是或否、有或无、需要或不需要。

第二种为选择式，即列出多种答案，由被调查者自由选择一项或多项的回答方式。

第三种为顺序式，即列出若干种答案，由被调查者给出各种答案的排列顺序的回答方式。

封闭式回答的优点：它的答案是预先设计好的，能够节约回答时间；有利于对回答进行统计和定量研究；有利于询问一些敏感问题。被调查者对这类问题往往不愿意写出自己的看法，但对已有的答案却有可能进行真实的选择。

封闭式回答的缺点：它的回答方式没有弹性，不易发挥被调查者的主观能动性；由于它的填写比较容易，被调查者可能对自己不懂甚至根本不了解的问题随意填写，从而降低了回答的真实性。

（2）问卷测试

在正式进行问卷调查之前，要先选取部分职位的任职者填写问卷初稿以测试问卷，并针对测试中出现的问题进行及时修订和完善。

（3）问卷发放及回收

工作分析人员可通过组织内部通信渠道发放调查问卷，扩大样本范围，提高回收率。在针对某一特定岗位进行分析时，如果任职者较少，在三人以下，可将全体任职者作为调查对象；如果任职者较多，可从中抽取部分进行测试，一般以抽取五名绩效较优的任职者为宜。提高问卷回收率可从以下几个方面努力：

①争取知名度高、较权威机构的支持。

②挑选恰当的调查对象，即挑选那些既能达到标准绩效又有一定文字理解与表达能力的对象。

③提高问卷的设计质量。

④选择回收率较高的问卷调查方式。

（4）问卷处理及运用

一方面，剔除填写不规范、不合格的问卷；另一方面，将相同岗位的调查问卷进行比较分析，提炼出完整的工作信息，从而为工作说明书的撰写奠定基础。

3. 问卷调查法的操作注意事项

为了保证问卷调查法最大限度地发挥其优点，工作分析人员在操作该方法时应注意以下四个方面：

（1）问卷设计的质量

问卷调查法的实施效果主要取决于问卷设计的好坏。根据专家的实践经验，一份好的问卷必须具有系统、完整的结构、标准化的格式，同时给出详细的填写说明和填写范例，使被调查对象能够准确地把握填写的标准。

（2）问卷调查前的辅导

问卷调查法的实施效果还取决于被调查对象对调查的合作态度以及他们对问卷题目的理解程度。因此，在开展正式调查前，应对调查对象进行问卷填写辅导，通过面对面的沟通与讲解，向他们说明各个题目的含义，统一工作分析人员和被调查对象对问题的理解。

（3）问卷调查过程的控制

问卷调查不是一个简单的发问卷、收问卷的过程。工作分析人员需要严密控制调查过程，及时与被调查对象进行沟通，从而提高反馈效率和效果。

（4）问卷调查信息的确认

为确保问卷所收集信息的真实性与准确性，在回收问卷之前，有必要将问卷反馈给被调查职位的直接上级，请他们对问卷中的信息进行确认、修正，并签字。

4. 问卷调查法的优缺点

（1）优点

问卷调查法的主要优点可概括为，可系统地收集大量相关信息，并容易定量地对信息进行概括分析。其优点具体体现如下：

①速度快。它能在短时期内收集大量的信息。工作分析人员可以通过电子邮件等

通信方式，发放大量的问卷。

②适用范围广。问卷调查法是国内目前应用最广泛的工作分析方法之一，很多经典的问卷无须大幅修改，就可用于不同组织中各层各类工作的工作信息收集阶段。经专家实践经验，发现问卷调查法与访谈法二者结合使用，是目前国内工作分析的主流方法。

③可在被调查者的业余时间进行，不影响其正常工作。与观察分析法、访谈法相比，问卷调查法不会较多地占用任职者的工作时间。

④得到的信息易于整理，这一点在结构化问卷中体现得尤为明显。

⑤匿名性。通常会采取匿名填写的方式，要求工作分析对象填写问卷，这样可在一定程度上保证信息的真实度。

⑥可接触到平时难以接触到的人。由于组织内的中高层管理者工作比较忙碌，或是一些职位的工作活动性质较为特殊（如外科医生），采用观察法或访谈法收集信息可能不太现实。而问卷调查法则可以用远程调研的形式获取信息，因此，通过这种方法能够接触到平时难以接触到的人。

（2）缺点

①问卷编制对技术的要求较高，成本费用较高。制作一份科学的结构化问卷，需要耗费大量的人力、物力。因此，对一般的工作分析人员而言，最好参照、借鉴经典的问卷，并以此为基础来设计问卷。

②容易产生理解上的偏差。问卷调查法不像访谈法，能面对面地、及时地向调查对象解释问题。因此，在实际运用中，工作分析人员应对问题提供详细的说明。

③问卷调查法只能获得书面的信息，而不能了解到生动、具体的情况。

④调查者难以了解被调查者是认真填写还是随便敷衍，是自己填写还是请别人代劳。

⑤只适用于有一定文字理解和书面表达能力的调查对象，而不适用于文盲和半文盲，这也是问卷调查法难以克服的局限。

⑥有些问卷非常长，可能有一百多道问题，甚至包括几个评定量表，这样的问卷容易导致填写者疲乏，导致提供的信息不可靠、不准确。

二、工作分析方法的选择

1. 方法和目的匹配性

在选择工作分析方法时，关键是要考虑方法和目的的匹配性、成本可行性以及该方法对所研究情况的适用性。比如管理工作或不确定因素影响很大的工作、复杂管理工作，都适用问卷法，而访谈法则适用于脑力和体力活动的工作分析等。

2. 组织业务流程的适用性

现代组织越来越重视通过面向市场与客户的流程变革，提高为客户创造价值的能力，作为流程衔接与传递的节点，任何职位都必须在流程中找到自身存在的价值和理由，必须通过流程来确定其工作内容与角色要求。而组织在开展工作分析时，大多缺乏对流程的系统分析，没有把握好流程中职位与周边的互动，片面强调对职位内在要素的详尽描述，将完整的流程分割得支离破碎，造成工作分析与流程的脱节。因此，在选择恰当的工作分析方法时，要求它必须与流程相呼应，能有效梳理企业流程，并明确当前对职位的要求以及每个职位在整个流程中的作用和定位，强调每个职位在组织关键流程中的意义与职责，以有效避免职责重叠与重新界定的问题；通过和企业业务流程相结合的工作分析，帮助企业对组织的内在各要素，包括对部门、流程和职位进行全面、系统的梳理，帮助组织提高组织设计、流程设计与职位设置的合理性。

3. 方法运用的特殊性

通过工作分析的这七大方法，所收集的有关工作信息通常以非计量的、叙述性的形式居多，主要目的是对工作职务有关信息做出书面纪实性描述。不同的工作分析方法有各自的优缺点，比如访谈法，它能够简单而迅速地收集资料，可以对工作者的工作态度与工作动机等较深层次的内容进行比较详细的了解，但是它需要受过专门训练、具有专门技巧和口头表达能力的岗位分析人员，比较耗费时间，工作成本较高。受主观因素的影响，信息容易发生扭曲和失真。因此，在选择工作分析方法时，应考虑各种分析方法的优缺点，在其优缺点之间进行平衡。

第二节　工作分析工具

“工作及其在社会中的作用”，近年来已成为人们热衷讨论的话题。这是因为无论是从工作在人的一生中所“占用”的时间来看，还是从工作对人们生活各个方面的影响力来看，工作在人的社会生活中都居于主导地位。工作的性质正在发生渐进性演变，因此，为适应这种变化，人类社会也在劳动力的构成、技术、市场、组织结构和雇佣实践等方面进行相应的调整。

面对不断演变的工作，如何进行科学的工作分析，就成了人力资源管理与开发首先要解决的关键问题。同时，只有真正弄清楚人们是如何工作的，才能更好地描述和追踪工作在性质和特点上的变迁。有鉴于此，深入探讨工作分析的工具类型以及选择工具的策略，具有重要的意义。

一、工作分析工具的类型

关于工作分析工具的分类，目前主要存在以下两种观点。

一种是 Harvey 和 Wilson 提出的四象限分类法。该法以“描述项目的属性”为纵坐标，以“评价量尺的属性”为横坐标，将工作分析工具分为四类。

另一种是 Hanser 提出的三分法。他认为，工作分析工具可以分为三种类型：一是工作定向工具，这类工具侧重于分析工作所涉及的技术，主要针对工作本身的要素进行分析和评价；二是工作者定向工具，这类工具主要侧重于描述工作者如何完成该工作，强调对工作者的工作行为做出概括；三是认知任务分析工具，这类工具侧重于分析与任务绩效有关的认知成分。

本书主要按第二种分类方法对工作分析工具进行说明。

（一）工作定向工具

作为一种传统的工作分析工具，工作定向工具的任务是收集完成某项特定工作所需要的不同任务的特定信息的系统活动，它依赖于能阐明工作任务每一步顺序的员工和主管，以及那些能以员工和主管所理解的方式去描述行为的审核员。工作定向工具主要包括任务清单分析（简称 TIA）、职能性工作分析量表（简称 FJA）、管理职位描述问卷（简称 MPDQ）、职业分析调查（OAI）和 HAY 计划。其中，TIA 指的是一个明确了各项任务的重要性、频率及其与职务相关性的任务列表。它最适用于由多人从事相同或相近工作的情况，亦可用于确定工作者的培训需要，但是其可应用的范围比较有限，而且易出现评分者偏差等。

职能性工作分析量表是 20 世纪 40 年代美国雇佣服务工作分析员在对《职业名典》中的工作进行分类时开始使用的工具。最新版的职能性工作分析量表使用七个量表来描述工作者在工作中所做的事情，具体包括物、数据、人、工作者指示、推理、数学和语言。每个量表都设置有具体行为描述和任务说明的锚点。

管理职位描述问卷是托诺和平托在 1976 年针对管理工作的特殊性而专门设计的一种由 197 个项目组成的调查表。它涉及管理者的工作职责、对他们的要求和限制以及所需的不同特性等各个方面。使用管理职位描述问卷进行工作分析时，首先要求管理者按照五个等级评定每个项目所描述的工作活动对管理者职位的重要性程度，然后写下管理者认为在某一因素中尚未被包括的工作活动作为补充。管理职位描述问卷对评价管理工作、决定该职位的培训需求、工作分类、薪酬评定、制订选择程序和绩效评估方案等人事活动，都具有重要的意义。

职业分析调查由所接受的信息、心理活动、工作行为、工作目标和工作情境五个范畴共602个元素组成。它常用于估计工作对人员的能力要求，对确定和评价培训需要也十分有效。职业分析调查也兼顾了人员定向方法的某些特色。

HAY计划主要采取面谈的方法获取如下五个方面的信息：工作的目标、工作的维度、职务的性质、所辖范围以及对工作目标所负有的责任。其中，职务的性质和所辖范围是HAY计划的核心。HAY计划收集的信息主要来源于面谈，因此，这一计划成功与否取决于工作分析人员的面谈技巧。

（二）工作者定向工具

传统的工作者定向工具主要有职位分析问卷（PAQ）、职位描述问卷（PDQ）、工作元素调查（JEI）、关键事件技术（CIT）和阈限特质分析（TTA）。目前比较通用的是由Harvey提出的通用工作分析问卷（CMQ）。

职位分析问卷由194个项目或工作元素组成，而它们又分属信息输入、心理过程、工作输出、人际关系和工作环境五个工作要素范畴。针对每一个分项目或工作元素都有一个评定量表对它进行评定。PAQ中一共有六个评定量表，每个量表根据程度不同分成若干个等级。这六个量表分别是使用程度（U）、重要性（I）、耗用时间（T）、发生可能性（P）、适用性（A）和特殊记分（S）。运用这五个范畴和六个评定量表，基本上就可以从沟通和决策、技能工作操作、体力劳动和环境条件、使用的工具设备以及信息加工过程这五个方面决定一个工作的性质，并在此基础上对工作进行比较和分类，从而为制定工作描述和工作要求提供指导。

职位描述问卷是由控制数据公司以PAQ为模式开发的一种人员定向的工作分析方法，但它是针对该公司的具体要求量身定做的，因此适用性不强。

工作元素调查同样是以PAQ为模式发展起来的，它包括153个与工作成功有关的工作元素，由任职者在一个三点量表上评定每一个元素。这种方法最大的优点是使用简单，并且只需请任职者完成而不须由专业人员完成，因此，可以大幅节省费用。除此以外，数字化的评定结果还有利于计算机存储信息和对数据进行分析。

关键事件技术是由John Flanagan及其匹兹堡大学的学生在20世纪40年代晚期至50年代初期研制的。该法集中于描述工作行为，既保证了可观察性和可测量性，又使岗位分析结果同时包含工作的静态维度和动态特征。但收集有关工作关键事件并进行描述和归类非常耗时，并且难以体现平均绩效的工作行为，因此它比较适用于进行胜任特征分析和诊断。

阈限特质分析是由Lopez和Kesselman于1981年研制的一种工作者定向方法。它由33个项目组成，从体力、心理、习得、动机和社会五个特征维度测量某项工作要成功所需要的特质。TTA最大的特点是简短、可靠，能准确确定重要的特质，主要被用于员工的选拔或职业生涯规划。

通用工作分析问卷则是 Harvey 在充分考虑工作者定向工具存在的诸多不足后所开发的一个通用工作分析系统，该系统在问卷项目抽象水平的处理和量尺的设计上做出了诸多改进。CMQ 由背景、与人的接触、决策、体力和机械活动以及工作情境五个部分的调查组成。背景部分询问的是 41 个与工作要求有关的一般问题，如出差、任职资格等。与人的接触部分，则围绕监督水平、内部接触和外部接触程度、会议要求等设计了 62 个问题。决策部分围绕相关的职业知识和技能、语言和感觉要求、管理和经营决策等设计了 80 个问题。体力和机械活动部分包含 53 个与体力活动、机器、设备和工具等方面有关的问题。工作情境部分则针对环境条件和其他工作特征设计了 47 个问题。目前，CMQ 已经通过了美国劳工部所编的《职业名典》（简称 DOT）中 900 多个职业 4552 个职位的现场验证，具有较高的信度。

总体来看，上述的工作者定向工具实际上有两个最基本的特点：一是它们都采用由抽象水平较高的共同项目构成的通用标准化工具；二是它们都包括一个能在所有工作中保持恒定意义的评价量尺。麦考密克认为，这两个基本特点会有利于它们达到以下两个目的：①通过测量工具的标准化显著降低成本；②在包含不同任务的工作之间进行有意义的和量化的比较。然而，遗憾的是，不少工作者在利用定向工具描述一般工作行为的通用项目设计以及评价量尺方面存在很大局限，严重影响到上述两大目的的实现。

（三）认知任务分析工具

Hanser 提出，认知任务分析试图确定工作者在完成任务时的思维活动历程以及他们在不同水平上（例如，初学和熟练阶段）完成任务时所需要的知识。认知任务分析是一项在问题解决情境中收集工作者行为信息的活动，它强调日常知识的互动以及影响问题解决的社会限制因素。例如，FIPM 是一种分析工作的事实、形象、程序和机制的认知任务分析方法。它能区分不同工作所需要的不同知识，包括通过正式和非正式途径的信息交换所得到的知识。

值得注意的是，因为单一类型的工具往往满足不了实际的需要，所以融合的趋势在工作分析中已表现得越来越明显。一种主张是在工作分析时至少使用一种工作定向工具（或方法）和一种工作者定向工具（或方法），另一种主张是在同一份工作分析调查中同时融入工作定向元素和工作者定向元素。DACUM 和 VTECS 就是这种融合趋势的最好例证。DACUM 采用“七步走”策略来确定工作剖面图，即通过依次确定步骤、绩效标准、有关的知识与技能、使用的工具设备、工作者的行为与态度、安全性，以及任务绩效中所涉及的决策、未来的职业趋势与关注焦点，来为分析某个特定的任务提供框架模式。VTECS 与 DACUM 比较类似，通过 VTECS，分析者可得到一个包括任务清单、绩效目标、绩效标准、完成工作任务的步骤顺序、有关的学术技能以及可能的目标等在内的产品。

【知识延伸】

任务分析工具与认知任务分析工具的比较

任务分析工具	认知任务分析工具
强调行为	强调认知
分析目标操作	分析专家和学习
为每项任务独立评估知识经验	评估知识元素之间的相互作用
根据目标行为分解任务	根据所需认知技能分解任务
不涉及表征性的技能	涉及表征性技能
只描述一种完成任务的方法	能解释个体差异

二、工作分析工具的效能评价

工作分析工具的结果可用于人力资源规划、招聘选拔、绩效评估、培训发展、薪资福利和职业生涯设计等人事活动，因此，判别各种工具的绝对和相对效能，就成了研究者的重要课题。

对上述某些工具在实践中的可用性作出总结："1"表示可用性程度最低，"5"表示可用性程度最高。关于工作分析工具的实用性，Ash 和 Levin 等人先后让 93 名经验丰富的工作分析专家，从多用途性、标准化、可接受性、可理解性、所需的培训、立即可用性、耗费时间、信度和效度以及成本等八个方面，对 FJA、MPDQ、HAY、OAI、PAQ、PDQ、JEI、CIT 等方法分别进行五个等级的评价。

三、选择工作分析工具的策略

（一）考虑信息的最终用途

工作定向的工作分析不仅包含工作者实际所做的细节，而且包含工作者必须将工作做到什么程度的信息。这是一种最为传统的任务分析形式，目前它已被广泛应用于各种培训课程。工作者定向的任务分析，则最适用于确定与工作有关的活动类型，如判断、人际关系等，而不是工作者实际所做的细节。最为人所熟知的 PAQ，用 187 个工作者定向的工作要素来刻画对人类行为的要求。它揭示了任务绩效中通常为任务调查分析所忽略的人际关系。认知任务分析强调工作者完成任务所需要的认知技能，包括当前组织扁平化，工作团队和参与管理所特别要求的推理、诊断、判断和决策技能。

综上所述，工作定向工具、工作者定向工具以及认知任务分析工具各有所长，因此，工具的选择一定要与目的相结合。

（二）考虑选定工具的成本效益

传统的任务分析工具不仅价格不菲，而且费时费力，需要受过专门训练的分析员付出艰辛的努力才能完成。新近发展的 DACUM 与任务列表分析相比，在成本上就要划算得多。尽管它也要求管理方代表积极参与，但它花时少，费用低，不需要过多的人事培训。

至于认知任务分析的成本和价值，尚需进一步大范围应用后才能确定。但 Dehoney 提出，认知任务分析与传统的任务分析相比，需要更多的时间，数据分析也更为复杂。而且，它所采用的数据收集、提取和报告方法有出错或出现偏差的可能。简而言之，在选择一种任务分析方法时，必须明确以下几个方面的要求：①究竟需要花费多少时间；②如何找到熟悉有关问题的专家；③如何证实专家的判断；④需要进行什么样的人事培训；⑤活动所需的总成本。

（三）确保信息的可接受性和可靠性

上面所提到的工作者定向分析工具和工作定向分析工具都已被用户证实是可靠的，而认知任务分析工具尚有待进一步检验。

（四）定期回顾和适时更新

工作及其特征并不是永恒不变的，随着科学技术的发展、社会经济环境的变化以及组织结构的改变，工作所包含的任务、流程、所采用的技术以及对知识和技术的需求也会随之改变。工作分析必须反映出现实的种种变化。然而，当前的工作分析工具所获取的信息基本上都是静态的，因此，为了消除这一矛盾，就必须进行定期回顾，并适时地重新进行工作分析。

（五）扬长避短、综合应用工作分析工具

要学会扬长避短、综合应用工作分析工具。上述区分是人为做出的，在实践中必须清醒地意识到的是，事实上，这三类工具之间的差别通常是比较模糊的。工作的性质在不断发生变化，这对工作者的知识技能提出了更高的要求，因此，未来工作分析的发展趋势是以多种方法的有机结合来取代功能单一的任务分析。

工作分析既是人员招聘与选拔的基础，又是绩效考评的基础，因此，从科学和完美的角度对工作分析工具的效能及选择策略进行理性分析，是不可或缺的。但从实际

来看，无论是对研究人力资源管理的学者而言，还是对人力资源管理的一线实践者而言，在进行工作分析时，最重要的是牢记：实事求是，量入为出。

【本章回顾】

工作分析的方法和工具多种多样，如何选择合适的方法和工具，会直接影响到所收集信息的质量，进而影响工作分析的质量和效果。本章详细介绍了七种常用的基础性工作分析方法，分别为观察法、访谈法、工作实践法、资料分析法、工作日志法、主题专家会议法和问卷调查法。从内容、操作流程及优缺点等方面对每种方法进行了详细论述。在此基础上，从工作定向、工作者定向及认知任务分析三个角度对工作分析工具进行了介绍。任何一种工作分析方法和工具都不是最好的，它们在实际应用中都各有侧重点，因此，大学生在选择工作分析方法和工具时要学会多加考虑和研究，以此来选出最适合自己的方法或工具。

【思考题】

1. 访谈法、观察法和问卷法各有什么优缺点？
2. 工作分析的基础性方法分为几大类？你是如何看待这几类分析方法的？
3. 如果一家电器企业需要对销售部门的销售经理一职进行工作分析，应该采取哪种方法？如何进行分析？
4. 通过本章的学习，你对工作分析工具有了哪些了解？
5. 你认为该如何选择工作分析工具？

第三章　工作分析流程

【学习目标】

1. 明确工作分析的前提，在此基础上对工作分析的流程有简单的了解。

2. 对工作分析的各个阶段的内容有十分清楚的认识，对工作分析有更为深入的了解。

3. 正确理解工作分析中存在的问题，并学会采取相应的策略去解决问题，对未来工作发展具有十分重要的意义。

【案例引入】

海贸公司的工作分析

宋强大学刚毕业，就顺利进入了海贸公司，这是一家中外合资的信息服务公司，近几年发展十分迅速。考虑到宋强大学学的是国际企业管理，公司就把他安排在人力资源管理部工作。

海贸公司在目前国内的计算机行业中算是一家高收益、有很大发展潜力的公司，它主要为企业和个人提供软件及硬件。公司自创办以来，通过灵活的经营手段在激烈的竞争中保持着领先地位。它是一家人员及技术密集型的企业，而企业的发展主要依赖于它的人力资源。因此，人力资源管理人员在相关方面的最大兴趣是制定政策和程序，提高员工的素质及其满意度。由于信息业正以令人难以置信的速度发展，因此对企业来说，机会很多，但同时企业对高质量人力资源的竞争也非常激烈。人力资源管理的管理者深知，如同公司容易吸引新雇员一样，公司也容易失去他们。目前，该公司的人员流动率接近其行业的平均水平。

但是，在与人力资源部佟经理进行一番谈话后，宋强原来乐观的想法改变了。佟经理告诉他，尽管从表面看公司有着骄人的经营业绩和良好的发展势头，但是事实上公司内部的管理制度有很多不完善的地方，这些方面将严重阻碍公司的进一步发展。佟经理举例说，作为人力资源管理基础工作之一的工作分析，在公司就没有得到很好的贯彻落实，随着公司规模的扩大，新的工作岗位不断增加，但是相应的工作说明书却没有制定，原有的一些工作描述和工作规范的内容也与实际情况完全不匹配。造成这种状况的原因在于，公司初创时期员工较少，公司内部的局域网可以使上下级和同事之间非常顺畅地沟通，平坦的组织结构也使公司各个层次间的员工很容易互相接近。同部门的工作经常由员工们协力完成，职位在公司被定义为员工之间关于特定技术、专业能力和兴趣的竞赛。有超常能力和成就的员工常被录用，接着很快被晋升。正因为如此，公司并不注重为每个工作岗位都制定工作说明书，因此，这只是一纸空文。

但是，这种忽视工作分析的做法，随着公司规模的日益扩大，显示出越来越多地对人力资源管理工作的负面影响。佟经理坦率地告诉宋强，在公司，人力资源部被认为是一个低效率的团队。比如，通过绩效评估，发现员工绩效不符合标准的原因，安排各种培训和锻炼机会以提高这部分员工的工作技能，增强他们的信心，这应该是人力资源部门的职责，但由于缺乏准确的工作说明书，人力资源部门就没有确切的标准来衡量员工的工作绩效，因而也就无从发现员工究竟有哪些地方需要改进和提高，更别提为员工制订适宜的培训计划了。因此，在海贸公司，其他部门没人认为人力资源部的员工有这方面的能力和经验。另外，公司主要的奖励系统也似乎和人力资源部没有太大关系，甚至公司的年度职工表彰晚宴也被认为是来自外方总经理的奖赏而与人力资源部无关。按照惯例，员工的薪酬奖励计划应该是由人力资源部根据工作说明书，判断每个工作岗位的相对价值，再以此为依据制订。另外，使新进的员工尽快适应新工作，尽快融合到企业文化中，并通过安排各种培训和锻炼机会以提高他们的技能、增强他们的信心，也应该是人力资源部门的职责。但是在海贸公司，没有部门认为人力资源部门能做这件事。因此，新进员工的职前培训很少由人力资源部负责安排和实施。

正是由于缺乏细致的工作分析，海贸公司的人力资源部在开展工作时显得力不从心。近期，公司又将大规模招聘新员工，佟经理决定先从工作分析这一环节抓起，彻底改变以往人力资源部在员工心目中的形象。他将此重任交给宋强，要求他在六个月的时间内修正所有的工作说明书。

请思考：

1. 通过此案例，你认为出现这种现状的根源是什么？
2. 假设你是宋强，你会如何修正工作说明书？具体措施有哪些？

工作分析是一个对工作进行全面评价的过程，它既是组织有领导地进行的一项政策性很强的工作，又是一个全面的技术性很强的分析过程。对企业和人力资源管理人员来说，在进行工作分析时，必须遵循一定的流程，从而避免因资料收集错误而影响到整个人力资源管理的运作效果。那么，你对工作流程了解多少？你知道工作分析的前提有哪些？工作分析又分为哪几个阶段？接下来让我们一起来学习相关知识。

第一节　工作分析的前提

一、工作分析的前提条件

对整个工作分析工作进行统筹规划和有效控制，是组织进行工作分析并使之成功应用于人力资源管理工作各个方面的关键。但并不是任何时候组织都需要进行工作分析。一个组织是否需要开展工作分析、是否可以开展工作分析，是有其前提条件的，一般涉及四个方面。

有些企业在对人力资源系统进行变革时，没有与其他组织系统联系起来，在条件不具备的情况下，单独对人力资源体系进行立项，这样的情况对工作分析以及其后的工作评价、绩效考核与薪酬体系的建立是不利的。因此，在工作分析过程中，应该着重分析每一职位的价值并明确评估标准，以节省日后制定绩效考核指标体系和职位评估的时间。由于技术原因或管理方式等，工作内容与以前制定的职位描述出现了差异，原来的以职位描述为基础的人力资源管理功能无法实现，组织也需要对这些职位进行分析。如果组织设置了新的工作岗位，也应对它们进行分析。

许多事件都可能触发对工作分析的需求，比如，当员工感到自己的工作任务不明确、人力资源部门需要选拔和培训员工或者组织机构进行新的调整时，都需要进行工作分析。

二、工作分析的层次

有关工作分析的层次，从宏观上来说，有组织层面的分析、部门层面的分析和岗位层面的分析。从微观上来说，有基于流程的分析、基于岗位的分析和基于操作的分析。这里我们仅从微观方面来讲。

1. 基于流程的工作分析

指的是对企业业务流程所涉及的各项工作的种类和属性进行分析。

2. 基于岗位的工作分析

指的是针对具体岗位的职责范围、工作内容、工作条件、权限安排以及任职者所应具备的知识技能素质和生理心理素质等因素所进行的分析，也就是通常意义上的工作分析。

【知识延伸】

基于岗位的工作分析所需的材料

（1）工作活动资料，即各项工作实际发生的活动类型，如清洗、打字等。

（2）人类行为资料，指与个人工作有关的人类行为资料，如体能消耗情况、行走距离长短、写作能力等。

（3）工作器具资料，指工作中所使用的机器、工具、设备以及辅助器械的情况。

（4）绩效标准，即用数量或质量来反映的各种可以用来评价工作成绩的方法。

（5）相关条件，指工作环境、工作进度、组织行为规范以及各种财务性和非财务性奖励措施。

（6）人员条件，指与工作相关的知识、技能以及个人特征等，包括学历、训练背景、工作经验、性格、兴趣和身体特征等。

3. 基于操作的工作分析

这是对某一项具体工作的操作过程、步骤所进行的分析，这类分析是企业制定岗位操作规程的依据，可称为作业分析。科学地面向流程管理的工作分析，需要先对业务流程进行分析和优化，在此基础上进行对部门和岗位的调整和优化，然后再进行岗位的工作分析。

在实际的操作中，为了使组织的工作分析更为有效和有针对性，我们必须考虑工作分析这三个层次的内容以及它们之间的有机结合，工作分析应该是一个具有阶级性但又全面的过程。

第二节　工作分析的流程

一、进行工作分析的相关分析

工作分析应该从最简单的工作开始，把最复杂的工作留到最后，这样可以提高工作分析的效率。无论组织进行工作分析的动机是什么，工作分析都需要组织投入一定的人力、物力和财力，为了使工作分析“物”有所值，组织应该先考虑以下问题：

（1）公司的高层管理者是否知道工作分析的意义？他们愿意在这上面花费时间、金钱及人力吗？

（2）公司管理者是否明白工作分析结果可能会引起一些人员方面的变动？这些变动对他们自身和下属会有影响吗？

（3）如果公司过去已经进行过工作分析，那么过去的工作分析结果如何？如果没起什么作用，有何原因？是否影响了中层管理者、普通管理者和普通员工的职业发展？

（4）公司将采取什么措施来鼓励员工参与到工作分析的工作中？

二、工作分析的前期准备

在进行工作分析前，要进行组织机构调整与部门责任和部门职位确定的工作。

（一）明确工作分析目的，向员工宣传并与其达成共识

在进行工作分析前，要明确工作分析的目的，向员工宣传，帮助员工理解工作分析的价值：使现有的工作内容和工作要求更加明确、合理，以便制定切合实际的管理制度和管理机制，帮助员工提高工作效能，从而调动员工的积极性。通过让员工正确认识工作分析的本质，来解决信息正确的问题，在工作分析开始之前，有必要向员工解释清楚，实施工作分析的原因和目的、工作分析小组成员组成、工作分析会对员工产生何种影响等问题，这样才有可能从员工那里获得更为可靠、全面的信息资料。同时，工作分析这一过程，能够有效地帮助员工重新理解工作的价值和标准。

工作分析一般可以有以下目的：

（1）对各种特定工作进行如实的描述，正确认识这些工作。

（2）对工作进行设计或再设计，编制或修订工作说明书。

（3）明确对工作岗位的任职者资格、素质的要求，制订招聘标准和招聘测试方案。

（4）制订有关工作任职者的培训计划，提高培训的针对性，改善培训的效果。

（5）明确工作任务、职责、权力及其与相关工作的关系，实现协调合作。

（6）进行工作比较，平衡薪资待遇，实现公平、公正。

（7）工作绩效评价，提高评价的客观性、公正性。

目的不同，所需要采集、处理的工作信息内容和工作分析的工作量不同，工作分析人员的选择不同，所需费用也不相同，因此，进行工作分析首先就要明确工作分析的目的。

（二）取得高层领导的支持和认可

因为工作分析可能同时涉及组织流程和组织结构分析、优化，需要听取高层领导

的意见，所以在工作说明书编写之前，要和高层领导充分讨论，正确定位工作说明书编写的意义和价值，并取得他们对工作分析的理解、认同和支持，让高层领导充分了解开展工作分析的重要性，并由高层领导向整个组织安排开展这项工作，以引起各个层面的人员对工作分析的重视。

（三）争取各部门管理者和员工的参与配合

组织或工作分析小组最好能向员工保证，不会根据工作分析的结果解雇员工或降低员工的薪酬水平。为了增加员工对这项工作的了解和支持，应尽可能地让员工参与工作分析活动。在编写工作说明书时，各部门的管理者以及员工是主体，只有他们才最了解工作的实际情况。人力资源部门的任务，是为各部门提供工作说明书编写的技术，并充分做好编写的准备工作。

在工作分析实施过程中和工作分析完成之后，应及时向员工反馈工作分析的阶段性成果和最终成果。

三、工作分析的流程概述

工作分析是对工作的一个全面评价的过程，这个过程大致可以分为以下六个阶段。

1. 准备阶段

确定工作分析的目标和侧重点，制订总体的实施方案，收集和分析有关的背景资料，确定要收集的信息和收集方法，明确组织及人员方面应该做好的准备工作。

2. 设计阶段

选择信息来源，选择工作分析人员，选择收集信息的方法和系统。

3. 调查阶段

编制各种调查问卷和提纲；广泛收集各种资料（6W1H），包括工作内容（What）、责任者（Who）、工作岗位（Where）、工作时间（When）、怎样操作（How）、为什么要做（Why）、为谁服务（For Whom）。

4. 分析阶段

审核已收集的各种信息，创造性地分析，发现有关工作或工作人员的关键成分，归纳、总结出工作分析必需的材料和要素。

5. 运用阶段

促进工作分析结果的运用。

6. 反馈调整阶段

根据组织内外部环境的变化，对新任务和新职务进行再分析和调整、修订。

第三节　工作分析的阶段

一、准备阶段

工作分析的准备阶段，是整个工作分析的基础性阶段，准备得越充分，各项工作就越主动，越便于展开，因此，必须抓实抓细。

（一）确定工作分析的目标和侧重点

要想进行工作分析，首先要明确目前所要进行的工作分析主要想解决什么问题。工作分析的目标直接决定了进行工作分析的侧重点，决定了在进行工作分析的过程中需要获取哪些信息，以及用什么方法获得这些信息。

工作分析的不同目的决定了收集信息时的侧重点。当在一个新成立的组织或刚刚进行了组织再设计的组织中进行工作分析时，其首要目的就是将组织的职能分解到各个职位，明确各个职位的职责以及组织中的纵向隶属关系和横向关联关系。这时，工作分析的侧重点就在于各个职位的工作职责、权限和关联关系等。如果工作分析的目的是为空缺的职位招聘新员工，那么工作分析的侧重点，一方面是该职位的工作职责，另一方面是对任职者的要求。因为如果需要招聘员工，明确对任职者的要求是非常重要的。如果工作分析的目的是确定绩效考核的标准，那么其侧重点就应该是衡量每一项工作任务的标准，澄清对任职者完成每一项工作任务在时间、质量、数量等方面的要求。如果工作分析的目的是建立薪酬体系，那么仅仅通过访谈等方法获得的描述性信息是不充分的，必须采用一些定量的方法对职位进行量化的评估，以确定每个职位的相对价值。如果我们关心职位的定编定员，那么在工作分析时就需要对每个职位的工作量进行测算，从而计算出所需人员的数量。

在确定工作分析的目的时，还应考虑所要做的工作分析的精确程度。在做工作分析时，是将工作分解成一个个极其精细的成分（例如，手臂倾斜90度、脚向前移动20厘米），还是在一个比较概括的水平上进行（例如，做金融决策、对员工说话等）。当然，上述的例子是极端情况，但在工作分析之前还是要对分析的精确程度做出规定。工作种类、复杂程度不同，工作分析的精确程度也不同。同时，为了确保所收集信息的质量，我们还必须事先确定信息的种类和范围。

我们还应确定所要分析的职位有哪些，因为当一个组织中的职位特别多时，常常需要选取具有代表性的职位进行分析。对于相似的职位，不必对每个职位都进行分析，只选取其中的一部分进行分析即可。

（二）制订总体的实施方案

进行一次完整的工作分析活动，往往需要调动大量的资源，花费相当长的时间，需要统合来自各个方面的人员。因此，为了保证这样一个比较复杂的活动能够有计划、有条理地展开，需要在实施之前制订一个方案，这个方案同时也是工作分析的蓝图。工作分析的总体实施方案，通常需要包含以下几个方面的内容：

（1）工作分析的目的和意义；

（2）工作分析所需收集的信息内容；

（3）工作分析所提供的结果；

（4）工作分析项目的组织形式与实施者；

（5）工作分析实施的过程或步骤；

（6）工作分析实施的时间和活动安排；

（7）工作分析所需的背景资料和配合工作。

在制订实施方案时，还应注意规范用语。在工作分析的过程中，信息的表达方式可以是多种多样的，对于一个问题的理解和解释，也是不尽相同的。为了保证不同工作分析人员收集上来的信息的一致性，减少因用语不同而造成的误差，要事先讨论并规范工作分析中的用语。

（三）收集和分析有关的背景资料

在工作分析中，有些信息是需要实地收集的，而有些现存的背景资料也是非常重要的，不能忽视。对工作分析有参考价值的背景资料，主要包括国家职业分类标准或国际职业分类标准、有关整个组织的信息（包括组织机构图、工作流程图、部门职能说明等）、现有的职位说明或有关职位描述的信息。

1. 职业分类标准

职业分类是采用一定的标准，依据一定的分类原则，对从业人员所从事的各种专业化的社会职业进行全面、系统的划分与归类。职业分类的基本依据是工作性质的同一性。我国的《职业分类大典》将职业分为大类、中类、小类和细类四个层次，依次体现由粗到细的职业类别。我国的职业分类借鉴国际标准职业分类体系，将职业分为 8 个大类、66 个中类、413 个小类和 1838 个细类。每一个层次都有不同的划分原则和方法。大类层次的职业分类是依据工作性质的同一性，并考虑相应的能力水平划分的；中类层次的职业分类是在大类的范围内，根据工作任务和分工的同一性划分的；小类层次的职业分类是在中类层次的范围内，按照工作的环境、功能及其相互关系的同一性划分的；细类层次的职业分类即职业的划分和归类，是在小类的基础上，按照工作分析的方法，根据工艺技术、对象、操作流程和方法的相似同一性划分的。

【知识延伸】

国外职业分类

1. 按脑力劳动和体力劳动的性质、层次进行分类

美国的职业分类方法之一是把工作人员分为两大类：一类为白领工作人员，另一类为蓝领工作人员，即通常所说的白领与蓝领阶层。白领工作人员包括：①专业性和科技性的工作，如会计、建筑师、计算机专家、工程师、法官、医生、教师、牧师、社会科学家、作家等；②农场以外的经理和行政管理人员；③销售人员；④办公室工作人员。蓝领工作人员包括：①手工艺及类似工人，如木匠、砖瓦匠、建造保养油漆工等；②运输装置机工；③农场以外的工人，如饲养人员、建筑工人、垃圾工、伐木工等；④服务性行业工人，如清扫服务工、农场工人、私人服务人员等。这种分类十分概括和简要，但明显表现出职业的等级性。

2. 按心理的个别差异进行分类

美国著名的职业指导专家约翰·L. 霍兰创立的人格－职业类型匹配理论，把人格类型划分为六种，即现实型、研究型、艺术型、社会型、企业型和传统型。对应这几种人格类型，他把职业也大致划分为六大类型并把个性心理特征与职业类型二者统一起来，以便实现职业指导，促成人们在充满乐趣的职业指导环境中学习和工作。比如，企业型的可去做厂长、经理；艺术型的可去做乐队指挥、音乐教师；研究型的可去做科学家、工程技术人员等。这一分类的目的是使从业者心理上得到满足，充分发挥创造性进而提高工作效率。但在运用这种分类方式择业或实施职业指导时，必须进行严格而准确的心理测试。况且，人的个性心理特征和职业都是发展变化的，也很难用固定格式把人与职业匹配起来。目前，这种分类方式在大多数国家很难做到。

3. 依据各个职业的主要职责或“从事的工作”进行分类

加拿大根据不同企业、单位或行业中类似职业或工种的主要活动，把属于国民经济中主要行业的职业划分为23个主类，主类下分81个子类，489个细类，7200多个职业基本名称，并规定了每种职业的定义、主要内容及从业人员的合格条件。

职业的细类主要根据工作分析方法得出，它是对许多不同组织进行工作分析的结果的总结。因此，关于职业细类的描述，对工作分析来说非常重要。比如，职业细类中对出纳（财务人员）的描述。另外，在职业分类大典中，对每个职业的功能按照对资料、对人、对物的关系进行了标准化的编码。

在进行工作分析时，首先可以查阅职业分类大典，找到关于类似职位的描述，除

非所要分析的职位是全新的职位。但一定要注意，不可照搬现有的资料，只可将现有的资料作为参考，因为职业分类大典中的职位描述并不是针对某个具体组织中的职位。在很多情况下，不同的组织中，名称相同的职位其具体的职责、任务、任职要求等有很大的差异。因此，应针对具体组织中的实际情况作出具体的分析。

2. 组织中的有关资料

对工作进行分析时，组织中的有关资料是非常重要的。比如，组织机构图，它是用来描述组织各个组成部分之间相互关系的。从组织机构图中，我们可以看到部门或职位之间的关系，每一个部门或职位应该向谁负责，每一个部门或职位的下属是谁，发生关联的部门和职位有哪些等。通过组织机构图，我们可以很清楚地了解到各个职位在组织中的位置。

组织机构图表示的是部门或职位之间的一种静态联系，而工作流程图则表明了部门或职位之间的动态联系。在工作流程图中，可以看出在一项工作活动中，某个部门或职位需要接受来自哪些部门或职位的信息和指令，需要对信息或指令做出哪些处理，需要向哪些部门或职位发出信息或指令等，通过工作流程图，我们还可以比较清楚地了解工作任务以及工作中的关联关系等。

3. 现有的工作说明书或职位描述资料

对很多组织来说，并不是第一次进行工作分析，因此，组织中一般会有一些现成的关于职位职责、职位描述等的资料。这些现有的资料尽管可能不尽完善，或者由于工作的变化已经与目前的实际状况不符，但尚能提供有关工作职位的一些基本信息，因此，仍然具有参考价值。

（四）确定要收集的信息及其收集方法

1. 确定要收集的信息

从对现有资料的分析中，我们已经得到了部分有关要分析的职位的基本信息，但是，对工作具有关键作用的大量信息，往往无法从现有的资料中获得，而需要从实际的调查研究中得到。正因为实际调研的作用十分重要，所以在调研之前，我们应该事先计划好收集哪些信息、怎样收集这些信息等。在信息收集时，我们可以考虑以下几点：

（1）根据工作分析的目标和侧重点，确定要收集哪些信息；

（2）根据对现有资料的研究，找出一些需要重点调研的信息或需进一步澄清的信息；

（3）按照 6W1H 的内容来考虑，看看每一方面需要收集的信息有哪些。

2. 选择收集信息的方法

收集工作信息的方法多种多样。有定性的方法，也有定量的方法；有以考察工作为中心的方法，也有以考察任职者特征为中心的方法。那么，在具体进行工作分析时，如何才能选择最有效的方法呢?

首先，在选择收集工作信息的方法时，应该考虑工作分析要达到的目的是什么。如果工作分析需要达到的目的不同，其使用的方法也应有所不同。例如，当工作分析用于招聘时，就应该选用关注任职者特征的方法；当工作分析用于薪酬体系的建立时，就应当选用定量的方法，以便对不同工作的价值进行比较等。

其次，选择收集工作信息的方法时，要考虑所分析的职位的不同特点。例如，有的职位的活动比较外显，如操作机械设备等，那么对这样的职位，就可以采用现场观察的方法；而有的职位的活动以内隐的脑力活动为主，那么观察的方法对这样的职位来说就不适合，而应该采取面谈或其他综合类的分析方法。再比如，半开放式问卷的方法，要求被调查者具有一定的书面表达能力，文化水平较低的任职者恐怕就无法作答。

最后，选择收集工作信息的方法时，还应考虑实际条件的限制。有些方法虽然可以获得较多的信息，但可能由于花费的时间或财力较多而无法采用。例如，专家访谈的方法，可以较直接地从工作任职者处获得信息，而且访谈者与被访谈者之间可以进行交流，能够较深入地挖掘与工作有关的信息，但它需要花费的时间较多。而问卷的方法，虽然获得的信息有限，但可以很多人同时作答，效率较高，很适合在时间要求紧的情况下采用。实际上，每一种收集工作信息的方法都有其独特之处，也都有其适合的场合，有优点也有不足之处，并不存在一种普遍适用的或最佳的方法。因此，在进行工作分析时，应该根据具体的目的和实际情况，有针对性地选择一种或几种方法，这样才能取得较好的效果。选定了收集信息的方法之后，有的方法需要事先设计一定的程序或准备一定的文件，例如，访谈的提纲、调查问卷、观察的记录表格等。

（五）组织及人员方面的准备

1. 成立进行工作分析的专门组织

在工作分析的准备阶段，我们常常需要成立专门的工作分析小组。同时，也应该明确小组成员各自的职责，这样就可以保证分工明确，并能很好地协调，保证工作的效率和质量。通常来说，工作分析小组的人员组成及相应职责如下。

（1）公司的高层管理者：战略指导、总体领导、动员和鼓励参与、扫除工作分析实施中的障碍等。

（2）人力资源管理部经理：获取高层管理者和部门经理的支持和配合、协调和沟通以及方案的具体落实等。

（3）专业咨询顾问：设计相关工具并实施培训、提供技术支持等。

（4）相关部门经理：动员本部门人员参与和配合、提供相关的信息和反馈意见等。

在实际的实施中，如果没有外部咨询顾问的介入，那么由掌握工作分析技术的人力资源专业人员来具体处理相关的事宜，更为合适。

2. 获取高层管理者的支持

没有公司高层管理者的认同和支持，往往无法有效地完成工作分析及工作说明书的编写。然而，并不是所有企业的高级管理层都能够认识到工作分析对于获取企业竞争优势的重要性，相反，他们往往认为工作分析的价值与效用并不如想象中的那样明显和突出。

在大多数组织中，工作分析的需求首先是由人力资源部提出的。为了保证工作分析的顺利进行，人力资源部必须尽力得到高层管理者对工作分析的理解和支持。一旦高层管理者重视了这项工作，公司上下各个层面的人员就有可能积极地投入这项工作，从而从组织上保障工作分析的顺利进行和展开。另外，在工作分析的实施过程中，难免会出现一些意见上的分歧、时间上的冲突或者人际关系上的纠葛等，这时高层管理者的出面和协调，将有助于这类问题的解决。

3. 直线经理的配合

要想成功地进行工作分析，各部门的直线经理扮演着不可或缺的角色。直线经理需要动员和安排下属员工提供工作分析所需的有关信息，并在人力资源管理专业人员的指导下，将这些信息整理成规范的工作说明书。他们需要对已经形成的工作说明书的内容和准确性进行审核，同时，他们也是工作说明书的重要使用者，并在使用工作说明书的过程中提供反馈信息和修订意见。在直线经理配合进行工作分析的过程中，很容易导致两种极端，一种是直线经理的积极性特别高，他们往往包揽本部门所有的工作分析工作，亲自撰写部门内所有职位的工作说明书。这种现象会直接影响部门内部员工的积极参与，从而难以收集到来自工作任职者的真实信息，最终影响工作分析的质量和价值。另一种则是直线经理认为工作分析是一件多余的事情或者对其重要意义认识不足，因而对人力资源部门的相关工作敷衍了事，甚至置之不理，从而影响下属员工的参与热情，致使工作分析不能很好地落实和展开。直线经理在工作分析中能起到承上启下的作用，他们是否能够积极配合并动员和支持下属员工完成好工作分析的相关工作，将是工作分析成功与否的一个关键因素。

综上所述，工作分析如果没有得到高层管理者的支持以及直线经理的配合，其结果往往会以失败而告终。

二、设计阶段

（一）选择工作分析人员

为了提高工作分析的质量，要选择适当的工作分析人员，因此，要求分析人员有丰富的经验、较高的受教育层次、独立和认真负责的精神、良好的分析能力和合作能力、良好的视觉记忆能力，熟悉多方面的工作、工艺及设备，这样才能对整个组织的工作分析活动有全盘的考虑。

工作分析人员的组成通常有工作分析专家（人力资源管理方面的专家）、主管和任职者。工作分析小组成员的主要职责包括：①在工作分析的基本框架中制订更为详细的工作计划，并要求员工下决心去做；②审查和监督计划方案的实施。一般来说，工作分析小组人员的数量视工作的难度而定，最好是单数，这样才有利于工作分析结果的形成。

但是，在进行正式的工作分析时，组织的高层领导要注意发动和依靠各个层次的管理人员，分派他们分析所管辖区域的工作。这样可以节省工作分析的费用，也可以加强管理人员的责任感，改善管理的效果。

通常情况下，工作分析专家是从外部聘请的，其他人员则从组织内部抽调。工作分析专家在分析过程中是最客观、公正的。为了确保专业水平，组织可以聘请专业的工作分析专家，他们会带给组织更多专业的方法、最佳实践的范例以及旁观者的客观建议。但是，聘请外部的工作分析专家费用较高，另外，可能会出现因工作分析专家不熟悉组织的流程、不了解组织的实际情况而忽略工作中某些方面的情况。所以，工作分析专家与组织双方的有效配合是工作分析的关键。如果有条件，组织应该积极培养自己的工作分析专家，如在人力资源部门配置常设的工作分析人员，以减少日常工作分析费用的支出，并使工作分析更贴近本组织的实际情况。

当然，组织会不可避免地涉及需不需要从外部聘请专家来进行工作分析的问题，因此，有些情况是组织需要考虑的。如果工作分析只是一时之需，那么聘请外部专家可能要比使用内部资源开发工作分析能力更经济。而且聘请外部专家按照协议所需要支付的酬金要比使用内部资源所花费的成本容易预测。在多数情况下，组织往往会低估使用内部资源进行工作分析的成本。对组织中那些对工作分析方法不在行的工作分析人员来说，自己动手进行工作分析是一次有价值的学习。但是存在着拖慢项目进展，出现较低的工作质量以及较多错误的可能性。与工作分析专家相比，由内部工作人员进行的工作分析信度相对较低。工作分析严格的合法性和技术性标准，使得组织必须用受过专业技能训练的人来进行工作分析，工作分析专家无疑是一个较好的选择。

在正常的情况下，工作分析小组中至少需要一名工作分析专家，这是工作分析有效进行的基本保证。另外，部分主管人员和任职者也应该被吸收到工作分析小组中。

主管人员参加分析的优点是，他们对所要分析的工作有全面而深入的了解，收集信息的速度也比较快；缺点是需要先对他们进行工作分析方法及技巧等方面的培训，而且因为工作分析需要占用他们大量的时间，所以会影响他们的其他工作和参与积极性，分析的客观性也没有保证。

任职者对所要进行分析的职位最为熟悉，收集信息的速度也最快；但他们所收集到的信息标准化的程度不够，职责的完整性较差。如果不是承担该类工作的所有员工都承担分析任务，则可能会引起那些被要求参加工作分析的员工的抵触。普通员工在工作分析中的职责是提供工作信息，参与撰写工作说明书的初稿。

确定工作分析项目小组成员后，必须保证工作分析小组成员或被分析对象的稳定性。组织要对工作分析小组成员进行明确分工，讲明此次工作分析的流程、时间安排和阶段成果，并要求每个成员在工作中保留过程文档。在工作分析的过程中，小组成员要坚持每天开早会，反馈前一天的工作成效和当天的工作计划。工作小组的负责人负责汇总小组成员每天的工作文档，以应对中途发生人员调换的情况，保证工作分析工作的有条不紊和信息来源的一致性。同时，工作小组最好每周有个项目交流会，以保持成员间信息和经验的共享，并不断调整工作分析的方式与方法。

要加强对工作分析小组成员的培训。在进行工作分析时，并不仅仅着眼于现职人员工作的好坏，而要将注意力集中在工作的职责权限、主要工作内容、提高绩效所需知识和技能等符合该工作客观实际的信息上。

（二）选择信息来源

确定要收集哪些信息，可以从以下几个方面予以考虑。

（1）根据工作分析的目的和侧重点，确定要收集哪些信息，如表 3－1 所示。

表 3－1　收集工作分析资料的目的和侧重点

目的	侧重点
招聘选拔	该职位的职责以及对任职者的要求
培训和开发	确定每一项工作的职责以及衡量履行这一职责所需的员工的能力
绩效考核	衡量每一项工作任务的标准，包括时间、质量和数量
确定薪酬	对职位进行量化评估，确定每一种职位的相对价值

（2）根据对现有资料的研究，找出一些需要重点调查研究的信息或需要进一步澄清的信息。

（3）按照 6W1H 的内容考虑需要收集的信息。

首先，要确定分析的范围、对象和内容。为保证分析结果的正确性，应在各个职位中选择有代表性的工作，规定分析的方式、方法，并弄清楚应当收集什么资料、到哪里去收集。其次，不同层次的信息提供者提供的信息存在不同程度的差别，因此，工作分析人员应站在公正的角度收集不同的信息，不要事先抱有偏见；使用各种职业信息文件时，要结合实际，不要照搬照套。要查寻的有关信息资料，应该包括历史资料和新信息，尤其是同行杰出组织的有关制度与岗位规范。最后，根据这些信息，结合本组织的现状来整理工作分析的初稿。

信息的来源是多种多样的。一般来说，提取有关工作任务、工作活动内容的信息时，任职者、监督的管理者都可以作为可靠的信息来源；提取有关工作特征的信息，任职者之外的人士都可以提供较可靠的信息，尤其是工作分析者，提供的信息最可靠；而有关任职资格方面的信息，则可从下属、顾客或用户中获取。总之，选择信息来源时要坚持一个原则，即不能从有利害关系的来源提取信息。比如，不能从任职者中提取有关工作负荷、薪酬待遇等的信息，因为员工往往会受到利害关系的驱使而夸大自己工作的重要性。

（三）收集信息的种类

工作分析的信息包括以下四个方面。

1. 基本资料

包括岗位名称、直接上级职位、所属职位、所属部门、所辖人员、工作性质等。

2. 工作描述

工作描述即说明员工在实际工作中做什么，包括以下几点：①工作概要，要求用简练的语言说明工作的性质、中心任务和责任范围；②工作活动内容，在完成该项工作的某项职能时某个工作人员做什么，要求逐项列出；③工作职责；④工作结果，说明任职者执行工作应产生的结果，以量化为好；⑤工作关系，工作关系的描述应包括报告关系、所受的监督、监督对象、职权、可晋升的职位、可转换的职位以及可升迁至此的职位、与哪些职位发生联系；⑥工作人员运用设备和信息说明，要应用的主要设备的名称、应用信息资料的形式等。

3. 员工的必要条件

员工的必要条件指有效的工作绩效所需要的知识、技能、能力、个人特点、学历等。

4. 工作环境

工作环境包括工作场所、工作时间特征、工作的均衡性能等。收集工作分析资料时，将75% ~80%的时间用于观察和记录资料，对所取的分析资料经过适当的修改后，再选用已有的书面资料加以对照，这样可以节省大量的时间。因此，研究相关的书面资料信息，是非常有价值的。

工作分析所需的书面资料包括组织内部和组织外部一系列相关的文件，一般包含组织结构图、岗位配置图、工作流程图以及原有的工作说明书等。利用这些背景资料，不仅有助于工作分析人员很快地了解组织现状，更重要的是可以在很大程度上降低工作信息搜集的难度，减少工作量。比如，岗位配置图能够清晰地反映组织中现有岗位的人员配置情况，有助于工作分析者对那些诸如一人多岗和一岗多人的问题进行判断和处理。

（四）选择信息收集的方法和系统

信息收集的方法应该根据工作分析的目的不同、不同工作分析方法的利弊，针对不同人员的工作分析来选择。一般来说，工作分析主要有资料分析法、问卷调查法、访谈法、关键事件法等。信息收集的方法和分析信息适用的系统，由工作分析人员根据企业的实际需要灵活运用。一般而言，在进行工作分析的时候，工作分析者都是综合选用几种方法，从而最有效地发挥各种方法的优点，使得所收集的信息尽量全面，而方法的选择，并不是越多越好，而是要结合以下几种情况考虑，以便事半功倍。

（1）所分析职位的特点不同，对方法有不同的要求。各种方法所收集信息的侧重点是不一样的。

（2）收集职位信息的方法会受到实际条件的限制。有些方法虽然可以得到较多的信息，但可能由于花费的时间或财力较多而无法采用。

（3）工作分析方法及人员的相互匹配性也会影响信息收集方法的选择。因为每种信息收集的方法都有其优缺点，每个员工的状态也不一样，这就需要分析人员综合运用多种方法，尽可能多地收集职位信息。

每一种方法都有自己的适用范围，也有其具体操作时的注意事项，在选定信息收集方法之后，一般都需要就具体的操作步骤和注意事项对信息收集（调查）人员进行相应的培训。例如，如果工作分析的目的是编写工作说明书和决定人员的任用，就可以采用访谈法向员工了解工作的内容及其职责；如果要决定薪酬的标准，就可能需要采用比较复杂的工作分析问卷等方法。

三、调查实施阶段

调查实施是工作分析过程中最关键的阶段。这一阶段的主要任务是根据总体方案，对所要分析职位的内容、过程、工作环境以及工作人员等方面进行全面、细致的调查。在具体实施工作分析时，应该灵活运用观察法、访谈法、问卷调查法等，广泛地收集与工作有关的各种资料信息。

（一）编制各种调查问卷和提纲

选定了收集职位信息的方法之后，就要着手准备一些相关的材料了。有些方法需要事先设计一定的程序或准备一些文件，包括访谈提纲、调查问卷或者观察的记录表格以及装置设备等。

目前，国内企业在工作分析中大多是将问卷调查法和访谈法结合起来使用。一般是由工作分析小组首先对备选问卷进行讨论，选出最符合本次任务的问卷。对问卷的设计要求有两点：因人而异，针对不同层次，设计不同问卷形式和内容。在访谈前，应该把要问的问题系统整理出来，并根据不同访谈对象采用不同的问题；有针对性，如果访谈的问卷没有系统设计并缺乏针对性，会使得收集的信息不能全面和客观反映真实的工作。

在调查或者访谈的过程中，由于各种情况的变化，工作分析人员必须及时调整调查计划或修改问卷的内容，修改时应该注意：明确本次工作分析的主要目标，对项目进行相应的增补和删除；考查和修改问卷用语，以保证其简单、明确、易懂，并能紧扣组织的具体情况；进行专业的技术或培训，使工作分析人员经过专业技术的培训后具备编写工作说明书的专业技能，并做到用语准确、描述规范；问卷尽可能精练、简短，问卷题目的数量应该控制能让员工在 1 小时之内做完；工作小组对每个问题及选择项目的具体含义进行讨论，对有歧义的问题进行统一规定。

在使用问卷进行调查的过程中，一定要让被调查者明确调查目的（并非用于对个人业绩评估），让他们放心地反映真实情况；避免对被调查者施加压力。在填写问卷前，要与被调查者建立良好的合作关系，以获得他们的支持。这要求调查人员能够热情、耐心、细致地回答和解释被调查者所提出的问题。另外，由于问卷较长，被调查者在填写过程中可能会出现烦躁情绪，从而影响认真作答，因此调查者一定要注意先向被调查者说明情况，请他们耐心、认真作答。

对访谈来说，具体可以将其分为三类：①对每个员工进行个人访谈；②对做同种工作的员工群体进行访谈；③对完全了解被分析工作的主管人员进行访谈。如果是对任职者进行访谈，为了有效地在最短的时间内获得尽可能多的有用信息，工作分析者在访谈实施前应该确定结构化的访谈提纲。

【知识延伸】

访谈提纲

1. 职位的基本资料：职位名称、主管部门、所属部门、工作地点、直接主管、监督者等。

2. 本职位设置的目的是什么？

3. 按顺序列举说明本职位的工作责任及其重要性。

4. 对本职工作来说，哪些教育或知识是必备的？这些教育或知识可以从哪些方面获得？

5. 本职位要求任职者必须具备哪些经验？

6. 任职者负担的管理职责有哪些？每项工作所花费时间的百分比是多少？

7. 本职位的工作者有哪些联系？这些联系是在内部还是在外部建立的？联系是否频繁？

8. 本职位需要接受哪些监督和管理？接受的程度如何？

9. 任职者建立决策的权限与范围有多大？任职者做出的决定是否要经过他人审核？由谁审核？

10. 最容易犯的错误有哪些？请举例说明。属于操作上还是观念上抑或两者皆有？如何纠正？

11. 任职者是否要对一些信息保密？保密程度如何？

12. 描述工作进行时必需的生理条件、物理条件。

13. 为了使工作顺利进行，对任职者的心理方面有哪些要求？

14. 列出在工作中所使用的机器或设备。

15. 本职位还有哪些需要补充说明？请列出。

（二）广泛收集各种资料

工作分析人员要灵活运用访谈、问卷、资料分析、关键事件、工作日志法、参与法等多种调查方法，获得包括工作内容（What）、责任者（Who）、工作岗位（Where）、工作时间（When）、怎样操作（How）、为什么要做（Why）、为谁服务（For Whom）等方面的工作信息。

在工作分析中，访谈者必须掌握两种基本技能，即提问设计与访谈技巧。这里重点再介绍一下提问设计，因为观察、访谈和问卷这三种最基本的资料收集方法都或多或少地依赖于调查问题的设计。因此，提问设计便成为一个工作分析人员必须具备的技能，可分为下面九个步骤。

（1）自我提问：我想了解些什么？为什么？哪些问题是适合调查和访谈的？要设计多少问题才能达到工作分析的目的？

（2）根据有关的资料和先前的经验检测所设计的问题。这里是指可以得到的现有问卷和调查表、先前工作分析计划以及发展的统计资料。如果书面资料无法找到，就可以通过关键事件法中的相关方法来收集关键事件。

（3）只选择那些与所调查资料直接相关的问题。

（4）把问题按一定的逻辑顺序排列，把那些容易的、没有挑战性但又重要的问题排在前面。构造一个粗略的工具，对少数的被访者进行一次先导性的试验访谈。

（5）检查结果，修改或删除问题。

（6）构建一张问题清单。

（7）通过整理资料的方式来使问题的回答具有选择性。划定性资料，只用“是”或“否”两种回答形式即可，对于等级排列方面的资料，可以考虑选择性回答。

（8）进行第二次试验访谈，这次的重点是检查问题和回答的项目是否足够。

（9）通过检查第二次试验访谈的结果来构建最终的访谈提纲。

四、分析编写阶段

工作分析并不是对各种资料的简单收集，而是要对工作岗位进行全面而深入的分析、整理和综合，从而得出各种工作的主要活动和关键性的影响因素。在此基础上，再对分析后提炼出的信息进行规范描述，得到工作说明书，它是工作分析结果的表现形式，也是以后工作中很重要的指导性参考文件。

（一）审核已收集的各种信息

对收集来的职位信息进行加工而形成的文字材料，必须同任职者和任职者的上司进行审查、核对和确认，这样才能避免偏差。以销售经理为例，有的企业认为其主要工作是“推”和“销”，有的企业认为是市场的策划、定位与售后服务，还有些企业认为销售经理应注重企业文化的对外传递，创造和挖掘客户的潜在需求。对销售经理的定位不同，其关键成分就大相径庭。因此，重点就是要与相关人员讨论确认几个方面的信息。比如，工作目的、职责表述的准确性；绩效标准的针对性和可操作性；任职资格在组织中横向及纵向的比较；组织功能的完整性。只有这样，才能修正初步收集来的信息中的不准确之处，使工作信息更为准确和完善。另外，由于任职者和其上司是工作分析结果的主要使用者，请他们来审查和确认这些信息才可能不出现偏差，这一核对工作有助于被所有与分析工作相关的人所理解。此外，由于所收集的信息是反映任职者的工作活动的，因此这一审查步骤实际上还为这些工作的承担者提供了个审查和修改工作描述的机会，而这无疑会有助于赢得所有员工对所收集的工作分析资料的认可。

（二）归纳和总结

对工作信息进行分析，就是将利用各种收集信息的方法所收集到的信息进行统计、分析、研究及归类的过程。对工作信息进行分析，是为了获得各种规范化的信息，如重点工作项目、任职资格要求等，并最终形成格式统一的工作说明书。对工作信息进行分析，不仅仅是针对某一个岗位或是某一个工作而言。通过对所收集的工作信息进行归纳、整理、分类等处理，按照工作流程发生的先后顺序或者是按照不同工作之间逻辑的一致性，对整个工作团队乃至组织的全部信息进行梳理，可以得出部门的工作任务清单，并在组织内部岗位确认的情况下，进一步分析权限关系，形成部门工作任务及权限分配一览表，这对组织厘清内部工作和权限关系、分析工作流程的合理性、对绩效形成过程进行有效控制以及组织结构的优化和调整等，都具有重要的意义。根据已经审核的准确信息，可对有关材料进行分析，如表3－2所示。

表3－2　工作分析材料分析的内容

职位名称分析	职位名称标准化，以求通过名称就能了解职务的性质和内容
工作规范分析	工作任务分析、工作关系分析、工作责任分析、劳动强度分析
工作环境分析	工作的物理环境分析、工作的安全环境分析、社会环境分析
任职者必备条件分析	必备知识分析、必备经验分析、必备操作能力分析、必备心理素质分析

分析的项目可以根据工作分析的目的加以调整。在这一阶段，还要注意：仔细审核获得的各种信息；创造性地分析、发现有关工作和任职者的关键问题，归纳总结出工作必要的材料和要素。

（三）编写工作说明书

在对现有的已确定的与工作有关的信息进行分析整理后，就会形成一份工作说明初稿。这份初稿必须返回相关的任职者及其上司，并随附一份意见反馈表格。经过任职者与任职者的上级主管填写后，再返回到工作分析人员手中。工作分析人员根据意见反馈情况，对工作说明书的初稿加以编写和修订。另外，在编写的过程中还要特别注意，规范工作说明书的描述方式和用语，这关系到工作说明书的质量。标准的岗位职责描述格式应是“动词＋宾语＋结果”，动词的选择可参照岗位职责动词使用规范表；宾语表示该项任务的对象，即工作任务的内容；结果表示通过此项工作的完成要实现的目标，可用“确保、保证、争取、推动、促进、提升”等词语连接。

五、运用阶段

工作分析结果形成以后，要将其应用于现实的管理活动，也只有在应用的过程中，才能发现其中存在的问题。

（一）促进工作分析结果的应用

在进行工作分析活动、编写出工作说明书之后，组织应该将工作分析的结果和招聘、培训、薪酬、绩效管理等人力资源管理工作相结合加以应用，制定人力资源管理的各种文件，并发放给文件的使用者，使他们能够按照文件的具体规定实施管理，将工作分析结果运用到实际工作中去。这些应用文件包括招聘录用文件、人员培训文件、人员发展文件、薪酬规划文件等。工作说明书是由专业人员编写的，而它的使用者是实际工作人员。

在进行工作说明书的使用培训时，一方面要让使用者了解工作说明书的意义与内容，了解工作说明书中各个部分的含义，另一方面要让使用者了解如何在工作中运用工作说明书，因为工作说明书是一个很好的管理工具。例如，招聘新员工时，可以按照工作说明书的岗位要求和任职资格选人，根据工作说明书进行员工合格率调查，以及日后对员工进行有针对性的培训。将工作说明书发放给每一位新员工入职，有利于新员工尽快进入工作角色，同时也提出了相应的工作考核标准，便于试用期结束时以此为依据对其进行考核。又如，以工作分析为基础的工作说明书，可以告诉每一位任职者他们胜任此一职位需要具备的知识、素质和能力，如果现有的员工不具备这些条件，随后的培训开发就有了相应的明确目标和内容。再如，可以以员工或团队是否完成相应工作描述所规定的职责和任务为基础，设定绩效考核指标体系。

当今不少国家的大中型企业都非常重视工作分析结果的运用，他们把这叫作“抽屉式”管理。意思是说，在每个管理人员办公桌的抽屉里都放着一份明确的工作说明书，每个人的职、责、权都一清二楚。

（二）制定工作分析和工作说明书使用的制度

解决这一问题的方法，就是在编制工作说明书时同时编制出工作说明书的管理制度，包括如何使用工作说明书、什么时候进行修订、修订的流程是什么等，并定期检查各部门是否按制度执行。

在编写工作说明书的过程中，对照方案和计划中有关名称规范使用，使格式统一和有序化；检查应用文件的具体性和可操作性；特别是在文件的使用中，可能由于各方对文件的认识和理解有误，导致执行不得力，为此需加强对文件使用者的培训。

在工作说明书的使用中，要正确予以评价才能保证其正确使用。在对工作分析结果的评价中，应该明确阐明工作分析带来的效益情况以及实施工作分析的投入产出比。在对工作分析的效果评价中，应分析工作分析的目的是否实现，是否解决了人力资源管理中需要解决的问题。比如，人力资源部门是否为各部门提供了所需要的工作人员？在国有企业和私营企业中，现有技术设备是否得到了更充分的运用？劳动力更换率与事故率是否有所减少？培训是否更有效？能否使任职者尽快投入正常生产？员工的不满情绪是否减少？是否给就业人员提供了更好的求职指导？社会生产力是否有所提高？

六、反馈调整阶段

工作说明书等人力资源管理文件是自上向下形成的，是否合理要由实践来检验。再通过自下而上的过程，找到原来设计的不足。在实践过程中，不仅要注重工作说明书的应用，还要注意及时对工作说明书进行修正。应当定期和不定期地对工作说明书进行修改，一般而言，至少一年要修改一次。按照国外的经验，一个企业的岗位责任制需要五年才能成熟。

（一）把工作分析阶段性成果和最终成果及时反馈给员工

组织的经营活动不断变化，会直接或间接地引起组织分工协作体制的相应调整。由此，可能产生新的任务或者导致部分原有职务的消逝，从而需要对工作分析进行重新调整，以适应变化。组织在工作分析时既要向员工及时反馈阶段性成果，也要在调整时及时向员工反馈调整的原因，避免员工的抵触情绪，从而获取客观的信息，使得工作分析在实践中发挥出其应有的作用。

（二）根据试用情况调整工作说明书

工作说明书编写好后需要进行试用和调整，以检查信息收集的准确性、正确性，以及设计方案的适用性。如果使用部门在试用过程中提出他们的建议，编写小组要深入分析产生差异的原因。如果是编写小组的问题，则应该及时调整。如果是使用部门认识上的错误，则应该耐心加以说明，使双方达成共识。

（三）定期评审工作说明书

要定期评审工作说明书，看看它是否符合实际的工作变化。同时，要让员工参与到工作分析的每个过程，一起探讨每个阶段的结果，共同分析原因；需要调整时，也要员工加入调整工作。只有亲身体验，才能加强员工对工作分析的充分认同，从而使其在实践中被有效实施。

（四）保留调整的记录

这里要强调的是，所有的修改都必须填写“修改分析单”，说明导致误差的原因和避免重复出现误差的方法，这样可以保证工作分析持续进步。任何组织都要随着外界环境的变化进行相应的变革活动，组织结构、工作构成、人员结构等都处于不断变动当中，这种动态环境要求人力资源部门制定出相应的审核制度，定期或不定期地对正在使用的工作说明书进行及时修订。针对动态环境带来的工作分析过程中的问题，有以下两种解决途径。

1. 年度工作分析

年度工作分析就是人力资源部门一年一次对组织的各个职位进行分析。实施的具体步骤：①在一个工作分析间隔期内，各部门主管准确、详细地记录本部门内的工作变化情况；②在工作分析实施月（周），各部门主管对一年内工作变动情况进行汇总，并征询本部门员工的意见；③工作分析实施之前，人力资源部发文给各部门主管，要求其在一定时间期限内递交本部门工作变化情况汇总表，并在等待期内制订工作分析的初步计划；④人力资源部对各部门的工作变化情况进行整理汇总，并据此制订工作分析的详细计划，包括具体实施步骤、工作分析小组成员的配置等；⑤工作分析的具体实施过程；⑥编写工作分析结果——工作说明书；⑦工作分析结果的反馈。

尽管大多数组织都倾向于年度工作分析，但这样可能使一些急需改革的岗位要等到下一次工作分析开始时才能解决问题。另外，虽然年度工作分析要求每年对所有的工作进行一次全面的分析，但在实际工作中，只有少数工作需要改革。一般来说，公司内大约有 90% 的工作不需要重新进行岗位划分或编写工作说明书，仅有 10% 的工作需要进行工作分析。此外，实施年度工作分析会造成实施成本较高，造成很多无效的工作。因此，人力资源部要认真、全面地考虑何时实施必需的工作分析。

2. 适时工作分析

适时工作分析是让部门主管随时上交本部门工作中的工作变化情况，并随时进行工作分析。实施的步骤：①部门主管发现本部门工作有所变化或有必要进行改变，立即以书面形式将工作分析要求递交给人力资源部；②人力资源部常设组织——工作分析小组，根据该部门主管的要求，实施工作分析；③编写工作说明书；④工作分析结果的反馈。

适时工作分析存在的最大问题，就是部门管理者可能并没有注意到某些工作的变化或者认为这些变化并没有达到应对其进行分析的程度。另外，适时工作分析的成本较高，因为部门管理者每次发现工作有所变动，人力资源部就要对该工作进行工作分析，这样会造成工作分析的无计划性，从而提高实施成本。

因此，鉴于年度工作分析和适时工作分析各自的弊端，最好综合使用年度工作分析和适时工作分析这两种方法。例如，可以进行一次定期的工作分析，而在这期间可以对各部门主管认为非常有必要改变的工作进行不定期的工作分析，这样可以在一定程度上解决年度工作分析和适时工作分析各自存在的问题。

总之，进行工作分析时，人力资源部门应该合理安排战略性与事务性工作的比例，以企业战略为导向，以长期远景为目标，进行合理的组织结构调整和流程再造，而不拘泥于事务性工作的束缚。因此，首先要明确企业发展战略，进而由流程确定组织的架构；其次，进行职位设计、定岗、定编以改进工作方法，提高效率；最后，建立相应的工作规范和工作标准，明确评估方法。例如，在工作说明书上将工作描述模块化，即以独立的工作为单位，以便调整。当然，这一课题还有待进一步研究。

第四节　工作分析的常见问题及解决策略

在工作分析的过程中，各种因素的综合影响，导致出现了一系列的问题，影响了工作分析的效果，对人才培养及发展产生了极大的不利影响。因此，需要采取相应的策略来解决这些常见问题，具体内容如下。

一、工作分析目的不明确

现实中，有的企业人力资源管理部门对工作分析的目的还不是很明确，出现单纯地为了工作分析而工作分析的现象，从而使人力资源管理的这一核心技术流于形式，没有达到其应有的目的。人力资源部门对工作分析目的的不明确，常常会导致工作分析的无效，表现在以下几点。

（一）过程失效

没有目的的工作分析往往追求形式上的结果，这样工作分析的过程就得不到重视，工作分析人员就不会把工作说明书的重新编写工作作为企业现有工作的一次大盘点，也就达不到工作分析的真正目的——规范工作流程、明确岗位职责与权限。

（二）工作分析结果得不到有效的应用

对工作分析目的不明确，往往是由于对工作分析应用途径的理解不深，因此，就算是在工作分析完成之后，工作分析所得到的结果也不会在日常的管理过程中得到确切的应用。例如，招聘新员工时没有按照工作说明书的岗位要求和任职资格选人，没有根据工作说明书开展有针对性的员工培训等。

解决这一问题的方法就是编制出工作分析的管理制度，用书面的形式规定如何使用工作说明书，并定期检查各部门是否按制度执行。要把工作分析与人力资源管理的其他职能紧密结合起来，明确工作分析的主要目的是整个人力资源管理提供支持。因此，工作分析只有与人力资源管理的其他职能结合起来，推动人力资源管理工作顺利进行，才能显示出其强大的生命力。实际上，工作分析的过程还是企业审视自身组织结构与工作流程是否合理的过程，通过工作分析来帮助企业改善工作流程和组织结构，才是工作分析的另一大目的。因此，在开展工作分析时，一定要看到工作分析的应用途径以及作用之间的关系。孤立的工作分析通常是失败的。搞形式主义，为了工作分析而开展工作分析，只会造成企业资源的浪费，激起员工的不满。

二、工作分析缺乏战略眼光和系统思维

在现实生活中，我们往往会针对具体的职务开展孤立的工作分析，这样会导致“只见树木不见森林”的现象。如果在开展工作分析的时候缺乏对企业战略走向的把握，缺乏对组织流程与工作流程之间关系的理解，这样的工作分析是不可能对企业的管理产生积极影响的。没有战略导向的工作分析缺少前瞻性，在企业战略改变的时候会很快失效，因为当企业战略改变的时候，具体职务的工作内容、工作性质都会跟着改变。没有系统思维的工作分析，不能把企业的工作流程和具体职务工作的流程衔接在一起，因而也就无法实现流程的优化，甚至还有可能因为工作和流程的脱节而造成企业效率的低下。

解决这一问题的方法，就是在工作分析的时候要先通过组织的战略文件以及流程图等对组织的战略和流程有个大概的了解，然后根据流程并结合实际情况来进行工作分析。

三、工作分析缺乏高层领导的支持

有的企业忽视或低估工作分析的作用，导致在绩效评估时无现成依据，确定报酬时有失公平，目标管理责任制没有完全落实等，挫伤员工工作积极性和影响企业效益的现象时有发生。

工作分析是人力资源管理的基石，但是需要一定的时间和资金投入，并且很难见到效益。不少企业领导因为急功近利，希望人力资源管理工作直接上台阶，见到明显的效果，而忽视了直接成果不易显现的工作分析。从实践来看，工作分析也是人力资源管理中占用资源较多的一项工作，因此往往是领导不愿意开展的工作。但是，工作分析的作用是巨大的，因此，费时费力地开展这项工作是值得的，这正如建造大厦时需要花较多时间和较多的资金去打地基一样。高层领导要运用战略的眼光，及时地提供相应的支持。

人力资源管理者也应该尽量争取高层领导的支持和理解。这是因为一方面，工作分析可能同时涉及组织结构和组织流程的分析和优化，需要听取他们的意见；另一方面，没有高层管理人员的理解和支持，工作分析就不可能正常开展。工作分析不只是人力资源部的事情，还要牵扯几乎所有的部门和岗位，对整个过程的组织和协调要求较高。而高层领导向整个组织安排开展这项工作，可以引起各个层面的人员对这项工

作的重视，为顺利开展工作创造好的条件。

因此，在开展工作分析之前，人力资源管理者应和公司的高层领导充分讨论，正确定位工作分析的意义和价值，并取得领导对工作分析的理解、支持和认同，确保工作分析能够顺利实施。

四、在工作分析的过程中缺乏有效的沟通

工作分析主要是通过与员工面谈和发放问卷来获取相关信息，但员工在回答这些问题时常常不予合作，表现在：①有抵触情绪；②害怕说错会受到上级的责备；③不清楚这项工作能为他带来什么；④不知道什么该说什么不该说。员工在向访谈人员描述自己的工作内容和情况时，常常会故意夸大其工作值的复杂程度、技术难度以及工作量，从而使工作分析人员获取的信息变得不客观、不准确、不全面。这一问题出现的原因，主要是在工作分析的过程中，工作分析人员与员工缺乏有效的沟通，员工对工作分析的目的与作用并不了解。

【拓展阅读】

沟通的重要性

在美国的一个村庄，有一位老人，他有三个儿子。大儿子、二儿子都在城里工作，小儿子和他住在一起，两人相依为命。突然有一天，一个人找到老人，对他说："尊敬的老人家，我想把你的小儿子带到城里去工作，可以吗？"老人气愤地说："不行，绝对不行，你滚出去吧！"这个人说："如果我在城里给你的儿子找个对象，可以吗？"老人摇摇头："不行，你走吧！"这个人又说："如果我给你儿子找的对象，也就是你未来的儿媳妇，是洛克菲勒的女儿呢？"这时，老人动心了。过了几天，这个人找到了美国首富——石油大王洛克菲勒，对他说："尊敬的洛克菲勒先生，我想给你的女儿找个对象，可以吗？"洛克菲勒说："快滚出去吧！"这个人又说："如果我给你女儿找的对象，也就是你未来的女婿，是世界银行的副总裁，可以吗？"洛克菲勒同意了。又过了几天，这个人找到了世界银行总裁，对他说："尊敬的总裁先生，你应该马上任命一个副总裁！"总裁先生说："不可能，这里这么多副总裁，我为什么还要任命一个副总裁呢，而且还要马上？"这个人说："如果你任命的这个副总裁是洛克菲勒的女婿，可以吗？"总裁先生当然同意了。

这则故事告诉我们："想对方之所想"是沟通成功的关键。这个故事中，老人的小儿子的能力在前期根本不重要，关键看沟通者也就是组织管理者用什么沟通方式去

“牵线搭桥”。那么，同样的道理也适用于工作分析，人力资源部在开展工作分析时要注重人员之间的沟通，只有这样，才能使工作分析顺利进行。

通过让员工正确认识工作分析的本质，可以解决缺乏有效沟通的问题。在工作分析开始之前，有必要向员工解释清楚几个方面的内容：实施工作分析的原因和目的；工作分析小组成员组成；工作分析会对员工产生何种影响等。企业或工作分析小组最好向员工保证，企业不会根据工作分析的结果解雇员工或降低员工的薪酬水平。只有解开员工心里的困惑，才有可能从员工那里获得更为可靠、全面的信息资料。

五、工作分析人员的素质有待提高

工作分析是一项专业性较强的工作，从业人员最好接受过相关的培训并有一定的实践经验。在工作分析中，表格的设计、访谈提纲的编制以及调查方法的使用、各种信息的归纳总结等，都对工作人员的素质有很高的要求。然而，不少企业中的人力资源管理人员并没受过专业的培训，工作分析的质量也有待提高，非人力资源管理人员的情况可能更糟糕。人员素质直接影响到了工作分析的质量。

解决这一问题最直接的方法是聘请专业咨询机构。但从长远来看，培训内部相关人员，提高工作分析人员的专业素质才是根本。

六、缺少反馈调节，工作分析信息静态化

信息维护是信息的生命周期中重要的一环，只有及时更新维护，才能保证信息是可用的、有效的。很多企业管理人员，甚至是不少人力资源管理人员，都把工作分析看作一项静态的工作，认为只要做过一次工作分析就足够了，没必要不断地改进。但是，组织的经营活动是不断变化的，会直接或间接地引起组织分工协作体制的相应调整，由此，可能产生新的职务或导致部分原有职务的消失，从而需要对工作分析进行重新调整，以适应变化。静态的工作分析不能为管理工作提供第一手资料，会导致企业的岗位设置、人力资源规划、人员调配、薪酬体系设计、绩效考核等重要工作缺少足够的信息支持，使得决策的科学性不足。同时，不少人力资源管理人员没有看到工作说明书在工作分析中的流向是双向互动式的，从而忽视了使用部门的反馈信息，而使用部门也以工作说明书不实用为由拒绝使用。对这种问题，解决办法有以下几点。

在投入实际使用前，先对工作说明书进行试用、保留调整的记录、定期评审工作说明书等。

七、不重视工作分析过程中的管理控制

在工作分析过程中，往往会出现工作分析小组成员或被分析的对象不稳定的情况。工作分析小组成员或岗位对象发生变换，在离开或换人时工作交接不清楚，会导致工作分析工作必须从头开始。这一问题解决的办法主要有两个方面。

一方面，加强对工作分析工作小组的管理。在确定工作分析项目小组成员后，首先，要对小组成员进行工作分配，明确各自的分工、流程、时间表和阶段成果，并要求每个成员在工作中保留过程文档。其次，坚持每天开早会，反馈前一天的工作成效和当天的工作计划。工作小组的负责人负责汇总小组成员每天的工作文档，以应对中途发生人员调换情况，保证工作分析的有条不紊和信息来源的一致性。最后，工作小组最好每周有个项目交流会，以保持成员间的信息和经验的共享，并不断调整工作分析的方式与方法。

另一方面，争取各部门主管和员工的参与和配合。员工的主动参与是工作分析能否成功的关键。工作分析的主体是各部门的主管以及员工，只有他们才最了解工作的实际情况。因此，只有员工主动配合，才能保证信息收集对象和被分析对象的稳定性。

【本章回顾】

在人力资源管理的各个环节，工作分析是最为基础的环节之一，同时也是非常复杂、烦琐和极具挑战性的工作。工作分析的复杂性，不仅决定了它在实施过程中需要有较高的专业素质作为保证，而且必须要对工作分析的流程有清晰的认识，要对整个工作分析工作进行统筹规划和对工作分析过程进行有效的控制。基于此，本章介绍了工作分析的前提，简要介绍了工作分析的流程，在此基础上，着重论述了工作分析的各个阶段，以及在每个阶段需要完成的工作。当然，在工作分析的整个过程中也会出现一系列问题，对于这些问题，本章也提出了相应的解决办法，以此来帮助学生对工作分析的认识更加深入，使其认识到工作分析的重要性，为未来发展做好充实的准备。

【思考题】

1. 组织进行工作分析的前提条件是什么？
2. 工作分析的流程有哪些？
3. 你认为在工作分析过程中，工作分析人员需要注意哪些问题？
4. 在工作分析过程中，会出现哪些问题？又该如何解决？

第四章　工作描述

【学习目标】

1. 对工作描述的概念、功能及主要表现有清楚的认识，对工作描述有初步的了解。

2. 明确工作描述的应用范围，认识到工作描述的重要性。

3. 从整体上对工作描述的内容有基本的把握，并在此基础上，通过工作描述编写示例对工作描述有更深入的了解。

【案例引入】

到底是哪里出了问题?

高峰来到公司的人力资源部，找到宋总监说：“总监，我可能无法适应目前的工作，我希望在这个月末试用期结束时离开公司。”宋总监听完后十分惊讶。高峰是两个月前到公司销售部担任销售部经理助理的。在这段时间的工作中，人力资源部通过销售部经理及销售部其他同事了解到高峰在试用期的工作情况，大家都反映很好，想不到高峰会主动提出辞职。

三个月前，销售部经理提出了增加经理助理职位的需求，由于销售部将加强与国外厂商的业务联系，急需能够熟练使用英语口语和处理英语书面文件的员工，并希望新增加的员工具有一定的计算机水平，同时可兼顾公司对外网站的管理工作。人力资源部就所需要增加的工作岗位进行分析，经过与销售部经理协商，编写了该岗位的工作说明书。其中，对该岗位职责的描述如下：

（1）协助经理处理与国外业务的联系及英文书面文件、合同；

（2）在必要的情况下可担任英文翻译；

（3）整理销售部内部业务文档；

（4）负责在网站上发布有关公司的业务信息，并进行公司网页的更新、调整。

根据工作岗位对语言能力方面的要求，公司决定应聘人员最好是英语专业的毕业生或在国外生活过的人员；而计算机网站管理又对应聘人员的计算机水平提出了较高的要求，要求其能制作网页并对数据库进行处理，应聘者最好是具备计算机专业学历的人员。

面对这样的任职资格要求，人力资源部感到这个岗位的招聘工作难度较大。当招聘信息在人才招聘渠道发布后，应聘者并不多。高峰是某高校计算机专业的学生，毕业后在广告公司做业务，后来到英国留学，在国外所学的专业是计算机应用，留学回国才一个月，各方面的条件完全符合招聘岗位的要求。经过两次面试，销售部和人力资源部都觉得高峰是这个岗位的最佳人选，于是通知高峰来公司报到上班。

“为什么你会觉得自己不能适应这项工作呢?”宋总监问高峰。

高峰说：“工作中的业务文件处理、与客户的业务联系都没问题，内部文档也能按要求管理好，但是我并不了解咱们公司生产产品的技术参数和生产能力，而我在与客户联系的过程中，需要根据客户的需要为客户量身定制产品的技术参数，并在合同中注明交货期限。销售部要求我向客户提供技术方案和我们能为客户量身定制的产品的规格、型号，有时还要我决定我们什么时候能给客户供应哪些类型的产品。这些工作需要较多技术方面的知识，何况我不是销售部经理，我也无法决定。目前我承担的工作与应聘时对我提出的工作要求完全不一样。”

请思考：

1. 你认为案例中的问题到底出在哪里?
2. 如果你是人力资源部宋总监，你需要做什么?

工作描述作为工作分析结果的内容之一，是涉及工作执行者实际在做什么、如何做以及在什么条件下做的一种书面文件，就像案例中对销售部经理助理的岗位描述一样。那么，具体来讲，你知道工作描述到底是什么吗？该如何编写工作描述？工作描述的应用范围有哪些？接下来我们一起去学习。

第一节　工作描述概述

一、工作描述的概念

工作描述是用书面形式对组织中各类岗位（职位）的工作性质、工作任务、工作职责、工作关系与工作环境等工作特性方面的信息加以规范和描述的文件。它应该说明任职者应做什么、如何去做和在什么样的条件下履行其职责。一份名副其实的工作描述，必须包括该项工作区别于其他工作的信息，提供有关工作是什么、为什么做、怎样做以及在哪儿做的清晰描述。

关于行动要素与工作任务的研究，一般是对有关工作完成要求的简单描述型句子，而非对于工作的整体描述。这种以任务清单形式进行的工作分析，可以被认为是任务性工作描述，也就是通常意义上的工作描述。对于工作任务的研究与描述，有助于形成结构化问卷，例如，职位分析问卷与职位描述问卷。但是，它们并非通常意义上的工作描述。工作描述是对多项问卷进行分析，综合抽象出来的对工作任务的描述。

虽然有很多种收集工作描述信息的技术，但任务描述仍然是工作描述的通常形式。工作描述信息常常是通过观察任职者工作及进行访谈得来的。总的来说，工作描述包括工作标识、工作名称、工作概要、工作内容总结，以及为了达到工作目标所需的行为。在大多数情况下，工作描述还包括完成工作所需的个人特征，包括技能及必需的教育背景。另外，还需要系统分析所有收集的工作信息，用使用者能够理解的语言清楚地表达出来。工作描述与岗位描述常常被同时使用。岗位描述通常针对公司的中高层经理职位以及专业人员，他们通常通过其技能与工作的专业性来塑造自己的工作。对于一般员工，多使用工作描述。

【知识延伸】

工作描述和岗位描述的区别

工作描述和岗位描述在某些领域被认为是一致的，但严格来说两者存在着一定的差异。岗位描述主要是针对员工的，如技术人员在本岗位所需要的技能、专业知识、如何开展工作等，而工作描述是针对工作的，包括如某一职位所需要的技能、所承担的责任、工作性质等。

在制作岗位描述和工作描述时，两者的格式是相同的，但所描述的内容和重点有所差别，岗位描述是以职位等级、任务为基础，工作描述则是以工作性质、工作内容为基础，在进行工作分析时，应该对这两个概念加以区分。

二、工作描述的功能

（一）让员工了解工作概要

工作描述的功能之一就是让员工了解工作概要，使刚入职的新员工对岗位有一个基本的认识，从整体上对工作内容有一定的把握，帮助新员工在最短的时间内适应新工作，努力掌握新的知识及技能，为工作顺利开展做好充实的准备，并在此基础上努力实现自己的人生价值。

（二）建立工作程序和工作标准

工作描述的功能之二就是建立工作程序和工作标准。建立工作程序，其实质就是通过有规律、可操作的工作程序，让员工认识到工作描述的重要性，并对工作流程有一个清楚的认识。而工作标准，则是一种大家均可接受的用于比较的基础或尺度。制定工作标准的关键是定义“正常”的工作速度，“正常”的技能发挥，必须寻找一个能够反映大多数人“正常”工作能力的标准。这种标准的建立，只凭观察一个人做一个产品的时间显然是不行的。必须观察若干个人，观察一定的时间、做一定数量的产品，然后用统计学方法得出标准时间。此外，即使经过这样的一些步骤建立起了工作标准，在实际工作开始之后，也仍需不断地观察、统计，并适时地进行修正。

（三）阐明工作任务、责任与职权

工作描述的功能之三就是阐明工作任务、责任和职权，让员工认识到所在岗位应该遵守的规则以及所要承担的责任，当然，还有其具体的工作任务，加深员工对所在工作岗位的认识，为企业更好、更快地发展打下坚实的基础，同时，也为个体的逐步成长保驾护航。

（四）为员工聘用、考核、培训等提供依据

工作描述的功能之四就是为员工聘用、考核、培训等提供依据，通过对员工进行全方位的定量和定性的测评，可建立各岗位的标准要求，有针对性地选拔人才，提高人才聘用的效率和质量；同时，通过绩效考核，可以准确地把握各项工作的薄弱环节，并可掌握员工的培训需求，从而制订行之有效的培训计划，以此来充分激励员工的工作积极性和创造力，以利于公司的健康、快速发展，同时，也有利于员工个体建立不断自我激励的心理模式。

三、工作描述的主要表现

工作分析的研究结果常常表现为有关工作流程与行为的工作描述。在绝大多数情况下，当分析的重点是工作任务时，工作分析的结果常常是工作任务描述。工作描述的实质就在于对一个员工的工作流程及行为进行整体把控，下面具体从以下两方面来讲述。

（一）工作流程

1. 定义

工作流程是指工作事项的活动流向顺序，包括实际工作过程中的工作环节、步骤

和程序。工作流程的组织系统中，各项工作之间的逻辑关系是一种动态关系，在一个建设工程项目实施过程中，其管理工作、信息处理，以及设计工作、物资采购和施工，都属于工作流程的一部分。全面了解工作流程，要用到工作流程图；而管理和规划工作流程，则需要工作流程组织图来完成。工作流程要注意任务流向、任务交接、推动力量三要素。

2. 工作流程的标准化

任何一家公司都有不同的工作、不同的岗位，并且需要相应的人员来完成。然而，不同的工作流程就会有不同的效率，进而言之，就会对整个公司的形象产生不同的影响。工作流程的标准化，就是要在工作分析的基础上为不同的工作设立对应的岗位，并且安排具体的工作者来承担，即“一个萝卜一个坑”，无论何时在某个岗位上出现了工作失误，都能迅速且准确地找到责任人，这样可以有效地防止相关工作的不同岗位间互相“扯皮”“踢皮球”的现象。

其中，工作分析是重点，工作分析就是分析某一工作的性质和类型，并且考虑什么类型的人适合担任这项工作，直接关系到以后人员的选聘等其他工作。

3. 工作流程的结构

（1）元素

元素包括属性、方法和事件。其中，属性用来描述元素的特征，如元素的名称、职位等；方法用来描述元素的业务处理，不同的业务及业务数据都通过方法来处理；而事件则是通过方法处理的结果汇总，递交给下一个节点或者进行其他操作，这个操作通过事件来完成，事件实际上是订阅了某一具体的过程（也有可能是多个过程）。如表 4－1 所示。

表 4－1　　元素

序号	标题	姓名	职位	权限	方法	备注
1						
2						
3						
4						

（2）过程

过程包括属性和目标。前者用来描述过程的特征，比如过程的名称等；后者则是过程的目的地，其实际内容是某一个具体的元素。

4. 工作流程的重要性

企业的制度，一方面规定了员工的工作内容，另一方面规定了员工实现工作内容的工作流程。制度将员工在什么岗位上要做什么事情都规定好。但如果员工在做这些工作的时候没有受客观、合理的工作流程所引导，那就会被一种偏私的、任意的工作流程所取代。这样的话，后果将不堪设想。最直接的影响就是员工的工作过程可能会失去监督，从而导致腐败。优良的工作流程会使员工趋利避害，能限制员工的主观随意性、做事的隐蔽性，能加强员工间相互监督促进，保证能力稍微欠缺的人选择效率最优的手段。

如果一个企业出现了有制度不依、执行制度不严谨的情况，那就应当认真地审视工作流程是否健全、合理。优化的制度应当具有自我能动实施的动力和手段，而工作流程是这种动力和手段的主要来源。

（二）工作行为

1. 概念

工作行为是指工作者在工作中为完成某项任务所做出的一些行为和动作，通常包括工作交流时的行为、工作衔接时的行为、安排工作时的行为等。这些工作行为的不同，直接反映出一个人工作能力的强弱，也直接影响工作完成的好坏。比如，在工作交流时，有些人不听忠言，固执己见，甚至排斥不同的看法；而另外一些人则乐于与他人交流，他们往往认真听取对方所说，积极思考，而后做出客观的判断。

2. 本质

从一定意义上来讲，工作行为的本质主要体现在工作交流、工作衔接及工作安排三个方面，具体内容如下。

（1）工作交流

在工作交流方面，能力强的人在听对方表达的时候总是很认真，并鼓励对方表达清楚和完整，以获取最真实和完整的信息，在弄清了对方所表达的意思后，积极思考，再做出判断和决定；能力强的人在表达自己的时候，总是冷静、客观，坚持自己的原则，遵循相关规律。这些优秀者表现出的行为背后的本质有三点：一是只有对情况有真实、深入的了解，才能有正确的认识；二是认真听取，并加以鼓励，更有利于表达者表达完整；三是积极思考，保持冷静客观，坚持原则，掌握一定的科学规律，才能做出正确的决定。

（2）工作衔接

工作衔接方面，能力强的人在给他人安排工作的时候，会表达清楚自己的要求，甚至帮助下属加深对工作的理解，有时既是领导又是老师，安排工作后会不断地了解和督促工作的推进；能力强的人在接受任务的时候，总是认真听取、积极思考，力图领会领导的意图，不明白的地方会及时问清楚，并不断学习、总结，力图增强自己的领会能力；能力强的人完成工作后，会及时总结，把工作情况及时汇报给领导；另外，领导中的强者会及时、客观地指出下属存在的问题，并要求下属不再出现同样的问题，而下属中的强者在领导出现失误的时候会及时提醒。这些优秀者表现出的行为背后的本质有四点：一是只有充分地理解工作要求，严格地监督和督促，才能保证工作高质量、顺利完成；二是领导在注重下属工作能力的同时也要帮助下属提高工作能力，进而才能将人力用得得心应手；三是及时汇报任务完成情况，能避免多余的麻烦和损失；四是存在问题要及时指出，互勉互进。

（3）工作安排

工作安排方面，现实工作中人们在很多时候需要在同一时间处理几件事情，能力强的人会做好时间安排。而在具体做某件工作的时候，他们会根据工作要素把时间安排细化，并且对工作要素制定完结时限、完成标准。没有工作任务时，能力强的人则会自我充电、做职能规划、完善漏洞、创新提效等。这些优秀者表现出的行为背后的本质有两点：一是做好时间管理，才能做事有条理，抓住重点；二是用好工作之余的时间，是提升自己的关键。

总之，通过工作流程及工作行为把工作描述全面、系统地表现出来，可以帮助领导及下属更好地沟通，更加适应工作的进度，从而推动公司长效发展。

第二节　工作描述的应用

工作描述常常被用于不同的方面，服务于不同的目的，但其包含的信息往往只集中服务于一个或两个重要目的，如果要满足更多的需要，就需要补充更多的信息。工作描述不仅可以作为重要资料为人力资源工作提供支持，也是整个人力资源管理的基础性文件。另外，工作描述也可作为原始资料直接为经理人管理工作服务，例如，工作指派、人物确认和绩效标准达成等。

工作描述在为中高层和为基层工作准备上也稍有差异，在某些方面的侧重点不一样。工作描述为中高层准备时侧重于实际职责和权力与工作间的相互关系，更多地应用到人力资源规划、组织设计、职业生涯发展计划中。而为基层员工准备时，重点在日常工作上，并服务于人力资源管理职能，如招聘甄选、培训需求确认、周薪与月薪管理。工作描述的功用可以归纳为以下各方面。

一、人力资源规划

现代的经理人越来越认识到，他们需要更多更准确的信息、技术和方法，以应对各种变化所带来的风险和不确定性因素，去预见未来的问题和机会。人力资源作为企业或组织最重要的资源，人事决策十分重要。因此，员工调动与职位变化通常需要一个预期和计划的过程。对于员工升迁路线、组织发展路线，以及职位空缺是通过外部劳动力市场补充还是内部升迁补充，都有重要的应用价值。工作描述可以帮助确认工作之间的关系和责权分派是否有漏洞等。

二、员工职业指导

一份清晰、详尽的工作描述可以用于人员招聘、甄选、雇佣、配置等员工就业的各个方面。工作描述可以为应聘者提供其不太熟悉的工作介绍，从而使其确定自己是否对该工作感兴趣以及自己是否能够胜任。招聘人员可以根据工作描述与任职资格中的技能与工作经验等要求来确定测试题的内容。这些工作要求的信息同样也服务于人员配置工作。对那些新设计的工作，任职者可以根据清晰的工作描述来指导自己的行为。

三、员工培训与员工职业发展

一份高质量的工作描述和任职资格文件能够列出该工作所需的知识、技能、能力与行为、态度，以及与提高业绩相关的关键工作行为，这些信息为培训需求的确定提供了重要的依据。由知识、技能、能力、行为、态度导致的实际工作绩效水平，与预期工作绩效水平的差距，尤其是那些在关键工作绩效范围中的差距，为培训需求的确定提供了最基础的信息。工作描述所阐述的工作关系，也为员工轮换岗位与岗位调动提供了依据。

四、绩效评估

工作描述在工作绩效评估中最直接的应用，是工作绩效标准确认。通过工作描述，我们可以知道任职者是否完成了规定的工作内容，是否达到了应该达到的绩效标准。经理人员在人力资源管理活动中，可以更客观地以工作输出信息为标准，对员工的实际工作绩效作出合理、公平的评价，而非一孔之见地主观判断。在绩效反馈与绩效指导中，工作描述也有很多应用。比如，在反馈绩效结果时，考核者根据工作描述中要求达到的标准对被考核人进行解释和说明，肯定其进步和成绩，同时也指出实际中存在的差距，提供参考意见等。

【知识延伸】

绩效评估的误区

绩效评估把人力资源管理实务的各项工作联结在一起，在人力资源管理实务中居于核心地位。因此，成功的绩效评估体系，是现代人力资源管理不可或缺的一个组成部分。然而，在从传统人事管理向现代人力资源管理转变及设计绩效评估体系的过程中，人们常常会不自觉地陷入一些误区，导致设计出来的绩效评估体系存在诸多的不足乃至完全失败。如果事先能够明确绩效评估体系设计可能陷入的误区，就可以采取措施尽可能地加以避免了。

误区一：传统消极文化和意识观念的影响

中华传统文化博大精深，其中一些不适应现代社会发展的方面，必然反映到评估系统中。比较典型的，诸如求同心理、官本位、人情和关系网等。求同心理反映到评估中，就是你好、我好、大家都好，而拉不开差距；官本位反映到评估中，多表现为强调政治素养而且长官意识十分严重；人情和关系网反映到评估中，则是关系好的人或是“网”中人评估结果较好，反之则较差。

误区二：职位分析不重要

在我国企业中，职位分析还未受到普遍的重视，岗位职责模糊。这样，一是失去了判断一个岗位工作完成与否的依据，从而导致岗位目标难以确定，不能进行科学评估；二是各岗位忙闲不均，存在着同一职级不同岗位之间工作量大小、难易程度差别较大的情况。结果，在其他表现差不多、工作任务也都完成的情况下，往往工作量大、工作难度高的岗位上的员工没有被评为优秀。

误区三：评估结果应全部由最高层领导人审定

企业的每层上级都有权修改员工的评估评语。尽管各层领导由于所站的角度不同，可能会产生意见分歧，但是，最终还是以最高层领导的评定为准。这样，一方面，被评估者的直接上级会感到自己没有实权而丧失了责任感；另一方面，员工也会认为直接上级没有权威而不服从直接上级的领导，走“上层路线”，使企业内的正常指挥秩序遭到破坏。此外，评估结果的最终裁决权掌握在最高层领导手中。很多情况下，评估结果最终会送到最高层领导那里去审批。结果，实际上是把员工对评估结果可能存在的不满转嫁到最高层领导身上，现实中员工对企业领导人的不满大多就是这样产生的。

误区四：采用单一的、省时省力的综合标准

这样的标准不仅模糊性大而且执行偏差也大。结果，评先进变成评“人缘”，选拔干部变成搞平衡，存在着“轮流坐庄”现象。并且，综合标准有千篇一律的倾向——不论是高级领导人还是初、中级员工，往往都用一个标准去评价，没有顾及人才有能级差异的客观现实。

误区五：将评估等同于考查

评估与考查的内涵相去甚远：二者的差异，主要体现在手段、内容表述和结果表现形式上。考查，在手段上一般采用谈话、了解情况的方式，任前考查是最主要的手段，其他如年度考查、专项考查等，一般不受重视，要提拔才考查、不提拔则不考查已经成为无形的惯例；在内容表述上，往往空洞，优点一大堆，缺点轻描淡写，不触及实质问题，对成绩的取得往往缺乏真正科学的评价；在结果表现上，体现为考察报告，泛泛而谈，达标即止。

误区六：黑箱作业，没有反馈

人事评估主观色彩极浓，缺乏可以随时公开的客观资料，或者由于主管不愿与员工面对面检讨，往往是将评估表格填完之后就直接送到人事部门归档。这样，员工不知道自己业绩的好坏，不仅容易滋生“干多干少一个样”的不良思想，也无从改进绩效。从而，绩效评估也就没有起到其应有的激励和改进作用。

误区七：不需要就评估结果与员工面谈

评估面谈可以有效地检讨员工目前的工作绩效，使员工有机会提出改进工作绩效的办法，主管也得以借此修正员工的工作责任、目标及绩效指标，并且可以进一步了解员工是否需要接受更多的训练和辅导。此外，评估面谈还能发展出一种主管与员工的共同联系渠道。

误区八：没有让评估结果充分发挥效用

在一些企业中，平均主义思想残余仍十分严重，因而评估结果的使用力度不大，缺乏吸引力。或者，由于配套机制的缺乏，诸如岗位目标责任制、能上能下制度、奖惩制度等尚不完善，在实践中对评估结果的使用即使“有心”却“无力”。

五、工作评价与薪酬管理

工作描述获得的信息是工作评价与薪酬管理的重要依据。薪酬体系的制定需要对工作进行分类并比较职位间的相对价值，与劳动力市场进行对比，从而保证员工薪酬水平的内部公平和外部公平，工作描述在这其中起着至关重要的作用。工作描述还为各种工作评价方法提供基础信息，不同工作要求中抽象出的相关可比要素同样是工作评价的依据。

六、职业生涯规划

职业生涯规划中，员工的晋升通道设计必须考虑到从基层职位向更高层职位转变过程中对工作要求的变化。工作描述和任职资格可以提出不同层级职位间在教育、技能、能力以及工作经验方面的相似性和联系，从而制定职业发展路线，也可以为员工的选拔提供依据。另外，职业顾问、管理者和培训者可以借助工作描述，向员工提供有关晋级、升迁机会和计划的建议。

七、工作设计

随着社会的发展，新的工作不断出现，这些工作很少是全新的，更多的是过去一些工作的重组和发展。企业管理者和工作设计人员使用工作描述来核对工作设计流程，确认角色分派与工作系统的优化程度。同时，可以通过相关的已有工作来确认工作任务环境和社会环境，更好地融入工作流程。

八、员工安全

保障安全与卫生、减少危害是许多工作都必须高度重视的，工作描述中应将危险或有害的工作条件标识出来，并制定相关的安全标准。这将有利于对员工进行安全培训，减小事故和危害发生的概率，并随时提醒操作人员注意。

九、组织结构设计

清楚、完备的工作描述是组织结构变革重组的辅助工具。随着组织的发展，一些工作职责变得更加重要，而另外一些工作职责的重要性逐渐减退。组织功能和职责不断进行重新分配，在这其中，工作描述可以帮助确定最佳变革方案，并对定岗定员以及中高层管理者决策提供支持。

十、权限责任与相互关系界定

详尽的工作描述实际上已经界定了权责范围，以及工作的基本目标，包括向谁报告，向谁负责等。同时，工作描述也明确了组织内部关系以及如何进行内部合作。

十一、操作备忘录

新员工进入组织时，可以借助工作描述更快地熟悉岗位规则与操作流程，并随时检查自己的行为与规范是否相符。如果该岗位原任职者已经不在企业，工作描述就成了一份操作备忘录。

十二、劳工关系

工作描述可以作为管理层与员工之间对于工作的一个基本契约，客观的工作描述可以帮助企业人力资源管理人员处理任职者在报酬福利、选拔任用上的抱怨、纠缠和咨询。

第三节　工作描述内容及编写

一、工作描述的基本内容

不同的工作分析目的和不同的工作描述的使用者，对工作描述的内容有不同的要求。一般来说，工作描述的内容通常分为两部分，一部分为核心内容，即任何一份工作描述都必须包含的部分，这些内容一旦缺失，就会导致人们无法将本工作与其他工作加以区分。这部分内容包括工作标识、工作概要、工作关系、工作职责。另一部分为可选择性内容。这些内容并非任何一份工作描述所必需的，它可以由工作分析专家根据预先确定的工作分析的具体目标或工作类别有选择地加以描述。这部分内容包括工作权限、职责的量化信息、工作环境与工作条件、工作负荷。

（一）工作标识

工作标识又称工作识别、工作认定，是识别某一工作的基本要素，即某一工作区别于其他工作的基本标志。工作标识主要包括以下信息。

1. 工作名称

工作名称是指一组在重要职责上相同的职位总称。好的工作名称往往能准确反映工作内容，并能把一项工作与其他工作区别开来（如销售经理、招聘专员）。在确定职位的工作名称时，要遵循准确、通行、讲求艺术的原则。具体来说，要注意以下几点。

（1）工作名称应该较准确地反映其主要工作职责。比如“培训专员”“电子发配员”“设备管理员”，这样的名称明确地指出了这些工作的职责。

（2）工作名称应该明确指出其在组织中的相关等级位置。比如“初级工程师”，就比“高级工程师”的等级低。表示等级名称的还有“质检员”“质检主管”“质检部经理”“人力资源助理员”“人力资源管理员”“人力资源主管”“人力资源经理”“人力资源总监”等，这些工作名称都表示了工作性质相同的职位的不同等级。

（3）工作名称应尽量按照社会上通行的做法来拟定，这样既便于人们理解，也便于在薪资调查时进行比较。

（4）在能准确反映工作内容的前提下，工作名称的拟定还应讲求艺术性，如“家政服务员”就比“保姆”好听多了。工作名称的艺术处理和美化，不仅会提高工作的社会声望，也可以提高员工对工作的认可度和满意度。

2. 工作身份

工作身份又称工作地位，一般在工作名称之后。它包括：

①所属的工作部门。

②直接上级职位。

③工作等级，指在组织中存在工作等级分类的情况下，此工作处于哪一等级。例如，一家公司将秘书分为一级秘书、二级秘书等。

④工作代码或编号，为了便于职位管理，能快速查找所有的职位，通常会为每个工作职位标上工作代码，工作代码的设置没有固定模式，一般按工作评价与分析的结果对工作职位进行编码。组织可根据自己的实际情况设定应包含的信息，目的在于使组织中的每一种工作都有一个代码，这些代码代表了工作职位的一些重要特征。例如，在某企业中，有一个职位的代码为 HR－04－05，其中，HR 代表人力资源部，04 表示员级，05 表示人力资源部员工的顺序编号。

⑤薪点范围，指工作评价所得的结果，反映了这一工作职位在组织内部的相对重要性，是确定这一职位基本工资的基础。

⑥所辖人数。

⑦定员人数，指该职位的人员编制。同一职位所聘用工作人员的数目应予以明确。如果聘用人员数目经常变动，其变动范围应予以说明，或者所聘人员是轮班使用，也应分别说明，由此了解工作的负荷量及人力配置情况。

⑧工作地点，指工作的地理位置。

了解这些资料的目的，是把这项工作与那些与之相似的工作区别开来。除了关于工作的基本信息之外，在这一部分还常常列出工作分析的时间、工作分析人员、有效期、批准人等内容，如表 4－2 所示。

表 4－2　某公司工作说明书工作标识

基本信息					
职位名称	人力资源总监	职位编号		所属部门	人力资源部
直接主管	执行总裁	职等职级		定员人数	1
所辖人数	×人	职位性质	管理	薪资水平	
编制时间	2011－4－2	生效时间			

（二）工作概要

工作概要又称工作目的，指用简练的语言概括工作的总体性质、中心任务和要达到的工作目标。工作概要一般以主动动词开头描述最主要、最关键的工作任务，而不必细述工作的每项具体任务和活动。工作概要的规范写法为“工作行为＋工作对象＋工作目的”或“工作依据＋工作行为＋工作对象＋工作目的”。比如，对市场策划主管来说，其工作概要为“负责市场信息的收集、整理、分析，提交市场调查报告，为市场战略提供决策支持”。再如，薪酬福利专员的工作概要为“根据公司的发展规划，协助人力资源部部长制定相关薪酬福利政策，负责薪酬福利管理、社会保险手续办理、员工绩效考核等工作，为公司的正常运行提供人力资源保证”。

（三）工作范围

工作范围指的是该职位的任职者所能掌握的资源的数量和质量，以及该职位的活动范围。它代表了该职位能够在多大程度上对组织产生影响，在多大程度上会给组织带来损失。

工作范围的主要内容：①人力资源，包括直接下级的人数与级别、间接下级的人数与级别等；②财务资源，包括年度预算、项目成本、年度收入、年度利润、销售回款等；③活动范围，根据职位不同存在着较大的差异，销售职位“每星期接待客户的人数”，人力资源经理“每星期进行内部沟通的次数”等。

（四）工作关系

工作关系包括两部分：一是该工作职位在组织中的位置；二是任职者与组织内外其他部门或人之间所发生的联系。前者是工作描述必需的核心内容，后者可以根据组织需要决定是否采用。具体来说如下。

（1）该工作职位在组织中的位置。它反映该职位在组织中上下左右的关系，通常用组织结构图来表示，也可以用文字形式来表达。

（2）任职者与组织内外其他部门或人之间所发生的联系，包括此工作受谁监督，此工作监督谁，此工作可晋升的职位、可转换的职位以及可迁移至此的职位，与哪些部门的职位发生联系等。此外，还要列举工作联系的频繁程度、接触的目的和重要性。在工作分析的实际操作中，主要关注的是工作联系的对象和内容。这些内容有的在工作描述中以专栏形式列出，有的则反映在对工作职责的具体描述中。如表4－3所示。

表4－3　　工作关系

工作关系	职位升迁	可直接晋升的职位	企业管理部部长
		可相互轮换的职位	企划专员等其他专员
		可晋升至此的职位	其他部门战略制订人员
		可降级的职位	企业管理部文员
	内部关系	所受监督	受企业管理部长的管理和监督
		所施监督	对企业战略制定和相关信息收集人员的监督
		合作关系	与部门内其他成员及其他相关部门之间的联系和合作
	外部关系	同政府部门、合作伙伴、其他社会团体的业务联系	

（五）工作职责

工作职责是指任职者所从事的工作在组织中承担的责任、所需要完成的工作内容及其要求。工作职责描述是工作描述的主体，是在工作标识与工作概要的基础上，进一步对职位的内容加以细化的部分。

对工作职责的界定，要做到准确、清晰、系统，不能出现职责的交叉、重叠或遗漏。这就要求在形成工作描述前要对收集到的信息进行深入分析，使工作职责的界定建立在对业务流程和部门职能全面把握的基础上。对工作职责进行分析和梳理的方法主要有两种：一种是基于对组织职能层层分解的职责梳理，另一种是基于对工作流程的职责分析。在实践中，往往将两种方法结合起来使用，二者互为补充。部门职责是界定各职位工作职责的基础，因此，界定工作职责的第一步是界定部门职责。界定部门职责时，可根据组织职能及部门的工作任务进行分析，规范各项任务的工作流程，找出部门之间交叉的工作，明确各部门的职责权限。然后，将部门职责分解到部门的各个职位，明确各职位之间的分工关系。对于有明确工作流程的工作任务，可按照其业务流程将工作任务分配到不同的职位；对于没有明确流程关系的工作任务，可通过对部门职责的层层分解，将各项职责落实到不同的职位。按照工作职责描述方式的不同，可将工作职责描述分为以下两大类。

1. 工作职责的定性描述

职责是对每项职能执行过程的具体描述，需要体现职能中重要的、常规的职责，并要对每项职责进行权限界定，同时对一些具体的、零散的工作活动，应以概括性的语言进行总结式的描述。

工作职责的描述要注意以下几点：

（1）为了强化工作职责描述的规范性，避免造成语义含混和模糊，常采用“动作行为（动词）+具体对象（宾语）+职责目标”的表达方式来描述工作职责。动词的选择可参照表4-4和表4-5；宾语表示该项任务的对象，即工作任务的内容；职责目标表示通过此项工作的完成要实现的目标，常用“确保”“保证”“争取”“推动”“促进”等词语连接。例如，人力资源部部长负责人力资源战略工作，可描述为：负责组织制定人力资源战略和人力资源规划，保证为公司的发展战略提供有效的人力资源支撑。对职责目标的表述，也可不加连接词，如可将某公司车间主任的“成本核算”这一职责描述为：组织开展车间成本核算，审核原材料、动力、能源消耗，不断降低生产成本，提高经济效益。还可在此结构之前再加上动作依据，采用“动作依据+动作行为（动词）+具体对象（宾语）+职责目标”的表达方式。例如，可将某公司行政总监的“计划管理”这一职责可描述为：根据公司的阶段性目标和年度计划，制订所属部门目标、计划、措施，保障公司业务正常运作。表4-4为根据作用对象分类的工作职责常用动词。

表4-4　根据作用对象分类的工作职责常用动词

动词作用的对象	相应的动词
针对计划、制度、方案、文件等	编制、制订、拟定、起草、审定、审核、审查、转呈、转交、提交、呈报、下达、备案、存档、提出意见
针对信息、资料	调查、研究、收集、分析、归纳、总结、提供、汇报、反馈、转达、通知、发布、维护管理
某项工作（上级）	主持、组织、指导、安排、协调、指示、监督、分配、控制、牵头负责、审批、审定、签发、批准、评估
直接行动	组织、实行、执行、指导、带领、控制、监管、采用、生产、参加、阐明、解释
上级行为	许可、批准、定义、确定、指导、确立、规划、监督、决定
下级行为	检查、核对、收集、获得、提交、制作
其他	维持、保持、建立、开发、处理、执行、接待、安排、监控、汇报、经营、确认、概念化、合作、协作、获得、核对、检查、联络、设计、测试、建造、修改、执笔、起草、引导、传递、翻译、操作、保证、预防、解决、介绍、支付、修订、承担、谈判、商议、面谈、拒绝、否决、监视、预测、比较

（2）用以描述工作职责的动词要具体、准确、有针对性，要尽量避免采用模糊性的动词。要准确描述工作职责，就必须正确选用动词。

（3）避免工作职责的交叉、重叠或遗漏。

（4）尽量避免使用模糊性的数量词，如“许多”“一些”等。如果任务描述涉及定量的内容，就应该以定量的词准确描述。例如，推动装有货物的卡车，需要对其作具体描述，则可描述为：推动装有500磅钢板的卡车。

（5）尽可能使用职位任职者所熟悉的语言。要尽量避免使用管理学专业的冷僻术语，如确有采用相关术语的必要，则应在工作说明书的附件中予以解释。

（6）应采用主动句式来描述工作职责，避免使用被动语态。例如，“及时签署日常行政、业务文件”这一职责，就不应表述为“日常行政、业务文件要被及时签署”。

（7）语言表达清楚确切，避免产生歧义。

2. 工作职责定量化信息的表达

除了对职责的定性描述之外，在有些情况下，还需要对工作职责进行定量描述，具体示例见表4－5。在工作分析实践中，常用的对职责进行定量描述的方法主要有三种：一是说明各项职责所花费时间的百分比；二是按重要性大小的顺序逐项列出工作职责；三是说明各项职责的复杂程度。

表4－5　　工作职责的定量化表达

职责	占总工作时间的百分比
根据年度工作需要、参考上级年度工作计划，起草公司年度审计工作计划，为公司审计工作的开展提供指导和依据	5%
根据公司年度审计工作计划，参与、组织、指导审计处对公司各独立核算单位进行常规审计，对其日常经营与管理过程进行监控	20%
根据公司年度审计工作计划，参与、组织、指导审计处开展公司及下属经济单位的债权债务审计、违规违纪审计、剩余物资和账外物资审计，为公司的业务活动提供有效的报警	25%
根据公司年度审计工作计划，参与、组织、指导项目经理经济责任审计，为综合、如实地反映项目经理的业绩提供保障	25%
根据不同的审计类别，撰写重要的审计报告，针对被审计单位的问题，提出建设性的改进建议，为公司经营管理提供增值服务	10%
根据上级机关的要求与审计处年度工作需要，组织公司审计人员培训，提升审计人员的业务知识和技能	10%
制订部门内部组织与人员管理方案和制度，培养、考核、激励部门下属人员，确保部门工作高效开展	5%

对工作职责的描述，关注的是该职位“主要做什么”及“为什么要做”，这是工作描述的必备内容。但有时也需要关注“如何做”，即工作职责的履行程序。它是针对每项工作职责如何具体完成的过程性描述，是对职责描述的进一步拓展和细化，但并非职责描述的必要内容，主要应用于绩效标准的提取和新员工的上岗指导，同时，对职业规范的建立，也具有十分重要的作用。

（六）工作权限

工作权限是指根据该职位的工作目标和工作职责，组织赋予该职位的权限范围、层级和控制力度。在制定了一个职位的职责后，如果没有规定其权限范围，职责的完成程度就会不同。职责与权力要同时配置到相应的职位，使责权对等。有责无权会使责任人无法对结果负责，有权无责会使组织变得无序。工作权限的描述，主要应用于管理人员的工作描述与工作评价，以确定职位“对企业的影响大小”和“过失损害程度”。工作描述中对该职位拥有的工作权限的明确表达，可以进一步强化组织的规范化，提升任职者的职业化意识，并有助于其职业化能力的培养。

工作权限的划分，一方面要本着责权统一的原则进行，另一方面又不能完全通过工作职责分析来完成，而必须依靠系统性的组织安排，在纵向上根据职能定位与管理人员的职业化水平，在横向上根据组织业务流程的分解，同时考虑组织内部的信息沟通、资源共享、风险分散、责任分担等若干因素，进行系统性的分权，形成分层分类的“分权手册”。

工作权限按其种类来划分，可分为业务决定权限、财务管理权限、人事管理权限、经营管理权限。不同内容的权限，又可按授权的程度来划分。比如，财务管理权中有提议权、审核权和审批权；人事管理权中有提议权、拟定权、办理权、初审权、审核权、审批权；经营管理权中有审批权、审核权、执行权、建议权、修改权、会审权等。

（七）绩效标准

绩效标准是在明确界定工作职责的基础上，对如何衡量每项职责完成情况的规定。这部分内容说明了组织希望工作人员在执行每一项工作任务时所要达到的标准。对于以考核为目标的工作分析，绩效标准是工作描述中所必须包含的关键部分。绩效标准以能定量化为好。比如，工作任务是完成每日生产计划，其绩效标准是：生产群体每个工作日所生产的产品不低于426个单位；在下一工作程序被退回的产品不超过2%；每周延时完成工作的时间平均不超过5%等。

绩效标准有正向和反向两种指标：正向的绩效标准，是从正面的角度考查该项职责是否完成，以及完成的效果，如目标达成率、销售额、市场占有率、工作完成的及时性等；反向的绩效标准，是从反面的角度考查职责的完成效果，如差错率、失误率、事故率、客户投诉率、次品率等。反向的绩效标准适用于那些正向绩效标准不易提取，或者不具有可操作性的工作职责。

确定绩效标准需遵守 SMART 原则，具体来说有以下几部分。

（1）S 代表具体（Specrfic），指绩效考核要切中特定的工作指标，不能笼统。

（2）M 代表可度量（Measurable），指绩效指标是数量化或者行为化的，验证这些绩效指标的数据或者信息是可以获得的。

（3）A 代表可实现（Attainable），指绩效指标在付出努力的情况下可以实现，避免设立过高或过低的目标。

（4）R 代表现实性（Realistic），指绩效指标是实实在在的，可以证明和观察。

（5）T 代表有时限（Time Bound），指注重完成绩效指标的特定期限。

（八）工作环境

工作环境界定的是经常性工作场所的自然环境、安全环境（工作危险性）和社会环境。比如，工作可能在户外进行（如建筑工人），可能在低温中进行，工作也许长时间持续（如银行出纳员），或有强烈噪声（如钻压操作员）、压力（如急救室护士）等。与工作环境密切相关的因素还有工作压力，它是指由于工作本身或工作环境的特点给任职者带来压力和不适的因素。在众多的工作压力因素中，我们主要关注工作时间的波动性、出差时间所占的比例、工作负荷的大小。在界定工作压力时，可以分等级描述，从而为工作评价直接提供信息。工作压力有关因素的等级描述如表 4－6 所示。

表 4－6　　工作压力有关因素的等级描述

维度	具体界定	选择
工作时间的波动性	定时制：一个工作周期内，工作量基本没有太大的变化，比如出纳员	
	适度波动：一个工作周期内，出现以天计的工作忙闲不均的情况，比如负责工资发放的主管，在月末比较忙，而平时工作比较轻松	
	周期性：在长期的工作过程中，出现强烈的反差，比如市场人员，在投标前期工作极其紧张，但是交给工程部门以后则相对轻松	
出差时间的比例	经常出差，占总时间的 40% 以上	
	出差较为频繁，占总时间的 20% ～40%	
	出差时间不多，占总时间的 10% ～20%	
	很少出差，占总时间的 6% ～10%	
	偶尔出差，占总时间的 0% ～5%	

续 表

维度	具体界定	选择
工作负荷	轻松：工作的节奏、时间可以自己掌握，没有紧迫感	
	正常：大部分时间的工作节奏、时间可以自己掌握，有时比较紧张，但持续时间不长，一般没有加班情况	
	满负荷：工作的节奏、时间自己无法控制，明显感到紧张，出现少量加班	
	超负荷：完成每日工作须加快工作节奏，持续保持注意力的高度集中，经常感到疲劳，经常有加班现象	

为了提高员工工作的积极性，工作描述除了包括以上必备内容和常见的可选内容外，有时还列出该工作职位的工资结构、支付工资办法、福利待遇、晋升机会、休假制度及进修机会等，这些内容往往是直接影响员工工作态度和工作积极性的重要因素。

总之，工作描述作为工作说明书的一个重要组成部分，既是工作规范的基础，又与工作规范共同服务于人力资源管理及其他组织管理活动。

【拓展阅读】

留点儿工作给明天

一名刚大学毕业的小伙子进入了美国费城的一座钢铁厂工作，老板对工人们的要求非常严格，他还有一条铁一般的规定：今天的事必须在今天完成！

有一次，厂里接到一批大订单，老板把规定执行得更严了。第一天，工人们一直做到天黑才把工作做完，然而，在第二天上班后，工人们却都不知道该做什么好。

“你们究竟是怎么了？难道我还没有把工作安排详尽吗？”老板怒火冲天而又无可奈何地一边继续安排工作一边不停地责怪着：“你们简直太不认真了，昨天安排的工作今天竟然都忘记得一干二净了！”在老板的责怪声中，这一天的工作又进行到天黑，老板站在车间里一次又一次地训导着工人们：“今天要做的事，今天必须要做完！只有这样，工厂才能有更好的效益！”

老板的话虽然这样说，但实际上他自己心里很清楚，厂里的效益一直没有提上去过！凭他的经验，他觉得自己的安排没有什么错，然而原本8小时可以完成的工作，却偏偏要花掉10个小时，特别是工人们在每天早上都似乎无从做起的样子，更是让老板头痛不已：问题究竟出在哪儿？

一天，老板正在办公室里思考这个问题，那位新来的小伙子敲门走进来说：“老板，您需要改变一下管理方式，其实，今天的工作必须今天完成的规定并不值得提倡!”

“你在说什么？难道让他们留一半儿的工作给明天?”老板不屑地说，他认为这个小伙子简直是在没事找事。

“是的，留一半儿的工作给明天!”年轻人镇定地接着说，“假如您的面前有10本书，您在看其中的一本书时，看了一半儿就下班回家了，那么第二天您来到这里首先想到的是什么呢?”

“那还用问吗？当然是马上接着看那本书!”老板说。

“可是，假如您当天就把这本书全看完了，第二天会怎么样呢?”小伙子紧接着问。

“这么多书，或许，我会一下子拿不定主意看哪一本好!”老板回答说。

这时，小伙子用异常认真的口吻说：“对，问题就出在这里，因为书没有看完，所以，哪怕是回到家心里依旧会对这本书有所牵挂，因此，您在第二天来到这里之后首先想到的就是接着看这本书。而如果您把这本书看完了，那您的脑子里就不会再有关于这本书的任何牵挂，因此在第二天您会觉得不知道看哪一本好!”

“听起来似乎有点儿道理，可是这和工作有关系吗?”老板纳闷地问。

“这和工作是同一个道理，您每天都要求工人们无论如何也要把当天的工作完成，可正因为工人们做完了今天该做的所有事情，所以脑子里再也不会多想一想和工作有关的任何事情，于是在第二天来到这里，就出现了一种不知道该做什么好的心理!”小伙子停了一下后，继续认真地说，“而如果留一半工作给明天，工人们的心里很自然地就会对留下来的工作有些牵挂，因此在第二天就再也不会有这种无从下手的感觉了!至于后半天该做些什么，那已经不用多费时间考虑了，因为在前半天的劳动中，他们已经默默地对后半天的劳动有了安排!”

老板听了这番话以后，当即决定采用这套“留一半儿工作给明天”的管理方式，果然一切都如小伙子所说，取得了立竿见影般的效果，生产效率更是得到了飞速提高!

小伙子从此受到了老板的格外器重，他在管理上总会推出一些积极有效的措施，因此他先后被提拔为车间主任、工长和总工程师，并同时受聘于宾夕法尼亚最大的钢铁厂和两所商业大学进行管理和讲课。这不仅使他拥有了更多的管理实践，而且使他的管理技巧逐步科学化。退休以后，他用了五年时间写了大量涉及生产管理、管理职能、管理人员、组织原理、管理哲学等五大领域的管理著作，其中，最具代表性的一本是《科学管理原理》，至今仍被全球企业家们奉为必读之书！这个小伙子，就是被后人尊称为美国古典管理学家、科学管理理论倡导者的“科学管理之父”——弗雷德里克·温斯洛·泰罗!

二、工作描述编写示例

工作描述编写如表 4－7 所示。

表 4－7　　工作描述

工作名称：电脑技术服务员

直接上级：服务部经理

直接下属：无

主要责任（占总工作时间的百分比）：

1. 建立计算机硬件系统（50%）

具体任务	频率
（1）根据具体要求组装零部件	经常
（2）测试并修正误差	经常
（3）送货上门、拆开机器包装、现场装配	经常

2. 现场演示基本系统（10%）

具体任务	频率
（1）解释硬件系统	经常
（2）现场演示软件如何安装	经常
（3）为客户提供研讨会和培训班的信息	经常

3. 维修系统（30%）

具体任务	频率
（1）现场诊断问题	经常
（2）在现场或在公司维修	经常
（3）安装临时的替代系统	一周一次或根据需要而定

4. 不断更新技术（5%）

具体任务	频率
（1）在需要时参加技术培训	一季度一次或根据需要而定
（2）阅读手册和集体实践	一周一次
（3）在需要时向其他服务人员或经理咨询	经常

5. 其他临时任务（5%）

该岗位需要使用的特殊设备或工具：

计算机硬件、软件、计算机维修的专门工具。

该岗位与公司中其他岗位之间的联系：

与销售代表密切配合，以满足客户对新系统的需求；与其他技术服务人员密切配合，进行诊断或维修工作；在现场安装和维修时，与客户直接交流。

该岗位的工作描述：

正常工作时间：每月轮换，日常安排为其中 3 个星期的星期一至星期五，上午 8：00—下午 5：00。

加班要求：对于周末和晚上的紧急维修任务，技术服务人员轮流值班，随叫随到。

出差要求：只在本地工作。

该岗位的特殊条件或要求：

手指灵活，能够负重 32 千克以上，视力好，持有效驾驶执照。

【本章回顾】

工作描述作为工作分析结果的一部分，在人力资源管理中有着重要的作用，是人力资源管理活动的基本依据。工作描述是涉及工作执行者实际在做什么、如何做以及在什么条件下做等内容的一种书面文件。对此，本章着重介绍了工作描述的概念、功能及主要表现，并在此基础上，对其应用进行了详细的论述，目的是使学生认识到工作描述的重要性。与此同时，还介绍了工作描述的内容及编写示例，旨在帮助学生加深对工作描述的认识，从而为大学生的未来发展做好充实的准备，为其顺利工作打好坚实的基础。

【思考题】

1. 通过本章的学习，你对工作描述有了哪些认识？
2. 你认为在进行工作描述时，应该注意哪些问题？
3. 工作描述的内容有哪些？
4. 你如何看待工作描述的应用范围？

第五章　岗位规范

【学习目标】

1. 了解岗位规范的概念、制定原则、基本形式及其地位和作用，对岗位规范有基本的认识。

2. 从整体上对岗位规范的编写有初步的把握，认识到岗位规范的重要性。

3. 清楚任职资格等级标准的定义、基本框架、原则及影响因素，并在此基础上，对行为及能力素质的设计有明确的认识，同时了解任职资格体系可以应用的范围，加深对其的认识。

【案例引入】

奥新企业的发展瓶颈

奥新企业经历十几年的艰辛创业和发展，已成长为一家集技术投融资、项目建设和项目托管于一体的综合性专业环境工程公司。凭借雄厚的技术力量，公司拥有国家重点环境保护实用技术示范工程多项，并在印制线路板废水管理、电镀废水管理、印染废水处理、食品等高浓度有机废水处理和生活污水处理等领域，形成了一套成熟、稳定的处理工艺。

随着国家环保法律的强制限制和各类大型工业园的建立，公司有了更多的发展机会。公司未来几年的战略目标是，适应和配合大型工业园区的发展和独立承接工业园的托管项目。

由于业务领域的延展和项目的数量增多，公司经常出现技术方案一改再改的情况，而且近期出现了一次重大失误。一个大项目在资质申报过程中由于一份文件过期而导致项目没有中标，这给公司老板很大震撼。由于业务的增长速度加快，以前的技术人员既是技术方案的制订者也是公司业务的开展者，这样的工作方式使得他们对下属的技术指导和技术开发难以兼顾，加上技术人员追求完美、不善于和客户进行商务洽谈，他们每天都叫苦连天，分身无术。技术阶梯队伍出现断层，高素质的技术人员压力巨大，但是成就感却非常低，技术开发、技术积累、经验复制的速度缓慢，重复的工作一做再做。为了激励技术人员和专业人员，公司设立了“副经理”“副部长”等管理职位，导致公司职位管理混乱，干得好的人只有“当官”这一条路。提拔上来的人与以前想象的差距很大，但是只能“凑合用”，由于提拔的人管理能力欠缺和“忙于救火”式的工作方式，带领的下属团队意识、能力培养都没有到位，这在很大程度上影响了公司项目的运作。激励手段的单一，使得好几名高级研发人员看不到自己的成长空间，跳槽到竞争对手那里，给公司造成巨大损失。

国内企业在发展的过程中类似奥新企业这样情形的非常之多。他们普遍遇到了同样的发展瓶颈，即员工的职业化程度不高，管理人才和专业人才不能满足业务的需要，没有完善的绩效考核制度，激励失衡、好的经验无法传递，业务开拓后才发现没有人才储备，现有的人才离未来的发展差距太大的问题。

传统的以职位为基础的人力资源管理平台，关注的是针对某一职种的“一个职位”，反映的是一个职位在企业战略中应负的责任。而企业基于业务发展，往往是需要为某一职种的员工，比如研发类工程师，依据不同的能力设立成长阶段路标，关注的是能力的成长，这个能力不是抽象的能力，而是组织基于成果经验和未来发展要求的“知识、技能、文化、贡献、行为规范”的实际工作能力，关注的是业务工作过程的管理和实现，这是由传统的以“知识”为核心的能力转变为以“职业化的行为”为核心的能力的突破。职位为基础的“人”锁定一个固定的“岗位”，而为每个职位设立发展轨迹显然是不现实的。一个职位的能力只是一个“点”，无法成为一类职位中任职能力的多个“点”而成型的“面”。

这个瓶颈单纯地用传统的绩效考核是无法解决的。绩效考核是关注过程的结果。虽然绩效方案中也设计了能力指标，对员工能力发展有一定的牵引性，但是归根结底与目标设定相关，绩效考核中没有也不可能有能力成长设立系统的方法和操作评估，即绩效考核还是没有解决“怎么样的过程才是做得好”的问题。同时，由于目标偏重对短期利益的关注而牺牲公司的长远利益，促使员工关注当前目标的达成而忽略对组织能力的长远建设。即使员工想成长也不知道如何成长，组织想帮助员工成长也不知道如何帮助。依据绩效考核结果制订的“行动改善计划”，是发现一次改善一次，缺乏系统的联系和一致性。这个瓶颈单纯地用传统的薪酬激励是无法解决的。因为岗位评估主要解决的是对岗位与岗位之间当前价值的量化问题，无法从根本上解决员工的长远发展需要和内在激励问题，此外，对同一岗位的任职者，它也无法解决横向攀比及内部公平问题。

基于员工的职业发展通道和任职资格体系来设定员工的绩效体系、培训体系、报酬体系、成长体系，无疑是解决组织能力和员工发展的关键。强调员工职业发展通道，强调企业要求的行为规范、技能、贡献、文化、知识等特征的任职资格，是解决的一个有效途径。它解决了企业需要什么样的人（何种知识、技能、贡献）、该怎么做事

(行为表现)、有什么贡献(成果和业绩)的问题。

请思考:

1. 根据以上分析思路,假设为奥新企业设计任职资格等级标准,你能否帮助其解决面临的问题?为什么?

2. 通过这个案例,你从中获得了哪些启示?

岗位规范作为工作分析的另一结果,其重点是描述工作所需的人员资格。从根本上来讲,岗位规范是从岗位描述中提取出来的,可以说岗位描述是岗位规范的基础。那么,你知道到底什么是岗位规范吗?岗位规范的编写内容有哪些?你对任职资格等级标准了解多少?接下来让我们一起学习。

第一节 岗位规范概述

一、岗位规范的概念

岗位规范又称任职资格,是指任职者要胜任该项工作必须具备的资格与条件。岗位规范说明一项工作对任职者在教育程度、工作经验、知识、技能、体能和个性特征方面的最低要求,而不是最理想的任职者的形象。岗位规范常常是工作说明书的重要组成部分,它与工作描述不同,关注的是完成工作任务所需的人的特质。比如,秘书这一岗位的工作说明书中,岗位规范是数据录入速度每分钟不少于100个字,并且要精通英语语法、标点、拼写和词的用法。这类信息对人员招聘、甄选、调动与配置以及对员工进行绩效管理,都非常有价值。

【知识延伸】

岗位规范和工作描述的区别

岗位规范与工作描述都是工作分析的结果,当然会有一定的关联,但同时也存在一定的差别。从涉及内容来看,两者所强调的要点不同,前者主要关注的是胜任工作岗位的人的特质;后者强调工作的特性。岗位规范表明了为成功完成这项工作员工所必须具备的知识、技能、能力和心理素质。从编制的目的来说,工作描述是以“工作”为中心对岗位进行系统的说明,为工作评价、岗位分类以及组织的人力资源管理的各项活动提供客观依据。而岗位规范,是在工作描述的基础上,详细说明什么样的员工才能胜任本岗位的工作，以便为组织或企业员工的招聘、甄选、任用、培训、考核、晋升提供依据。

二、岗位规范的制定原则

岗位规范的制定原则主要有以下四点。

（一）客观性

根据岗位制定规范，要因岗而异，不要因人而异。什么岗位，担任什么职务的职工，应具备什么素质，就相应地制定什么样的岗位规范。

（二）实用性

根据设备技术质量的高低和产品的数量、质量要求，规定职工掌握操作规程应具备的文化、技术基础知识、实际操作技能以及安全生产要求，紧密结合生产实际，为生产服务。

（三）科学性

岗位规范要建立在现代科学技术和现代企业管理的基础上，把已应用或近期即将应用的新设备、新工艺、新技术、新材料列入岗位规范，但不要把长远规划放在现阶段的要求中。

（四）层次性

要按企业劳动力结构的不同层次制定出不同的岗位规范。由于岗位是由特定的企业按工作或职位的细微区别划分的，不同的企业有不同的岗位，也就有不同的岗位标准要求。因此，不仅岗位的划分是企业自己的事，作为企业用人标准的岗位规范，也只能由企业用人部门提出来。岗位规范原则上应由各企业自主制定。对一些特殊工种人员，比如高压容器工、电焊工、驾驶员等，国家对这些工种有特殊要求，如果企业用人，应结合企业自己的岗位规范考核上岗。通用性强、覆盖面广、岗位要求比较一致的工种，可由行业主管部门制定通用岗位规范。

三、岗位规范的基本模式

（一）管理岗位知识能力规范

管理岗位知识能力规范是对各类岗位的职责要求、知识要求、能力要求、经历要求而做出的统一规定。该种规范内容一般包括四类：①职责要求，对本岗位的主要职责做出简要的概括和说明；②知识要求，胜任本岗位工作应具备的各种知识结构和知识水平；③能力要求，胜任本岗位工作应具备的各种能力素质；④经历要求，指能胜任本岗位工作，一般应具有的一定年限的实际工作经验，从事低一级岗位的工作经历，以及从事过与之相关的岗位工作的经历。

（二）管理岗位培训规范

它主要包括以下几项内容：①指导性培训计划，即对本岗位人员进行培训的总体性计划，主要内容有培训目的、培训对象、培训项目（实际操作）、课程的设置与课时分配、培训方式、考核方法等；②参考性培训大纲和推荐教材。

（三）生产岗位技术业务能力规范

生产岗位技术业务能力规范，亦称生产岗位技能规范，主要包括以下三项内容：①应知，胜任本岗位工作所应具备的专业理论知识，比如，所使用机器设备的工作原理、性能、构造，加工材料的特点和技术操作规程等；②应会，胜任本岗位工作所应具备的技术能力，比如，使用、调整某一设备的技能，使用某种工具、仪器仪表的能力等；③工作实例，根据“应知”“应会”的要求，列出本岗位的典型工作项目，以便判定员工的实际工作经验，以及掌握“应知”“应会”的程度。

（四）生产岗位操作规范

生产岗位操作规范，亦称岗位工作规范（标准），主要包括以下几项内容：①岗位的职责和主要任务；②岗位各项任务的数量和质量要求以及完成期限；③完成各项任务的程序和操作方法；④与相关岗位的协调配合程度；⑤其他种类的岗位规范，比如，管理岗位考核规范、生产岗位考核规范等。

人力资源专家通过多年案例积累研究，认为职务描述与岗位规范的结果是一个规范的职务说明书。它主要包括八项具体内容：职务基本信息、职务目的、管理权限、工作关系、责任范围与影响程度、工作业绩衡量标准、任职的基本要求和高绩效的要求、薪资收入标准与变化的条件与要求等。

四、岗位规范的地位及作用

近年来，现代化人力资源管理制度的建立，已受到各类型企业的重视。在瞬息万变的工作环境中，一个适当的工作分析体系，至关重要。新的工作不断产生，旧的工作要重新设计。从人力资源运用的策略考虑，工作说明和岗位规范是不可或缺的，凡是制度化管理的组织，大都设有职位说明。由于工作说明和岗位规范的设置，组织对人才的录用、绩效的考核、升迁的考虑，薪酬的设定等，方才具有客观的标准规范，客观标准和规范也就是所谓的制度。因此，岗位规范对组织人员招聘、甄选、调动与安置，以及对员工的绩效考核管理，有重要作用。

岗位规范详细说明了做好某项工作，工作人员必须具备什么样的特点和经验，是招聘选拔的重要依据。岗位规范使招聘人员注意到，要想做好这项工作，员工必须具备的特征，它有助于判断求职者是否合格。如果招聘者不知道胜任某工作所必需的资格条件，那么员工的招聘和选拔就漫无目的。如果缺少合适的岗位规范和工作说明文件去招聘和选择员工，没有指导性质的文件支持这些工作的顺利进行，就会给组织造成不必要的损失。可以设想，当组织在采购原材料、货物或者机器设备等资源时，如果没有关于获取这些资源详细的说明性文件，工作会难以进行。同理，在寻求组织最具价值的资产——人力资本时，也符合同样的逻辑。

岗位规范中的信息对确定人力资源开发需求很有用。如果岗位规范指出某项工作需要特殊的知识、技能或能力，而在该职位上的员工又不具备所要求的资格条件，那么对这类员工的培训和开发就非常有必要。这种职业培训旨在帮助履行现有工作说明所规定的职责，并且帮助员工为升迁到更高的工作职位做好准备。

岗位规范包含了许多重要的薪酬因素，如学历、受教育程度、经验丰富性、知识的广博程度等，它为薪酬要素的确定提供支持，从而为薪酬制度的制定提供可参照的依据，并使薪酬标准具有客观性。

第二节　岗位规范的编写

一、岗位规范的内容

岗位的任职资格按照维度细分，第一层级为概括描述，如经验、技能等；第二层级进一步细分因素，明确其重要程度。例如，特殊职业能力既可以划分为学习能力、沟通能力、决策能力、计划能力、机械操作能力、音乐能力、艺术能力，也可以根据实际的需要和不同的工作性质列出要求的程度，如表 5－1 所示。接下来我们将对岗位规范中的具体内容和任职条件进行介绍。

员工的工作绩效，除了与履行工作职责的知识、经验、技能、个性特征相关外，员工的兴趣、价值观和工作态度也是组织行为和组织绩效重要的影响因素。任职资格涵盖工作要求的方方面面，尽可能提出对工作行为和能力的具体要求，它与工作职责的关注点不同，工作职责描述要做的工作内容，解决做什么的问题，任职资格以“人”为中心，解决什么样的“人”来做的问题。因此，任职资格包含了大量与薪酬有关的因素，如学历或受教育程度、经验的多元性、知识的广度和深度等，它为薪酬要素的提取提供了客观的标准，从而使薪酬的制定具有科学性和公平性。表 5－2 为某岗位的任职资格示例。

表 5－1　　任职资格要求

因素	细分因素	等级	限定资料
知识	教育 经验 技能	5 6 8	具备研究、软件方面的知识，4 年制工商管理和信息处理方面的证书
解决问题的能力	分析 指导 通信	5 4 6	具备分析评价技术理论和人事管理的能力 根据下属业务能力状况，把复杂的任务转化为可理解的指令和程序 具备广泛的通信能力，能用简练的语言或术语交流技术和思想，维护本部门和其他部门以及硬件销售部门之间的联系
决策能力	人际关系 财务方面 管理方面	5 4 4	能正常运用正式或非正式的方法，指导、辅导、劝说和培养下属，紧密结合下属工作或其他管理人员的活动 接受一般监督，在复杂的环境中指导下属履行信息处理系统的技术职能 有 50000 元以下的财产处理权力和 15000 元以下的现金处理权力，并在此限定下参与计划和控制

表 5－2　　岗位任职资格

	必备条件	期望条件
学历	大学本科以上	硕士研究生学历
专业	财务管理等相关专业	
所需资格证书	高级会计师或高级经济师资格证	
工作经验	从事过八年以上的财务管理工作	在医药生产企业从事过八年以上的财务管理工作
知识要求	熟悉各种财务制度，熟悉金融和企业经营知识；了解国内外财务管理现状和发展趋势	熟悉有关法律和政策法规
技能要求	具有一定的英语和计算机水平	熟练的英语听说读写能力、熟练地运用办公和财务管理软件
特殊能力要求	计划能力、组织领导能力、分析判断能力	人际沟通能力
个性特征	尽责、正直、忠诚、稳健、理智、严谨、敏感性、坚持、精干	亲和力

任职资格项目，要依据岗位性质和工作分析目标编排，低层级岗位与高层级岗位、技术系列岗位与管理类岗位在不同任职条件项目安排下重点不同，内容可简单可复杂。

（一）一般性员工任职条件

岗位规范的实质是任职者应该具备的个人条件，这些条件主要包括身体素质、心理素质和知识经验等。

1. 身体素质

身体素质包括身高、体形、力量、耐力以及身体健康状况等。

2. 心理素质

心理素质包括视觉、听觉、皮肤感觉等各种感知觉能力，例如，辨别形状、空间位置、颜色等的能力；辨别味道的能力；辨别声音的节奏、音调、音响、音色以及分辨语音的能力；注意、记忆、思维、语言、动作技能；分析问题和解决问题的能力；应变能力；兴趣、爱好、性格类型等心理方面的胜任特征。

3. 知识经验

知识经验包括一般文化程度、受教育水平、专业知识水平、实际的工作技能和经验等。

4. 职业品德

员工除了必须遵守相关法律和具有基本社会公德外，还要符合职业所需要的职业品德。例如，老师要爱岗敬业，销售人员要诚实守信，行政人员要办事公道，服务群众、贡献社会。

5. 专业知识

专业知识指胜任某一工作要求具备的专业理论知识，如掌握所使用设备的工作原理、性能、构造加工材料的特点和技术操作规程等。

6. 专业技能

专业技能指胜任某一工作要求具备的技术能力，如掌握使用、调整某一设备的技能和使用某种工具、仪器、仪表的能力等。

7. 工作实例

根据“专业知识”和“专业技能”的要求，列出岗位的典型工作项目，以便鉴别员工的实际工作经验，以及专业知识和技能水平。

（二）管理层岗位规范的内容

1. 受教育程度或学历

受教育程序或学历是指胜任岗位工作应该具备的基本知识和技能，主要包括最低的学历要求、专业基础知识技能、政策法规知识、外语水平、主体专业知识以外的其他相关知识和技能。在进行工作分析时，经常有这样的情况：某职员是一名有着多年工龄、经验丰富的高中学历的员工，但他的教育背景显然不能代表这一岗位所需要的教育水平。在确定教育背景时，应该考虑，如果让一位新员工来工作他最低应是什么学历，而不是以当前在职员工的学历为准。知识要求可采用精通、掌握、具有、懂得、了解五级表示法来进行评定。

2. 工作经验

工作经验反映胜任该职位应具有的最起码的工作经验要求，一般包括两方面：一是专业经历要求，即相关的知识经验背景；另一个是本组织内部的工作经历要求，这尤其针对组织中的一些中、高层管理职位。胜任某一工作岗位，一般要求具有一定的工作年限，从事低层岗位的工作经历和从事过与之相关岗位工作经历对工作年限要求不同。对工作经历的分析，一般采用定量分析法，具体内容如表 5－3 所示。

表 5－3　　定量分析法

等级	时间范围	分值
1	一年以下（见习期）	5
2	有本岗位 1～3 年的工作经历	12
3	有本岗位 3～5 年的工作经历	15
4	有本岗位 5～10 年的工作经历	20
5	有本岗位 10 年以上的工作经历	25

3. 职业培训及资格认证

从事该职位前，应进行相应的专业培训并获得相应的资格认证，否则将不允许上任或不能胜任工作。这具体是指员工在具备了教育水平、工作经验、工作技能之后，还必须经过哪些培训、取得哪些资格认证。

4. 职业能力倾向

职业能力倾向指由于某一岗位的特殊性，胜任该岗位通常需要员工具备某些特殊能力的倾向，它反映了人们潜在的能力素质，例如，智力、空间能力、动作协调能力、手指灵活性等。在岗位规范中，也要说明对这些能力倾向的等级要求。各种能力倾向的等级以员工总人数的百分比表示，最高分为 100 分。这种潜在的能力素质包括很多方面，现列举一些重要的能力。

（1）一般智力，代号 G，指一般的学习能力，包括抓住要领、理解指示，了解基本原理、推理和判断的能力。

（2）语言能力，代号 V，指了解语言的含义及其相关的概念，能够正确、有效地使用语言，包括理解语言、理解字句和段落之间的关系；能运用口头和书面语言清晰、准确地提供信息或表达观点的能力。

（3）数学能力，代号N，指正确运用数字符号进行运算和推理的能力。

（4）空间理解能力，代号S，指通过对几何图形的观察、分析、理解立体图形后，能运用二维形式来表达的能力，包括认识物体在空间运动中所产生的关系的能力、阅读工程图纸的能力、解决立体几何问题的能力等。

（5）形状理解能力，代号P，指观察物体、图表内的细节的能力，包括依靠视觉比较、识别物体的能力，区分物体形状、人的面部特征的能力，辨别线条的长度、宽度的细微差异的能力等。

（6）办公室工作的能力，代号Q，指对口头材料和书面材料观察内在细节和相互联系的能力，以及有效使用办公软件的能力，包括注意复制时的误差的能力、校对文字和数字的能力、避免运算差错的能力等。

（7）运动协调能力，代号K，指眼与手或者手指之间能精确而快速配合和运动的能力，包括能快速而又准确地做出运动反应的能力。

（8）手指灵活性，代号F，指手指能迅速而正确地控制小型物体的能力。

（9）手工灵巧性，代号M，指能自然而熟练地用手做出精细动作的能力，包括用手准确而快速地移动、旋转物体的能力。

（10）眼、耳、手和足协调能力，代号E，指根据视觉和听觉刺激，手和脚能协调配合的能力。

（11）颜色分辨能力，代号C，指能观察、识别相似或相异的色彩，以及分辨相同的色彩在阴影中或者其他明暗效果中的能力，包括识别特殊色彩、饱和度、对比色、补色以及正确配色的能力等。

5. 职业特殊能力

职业特殊能力指胜任某一岗位所需要的特殊能力。在现代化生产和生活条件下，人的社会分工越来越精细，这就形成了不同实践领域所需要的特殊能力，如机械操作能力、音乐能力、艺术能力等。要使用不同的方法和手段来度量这些能力，例如，通过测量一个人对音响、音调、和谐、节律的感受和分辨，可以了解他的音乐能力；通过一个人对仪表的认读、空间定位、对仪器的理解、对物体运动速度的判断和手指的灵活性等，可以判断一个人的飞机驾驶能力；通过测定一个人的视觉阅读速度和手指灵活能力，可以了解他的打字能力；通过测定一个人在调度、安排、意外处理、判断决策方面的表现，可以了解他的管理能力。特殊能力具有很强的针对性，因此，了解不同工作的特殊能力要求，对员工的招聘选拔、安置、培训有重要的指导作用。

6. 个性特征

个性特征是指胜任某一岗位通常需要员工具备的性格特征，不同岗位的一些独特性，决定了在这个岗位情景中的个性特征有特殊的一面。为了促进灵活性，组织越来越多地因为自身的需要而不是为了完成某项具体的工作而招聘员工。组织希望他们的员工可以从事各种不同的工作，并能在不同的项目、不同团队中自由移动。在这种氛围下，组织更可能会寻找这样一些新员工：他们除了具有与工作有关的技能之外，还要拥有适合组织文化的态度和人格特点，并表现出组织公民行为。因此，在岗位规范中，应该体现与组织文化相匹配的员工态度和人格特点。在我国，工作岗位情景下的个性特征可以概括为以下几种因素。

（1）责任心因素。包括“认真、负责、小心谨慎、可靠、可信”等特征，这些特征反映了个体的责任意识和规范、自律的一面。

（2）社会交往因素。包括“热情、幽默、坦率、爱交际、温柔、体贴”等特征，这些特征反映了个体在与他人交往、接触过程中的行为方式，体现了人际关系的特色和强度。

（3）情绪稳定性因素。情绪稳定说明个体自我调适能力良好，不易于出现极端和不良反应，包括“平静、镇定、承受压力、有毅力、有恒心、处变不惊、乐观”等特征。

【拓展阅读】

积极情绪的重要性

加利福尼亚大学的诺曼教授，40多岁时患上了胶原病，医生说，这种病康复的可能性是1/500。但他按照医生的吩咐，经常看滑稽有趣的文娱体育节目，有的节目使他捧腹大笑，有的节目使他微笑。他除了看有趣的节目，平时还有意识地和家人开开玩笑。一年后医生对他进行血沉检查，发现指标开始好转。两年以后，他身上的胶原病竟然消失了。为此，他撰写了一本《五百分之一的奇迹》，书中提道：“如果消极情绪能引起肉体的消极化学反应的话，那么，积极向上的情绪就可以引起积极的化学反应，如爱、希望、信仰、笑、信赖、对生的渴望等，也具有医疗价值。”中外许多心理学家、运动学家认为，一般性的笑，能使膈膜、咽喉、腹部、心脏、两肺甚至连肝脏都获得一次短暂的运动。捧腹大笑还能牵动脸部、手臂和两腿肌肉的运动。当笑停止之后，人的脉搏跳动会低于正常的频率，骨骼肌也会变得非常松弛。

（4）思维因素。这种因素反映了个体反应的灵活性和感知的敏锐性，体现了个体的智慧，包括“发散思维、思维敏捷、富有创新性、机智、敏感、有洞察力和远见”等个性特征。

（5）动机因素。这种因素反映了个体内在动机对外部目标的指向及其强度，如“上进心、成就欲望、独立性、冒险性、竞争性、自信、果断、勇敢”等。

（6）领导特征因素。这种因素说明了群体或组织中某些人具有独特的个人魅力、领导和管理风格，包括“有威信、权威，处事公正和富有艺术性、民主、有魄力”等个性特征。

（7）道德评价因素。这种因素与我们的传统文化环境息息相关，主要与社会文化中的价值取向和道德伦理判断有关，往往带有强烈的感情和褒贬色彩，包括“诚实、正直、善良、刚正不阿、踏实、敬业、尊老爱幼”等。

从以上的分析结果来看，我国工作岗位情景中的个性因素具有以下三个特点。

（1）工作情景下的个性包含有“动机成分”，即工作任务的特点与工作绩效有重要联系。

（2）工作情景下的个性还有“领导特性成分”，管理者的行为和领导风格在很大程度上反映其个性特征。

（3）工作情景下的个性还包含“道德评价成分”，这是在我们的文化中最独具特色的个性特征，充分体现出社会价值观。

我国有研究者对工作情景中的个性特征进行评价，其中，测量表是全球个性问卷（global personality inventory，简称 GPI）。GPI 以“大五人格因素”模型为框架，包括多重个性维度，从工作情景对个性的要求出发，结合访谈以及文献研究结果，采用定性预测“德尔斐法”，广泛征求来自 20 多个国家、地区不同文化背景的管理心理学家的意见和建议，经过多次讨论、汇总、反馈，设计和确定的测量项目结构和题目。GPI 由 507 个项目组成，构成了 39 种个性特质，每一种特质由 13 个题目来测量。

7. 其他

反映某一岗位通常表现的工作特性，例如，在流水线上工作可能需要“三班倒”；在高科技企业工作需要经常加班；建筑施工人员经常出差；一般管理人员则正常上下班等。

（三）员工岗位规范内容示例

不同工作岗位规范的范例，如表 5－4 和表 5－5 所示。

表 5－4　　经营管理业务主管岗位规范

一、岗位标识	
岗位名称：经营管理业务主管	岗位评级：
所属部门：	直接上级：规划经营部经理
职位编码：	薪酬：
编制人：	审核人：
编制日期：	批准人：

二、任职资格要求

工作资历：具备四年以上相关工作经验。

身体条件：具备健康的体魄，精力充沛。

心理品质与能力要求：思维敏捷，具有很强的学习能力，很强的语言表达能力和谈判能力，对事物的发展变化有很强的分析能力、应变能力和决策能力，具备较强的沟通能力和协调能力。

所需知识和专业技能：担任本岗位职务所必备的专业知识和专业技能；招聘本岗位员工时应考核的内容；上岗前所应接受的培训内容，如公司经营情况与特点及相关政策法规培训；上岗后应进行继续教育训练的内容，如英语训练、国内外同业经营管理的新方法和趋势等。

表 5－5　　招聘专员岗位规范内容

职位名称：招聘专员	所属部门：人力资源部
直接上级：人力资源部经理	工作代码：XL－HR－021
工资等级：9～13	
基本任职资格要求	
1. 身体条件	
年龄：21～38 岁	性别：不限
身高：女性 1.55～1.70 米；男性 1.60～1.85 米	
体重：与身高成正比例，在合适的范围即可。	
听力：正常	视力：矫正视力正常
健康状况：无严重疾病、无传染病	外貌：没有畸形，体面大方
声音：普通话标准，语音和语速正常	
2. 知识和技能要求	
学历：本科或者大专以上	工作经验：从事专业工作三年以上
英语水平：熟练的英语听说读写能力	计算机：能熟练地使用办公软件
3. 职业能力要求	
语言表达能力：能够准确、清晰、生动地向应聘者介绍企业的基本情况，并准确、巧妙地解答应聘者提出的各种问题。	
文字表达能力：能够准确、快速地将希望表达的内容用口头或者书面语言表达出来，用非语言的表情或动作交流，能够有效地倾听。	
信息管理能力：对组织内外发生的事情、变化及专业领域内部的新进展有清晰的认识，能准确地把握同行业的招聘情况，并收集相关的信息，对各类招聘材料妥善保管。	
4. 个性特征	
认真、细心、自信、善于与人交往	

二、岗位规范内容的确定方法

岗位规范也可以被认为是任职资格，是对于任职者或应聘者胜任某一岗位所具有的资格条件的说明。目前，任职资格确定的技术和方法有很多，没有一个标准的模式。总的来看，目前现有的任职资格界定的方法有工作导向性分析法和员工导向性分析法两大类。两种类型方法基础假设一致，均认为岗位规范的内容可划分成稳定的维度，分析方法都采用主题专家小组，它们主要的差异在于采用主题专家小组的操作要求、工具和技术完全不同。

（一）工作导向性分析法

工作导向性分析法依赖详细地对岗位本身的描述来确定岗位对员工的要求。在这类方法中，其出发点在于工作描述的结构。工作描述是理解岗位所要求的任职资格的基础。主题专家小组从工作分析所得到的工作描述中寻找对员工的要求，目前，常用的工作导向性分析法主要有职能工作分析（FJA）、任务清单（TI）、管理职位描述问卷调查法（MPDQ）、工作执行调查系统（WPSS）和职业测定系统（OMS）。

（二）员工导向性分析法

员工导向性分析法通常建立在对员工特征的分析与工作要素相关联的假设基础上，强调员工成功完成工作任务和行为所需要的知识、经验、技能、能力和性格特点等。大部分员工导向性的工作分析法，都假设存在一系列稳定的维度来描述岗位并且用来解释工作绩效。常用的员工导向性的工作分析法包括职位分析问卷（PAQ）、关键事件法（CIT）、工作要素法（JEM）和能力要求量表（ARS）等。

利用上述方法对收集的信息进行统计、分析、研究、归纳，对收集的工作信息进行分析，是为了获得各种规范化信息，如重点工作项目、任职资格要求等，通过专业人员的撰写形成岗位规范，它与工作描述形成格式统一的工作说明书。

一般而言，通过对收集的工作信息进行分析、整理和归纳，可以得到组织中某一具体岗位的任务清单，专业人员还可以进一步分析，得到决定这个岗位工作绩效的重点工作项目，并以这些重点工作项目为基础，对工作职责和任职资格做出详细的分析。此外，通过分析又可以得到各项重点工作项目对受教育程度、知识、经验以及特殊职业能力的要求。这样把复杂的工作细分为一个个相对独立和简单的任务单元，对实际操作有很大的帮助。因为对一个复杂的工作群进行任职资格的确认难度很大，而将其分解为相对独立的单元进行分析就容易多了，也会具有更强的操作性。对各项重点工作项目分析结束后，就可以对胜任此工作岗位所必须具备的资格条件进行概括了，最后得到完成工作所需要的受教育程度、经验等要求。随后，就要对受教育程度、知识、经验、特殊职业能力等要求进行系统地分析了，确认胜任这一岗位所必须具备的各种资格条件，将分析出来的任职资格以文件形式表述出来，就是这一特定岗位的规范，这一岗位规范可以用来指导员工的招聘、选拔、培训和薪酬设计等重要活动。

（三）心理图示法

在工作分析中对工作要素的分析，不仅包括对员工的性别、年龄、学历、经验等资格条件的分析，还包括对员工心理品质要求的深入分析。那么，如何深入分析任职者心理特征呢？主要可采用心理图示法。它是对工作分析结果的另一种表达形式，是根据各项职务要求的得分水平画出工作要求的轮廓线，表示从事某项工作的员工应该具有的能力模式。

心理图示法又可以分为个体心理图示法和工作心理图示法。前者运用个案分析法，对员工的工作表现打分，确定做好一项工作所应具备的各种心理特征和能力；后者则是以工作本身所需要具备的心理特征为标准。在做出心理图示以后，还要对心理图示所表示的具体含义和使用方法做出适当的解释。

心理图示法中常用李克特的“五点量表法”，即用五个等级表示工作职务的不同心理特征要求，构成“能力模式图”。心理图示法对分析工作执行者的心理特征非常有帮助。心理图示法有计分法、文字表达法和表格法三种形式。

计分法一般是把活动涉及的心理能力归纳为25～30种，然后通过问卷或者访谈法将所分析职位的每种能力用5点来计分，也可以用7点计分。

文字表达法侧重于用文字来描述某职位对员工心理特征的具体要求，具有突出重点、分析细致的优点。它的不足之处在于无法对所需的心理特征进行定量分析。

表格法是用表格的形式来描述职务对员工心理特征的要求，表格法一方面突出了重点，注重对员工能胜任职位的核心特质或能力的详细分析，另一方面也注重用量化的形式来分析问题。因此，是一种客观的心理图示法，但在进行各工作岗位比较时，它没有计分法直观、形象。

心理图示法通过案例分析，对本岗位员工的各种表现打分，确定胜任本岗位工作应该具备的心理特征或能力的有效表达形式，还可以在研究各岗位的异同方面发挥作用，将相同或者相近岗位归为同一“工作簇”或“工作群”。

三、岗位规范编写要求

岗位规范以工作说明书的内容为依据来回答这样一个问题，那就是：要做好这项工作，职位承担者必须具备什么样的特点和经验？通常情况下，岗位规范可以附在工作说明书的后面，作为工作说明书的一部分，也可以作为单独的文件出现。在任职资格确定中，有两个关键方面是值得注意的。第一，任职资格关注的应该是工作或者岗位，而非任职者本人。资格要求本身要符合工作的实际要求，不能夸大或者降低，岗位规范应涵盖与工作要求有关的各个方面，并提出关键的有关工作行为的要求。这对于能否将合适的人员配置在适当的岗位上很关键。第二，任职资格水平的确定依据是履行工作职责的最低要求，而不是最理想或期望的要求。因为对工作绩效以及工资等级的确定，是依据各种条件在组织中的相对功能和相对价值基础点的，而不是理想点或者期望水平。理想状态和期望条件是一个无法一致的变量，每个人的期望和理想情况是千差万别的。如果从理想或者期望角度出发，就等于没有标准或是不能确定标准，因而可能失去管理的客观性和公平性。

第三节　任职资格等级标准的确立

一、任职资格等级标准概述

（一）任职资格标准的定义

1. 任职资格

任职资格（competence）是指与工作绩效高度相关的一系列人员特征，包括为了完成工作任职者所需具备的基本资格（包括教育程度、经验、业绩）、有效的行为、能力素质（包括知识、技能）等。

2. 任职资格等级标准

任职资格等级标准描述了每个职位序列、每个职位族不同等级的员工应该知道什么、能做什么、应该如何做，以及能够做到什么程度的衡量。任职资格等级的高低，取决于其所具备的条件与能力水平高低。当员工具备更高一级的任职资格时，才能赋予其相应更高一级的职位或工作。

如果将企业的职位体系、员工职业发展通道比喻为一栋大楼的通道，那么职业发展的等级就是楼层段，而楼层的高度就是任职资格等级标准。有了等级标准，才能对员工的能力进行衡量评价，定位员工现在的能力水平，并清楚下一步的发展目标。

（二）任职资格等级标准的基本框架

任职资格等级标准应该基于学历、经验、绩效，还是其他要素，是任职资格等级标准设计首先要解决的问题。在职位体系设计中，组织结构中不同职位要有相应水平和能力的人员来承担并履行该职位应负的责任，而业务流程则要求该员工遵循企业特有的行为方式来工作，这种行为方式对员工技能提出了相应的要求。因此，我们认为，任职资格应该包含担任某一职位工作的基本条件、行为要求和能力要求三个部分。因此，任职资格等级标准应该由基本资格标准、行为标准和能力标准三个部分构成。

1. 基本资格标准

基本资格标准强调的是任职者在专业领域中处在什么样的位置上，是任职者技能水平的标尺。它包含教育程度（学历及专业要求）、工作经验（一般经验或相关经验）和业绩等方面的内容。这些标准通过资格证书、背景审查或者绩效评价等方法来证明或衡量，具有很高的准确性。

2. 行为标准

行为标准描述了员工以什么样的行为规范来开展工作并取得好绩效，它通过行为模块、行为要项、行为标准项三个层次来分析。如果将基本资格标准、能力标准作为良好绩效输出的基础条件，那么行为标准则是其过程控制的必备条件。管理学的“20/80 法”则认为，高绩效的工作是由 80% 的正确过程控制与 20% 的无障碍沟通来获得的。只有过程正确，才有可能使工作结果正确，过程越来越为管理工作所重视。因为不管你具备多么好的能力标准，如果不落实于行为当中，良好的绩效也只能是个空想而已。

3. 能力标准

能力标准是依据企业发展战略和企业管理实际要求制定的，是管理者评价某一序列层级或岗位上任职者能力水平的标准和依据，包括知识技能、社会角色、自我形象、个性、动机，它界定了员工适合做什么，能做什么，做到哪种程度。其中，知识和技能是能力标准的主要构成。能力标准难以测量或者测量的准确性较低，但是与工作绩效相关性更高。

在基本资格标准中，教育程度、经验与业绩是衡量能力的直接可见的信息依据。行为标准是由业务流程提炼而来的，是能力标准提炼的前提和依据，并作为行为规范最终写入任职资格等级标准，但很多情况下，它是作为提取能力标准的中间变量而存在的，最终并不出现在任职资格等级标准中。在能力维度中，知识是人才发挥作用的基础要求，没有良好的知识底蕴，专业化的程度会大大降低，这就解释了为什么我们在工作中经常看见有些人满腔热情，但是缺少方法，最后的工作成效并不理想的情况；技能是在知识的基础上，综合运用知识的能力，如果没有对知识的综合运用能力，知识就不能够发挥作用，因此，我们经常遇到高学历、低能力的现象。

综上所述，我们可以得出基本资格标准（基础条件资格）、有效行为标准（应该怎么做）、能力标准（适合做什么）、高绩效（做出了什么）。通用任职资格标准框架和内容如表 5 -6 所示。

表 5 -6　　通用任职资格标准框架和内容

<table>
<tr><th>标准</th><th>组成部分</th><th>组成要素</th><th>内容描述</th></tr>
<tr><td rowspan="6">基本资格</td><td rowspan="3">教育</td><td>教育水平</td><td>对学历的要求</td></tr>
<tr><td>专业</td><td>对所学专业或过去从事专业的要求</td></tr>
<tr><td>培训经历</td><td>与本职位工作相关的培训</td></tr>
<tr><td rowspan="2">经验</td><td>一般经验</td><td>社会工作经验，主要是工作年限</td></tr>
<tr><td>相关经验</td><td>与职位相关的专业领域、管理领域的工作经历，包括工作时间长短、具体工作项目内容</td></tr>
<tr><td>业绩</td><td>业绩</td><td>在公司内或公司外从事本专业工作取得的工作成果</td></tr>
</table>

续　表

标准	组成部分	组成要素	内容描述
行为	行为模块：某类专业关键的业务工作模块	行为要项：有效完成该业务模块的关键内容	行为标准项：有效完成行为要项的成功行为步骤
能力	知识	专业知识	员工从事本职位族工作所需要具备的专业技术知识，包括与本职工作相关的其他专业知识
		环境知识	与本职位族工作相关的国家法规和政策
			企业竞争对手基本情况
			与本职位族工作相关的行为管理惯例
		组织知识	组织制度和政策
			组织结构及本部门的组织结构
			与本职位族工作有关的各业务流程、组织文化等
	技能	通用技能	现代社会职场中必备，几乎在所有单位所必需的技能（类别和熟练程度），如办公设备的适用、软件使用、基本外语、公文写作等
		特殊技能	针对职位工作所要解决和处理的问题，所需要的操作能力，如统计分析技能、焊接技能等

（三）任职资格等级标准设计的作用

以任职资格为基础，可以牵引人力资源系统，进而达到推动组织成长的目的，主要表现在以下几点。

1. 引导建立组织的“能力库”

建立符合组织战略发展所需要的能力库，对于组织战略目标的实现非常重要，在能力库中不但定义了符合组织战略发展所需要的知识，而且定义了所必需的技能与价值观。如果组织未来的战略重点发生变化与转移，由于能力库与公司战略有紧密的逻辑关系，能力库自然而然地要发生变化，从而使公司的能力库始终支持战略的发展。

2. 了解每个岗位的培训需求，指引培训

任职资格应指引员工与公司一同发展。任职资格可以比较好地将公司发展与个人发展有机地结合起来，因为员工可以通过学习、培训提高自己的技能，进而在一定范围内提高自己的收入与就业机会，而员工在自我学习或者接受培训时，会将任职资格作为指引，也就是说，员工的培训会紧密支持公司发展战略。

3. 指引公司的招聘工作

在公司招聘的过程中参考任职资格，可以从各个方面对应聘者进行评价，有效避免招聘的随意性与不确定性；另外，可以塑造公平的招聘环境，使得只看能力、淡化学历成为可能。

4. 建立公司选拔合格专业化人才的管理体系和机制

在员工的晋升通道上，可以通过资格标准对员工进行指引，使员工能够对个人的未来发展做适当的定位。员工可以通过资格标准的指引，学习与成长；公司可以通过资格标准选择符合公司发展需要的人才。

5. 提高薪酬的合理性

通过建立能力库，引入资格管理，使得即使在相同岗位上的员工由于能力、知识、态度的差别也在个人收入上有区别；在组织内部建立良好的氛围，形成学习型组织。

（四）任职资格等级标准设计的原则及影响因素

1. 任职资格等级标准设计的原则

（1）源于工作

任职资格等级标准级别的划分、标准的内容，都应从分析的实际工作而来，而不能仅从技能本身进行推理。

（2）结果导向

任职资格等级标准认证所需的素材，应尽可能地取自员工日常工作成果，尽量减少为认证而额外增加的工作。

（3）现实性与牵引性相结合

明确任职资格等级标准界定的能力等级特性，主要有两方面：一方面，现实性是其达标的标准。任职资格标准需要归纳、提炼组织中优秀员工的成功工作行为，以反映组织员工能力的实际水平，普通员工通过努力也可以做到。另一方面，牵引性，则是其优秀标准。任职资格等级标准不能局限于员工目前的能力水平，还应该借助业界优秀的做法和先进的经验，并纳入任职资格等级标准。

（4）持续改进

主要针对标准本身不断完善、不断发展的问题，也包含两层含义：一方面，任职资格等级标准需要适应组织业务发展的要求。任职资格等级标准和组织业务是紧密联系的。因此，随着组织业务的发展，任职资格等级标准的内容和要求也需要进行相应的调整，以适应组织业务的要求。另一方面，标准需要随员工能力的提升而不断修订。随着员工职位化水平的不断提高，任职资格等级标准也要进行相应的调整，以不断牵引员工能力的发展。随着标准的提高，组织中员工能力的基准也在不断提升。

2. 任职资格等级标准设计的影响因素

（1）企业战略要求

任职资格等级标准必须符合企业业务要求和发展方向，企业对员工队伍的期望是什么，在设计时应予以考虑。

（2）职位的功能要求

仔细分析各职位的功能，将其分解成多项工作任务，明确要达到期望的结果需要的差异化的能力层次，再依次划分出能代表职类能力区分度的部分，即对能力的要求，并建立初步的任职资格基础。

（3）企业成功经验的积累

任职资格等级标准中各级别的内容，是从目前企业中业绩优秀人员的行为中提炼出来的，把这些员工的关键成功因素反映到标准中，以固化以往的工作经验，为其他人员提供行为改进的指引。

（4）行业优秀的标杆

在关注企业内部的同时，也要引进同行企业中先进的工作方法、技术和工具，结合企业实际情况对其进行分析、借鉴、吸纳、创新，以形成全面的任职资格等级标准。

二、行为及能力标准的设计

（一）行为标准的设计

1. 行为标准的内涵

行为标准描述的是员工应该以什么样的行为规范来开展工作更容易取得好的绩效，它包括如下三方面的内容。

（1）行为模块

行为模块是指影响某类职位族业绩最为关键的若干业务模块（或工作领域）。在一套行为标准中，一般可选择 4～6 个最为重要的行为模块。

（2）行为要项

行为要项是有效完成该业务模块的关键步骤。一个行为模块可以细分为 3～5 个行为要项。

（3）行为标准项

行为标准项是有效完成行为要项的关键行为。标准项行为要按行为要项逐项进行描述，一般每个行为要项的标准项可设计为 2～3 个。

2. 行为标准的设计流程

（1）职位序列相关信息的收集与分析

明确总体任职资格标准设计的工作方向，例如，明确本职位族相关业务的发展规划与变革趋势；明确本职位族专业人员管理的难点和问题；明确本职位族专业人员能力状况及未来的发展方向与目标；宣贯高层对任职资格标准的期望。

（2）分析该职位序列中关键职位的功能，提炼关键行为模块

提炼关键行为模块，即明确某职位族关键的业务工作模块，需要按照以下四个步骤进行：①罗列工作内容，将属于该职位族的所有职位的工作内容全部弄清楚；②提炼工作模块，将各职位工作内容归纳为若干工作项目，打破职位和部门的界限，将工作内容统一在职位族当中，形成工作模块分析表；③筛选关键模块，任职资格标准是通过一个职位族的关键工作内容来衡量或规划业务人员的能力与行为的，因此，需要区分出哪些是关键模块哪些是非关键模块，从已形成的工作模块列表中，根据关键业绩指标和未来的业务发展要求，明确关键行为模块；④总结业务模式，明确关键模块之间的相互关系，保证关键工作模块恰当地反映业务运作的实际情况，最终形成的关键行为模块即下一流程“设计行为要项”的分解对象。

（3）分解与职位功能相关的工作任务并设计行为要项

第一，设计行为要项。要明确为成功完成行为模块所必须采取的若干关键任务，在分析行为要项时，可以遵循以下三个思路。

①从工作开展的内在逻辑关系或流程关系进行分析。例如，对行为模块“培训需求分析”进行分解。按照工作的逻辑顺序形式，可以将其分解为“制订调查方案”“实施调查”“分析调查数据”和“确定培训需求”四个行为要项。

同理，研发技术通道的“产品设计”模块可以被分解为“可行性分析”“概要设计”“详细设计”“集成测试”等行为要项，这实际上是按产品研发流程框架进行分解的；而管理通道二级行为模块“工作任务管理”模块则可以分为“制订工作计划”“组织实施计划”“指导与监控计划的实施过程”等行为要项，这实际上就是按 PDCA 的过程进行分析的。

②从工作活动范围进行分析。从同一个行为模块分解出来的各行为要项之间，存在上下、左右或内外等位置关系。例如，“影响与促进决策”行为模块可以分解为“进行决策”“促进上级决策”“参与同级决策”等行为要项，就是从组织中上下左右的范围进行分解的。而“团队气氛建设”行为模块可以分解为“建立并维护部门内良好的工作关系”“与相关部门建立良好的关系”等行为要项，这实际上就是按部门这内和外的维度进行分析的。

③从活动内容本身的组成部分进行分析。将行为模块按组成部分分解为行为要项，这些行为要项之间是相互并列的。例如，“通信信息处理”行为模块可以分解为“接听电话”“收发邮件包裹”“处理传真与电子邮件”等行为要项。同理，“工作环境的管理”行为模块可以分解为“硬环境管理（设备、卫生等）”“软环境管理（案例、知识库等）”等行为要项。按以上思路进行分析，可以确定某行为模块的行为要项。每个行为模块的行为要项一般可分解为 3 ~ 5 项，但不需要将上述分析所得的所有活动全部纳入行为要项。行为模块中的关键要项，或者该类人员较薄弱的环节，才考虑纳入行为

要项，例如，在“工作任务管理”的分析中，并不一定要将 PDCA 四个活动全部纳入行为要项。行为模块、行为要项的设计，与组织中员工能力水平密切相关。如果员工在某方面普遍比较差，就可以纳入标准，牵引员工提升这方面的能力水平。但是，一旦大部分员工都已达到要求，就可以用新的行为要项代替。

第二，设计任职资格标准的级别，概括行为要项，主要包括以下三点：①明确级别定义。根据第五章职位体系职位纵深的设计结果，我们进一步明确级别的定义，确定该职位族各职位层级的总体特征是什么。②分析级别差异。根据级别定义，与专业人员一起讨论各个级别在关键工作模块上的工作内容与能力差异，包括纵向差异和横向差异。简单理解，纵向差异指的是高级别的人员能做而低级别的人员做不了的事情；横向差异指的是高级别的人员与低级别的人员都能做，但是高级别的人员比低级别的人员做得更好的事情。③概括行为要项。归纳各个级别的工作内容要求，提炼出各个级别的行为要项。

（4）设计行为标准项

完成行为要项以后，就需要进一步分析每个行为要项应该如何一步步落实，即设计资格等级标准的标准项。行为标准项要求细化到具体的行为动作层面，描述具体的操作内容。以“制订工作计划”为例，其标准项需要明确工作目标，分析资源情况，考虑工作任务与进度的安排，以及预先考虑在计划执行过程中可能遇到的问题等。建立行为标准项时，需要注意以下要点。

①每一条行为标准应该尽可能描述清楚四方面的内容，即行为内容（做什么）、行为方式（怎么做）、行为结果（输出什么），以及衡量标准（输出结构的质量和形式或载体要求）。例如，综合运用方法研究、作业测定、工效学等基础知识（行为方式），对由 4M1E 构成的整体运作状况进行分析、研究，发现现存问题（行为方式），并在此基础上提交改进方案（行为结果），并获得上级的认可（衡量标准）。

②行为标准之间要体现行为的内在逻辑。这一点与根据行为模块划分并设计行为要项的思路是相同的。

（二）能力标准的设计

能力标准来源于能力素质模型，它是根据能力素质模型将每个岗位序列所需要的特定能力素质通过科学的方法提取出来，形成相对固定的能力条目；之后，使用重要程度和熟练程度、掌握程度两个维度对每个能力条目进行科学的定义；最后，针对特定序列层级的行为要项要求，筛选出能力条目与不同层级的职位进行匹配，从而形成能力标准体系。能力标准的设计，要以能力素质模型的建立为基础，在这里我们首先讨论能力素质模型是如何建立起来的。

1. 能力素质

(1) 能力素质的含义

能力素质亦被称为“素质”“胜任力”，源于英语“competency”，意为能力、技能。它是驱动一个人产生优秀工作绩效的各种个性特征的集合，反映的是可以通过不同方式表现出来的个人的知识、技能、个性与内驱力等，是判断一个人能否胜任某些工作的起点，是决定并区别绩效差异的个人特征。一般认为，它主要包括以下几个层面。

①知识，即个人在某一特定领域拥有的事务型与经验型信息，如对某类产品营销策略的了解等。

②技能，指个人掌握和运用专门技术的能力，如商业策划能力等。

③社会角色，指个人对于社会规范的认知与理解，如以企业领导、主人翁的形象展现自己等。

④自我认知，即个人对自己身份的知觉和评价，如将自己视为权威、教练、参与者或执行者等，它表现出来的是个人的态度、价值观与自我形象。

⑤特质，即个人的个性、心理特征和对环境与各种信息所表现出来的一贯反应，如善于倾听、处事谨慎、做事持之以恒等。

⑥动机，即推动个人为达到一定目标而采取行动的内驱力，如希望把自己的事情做好，希望控制影响别人，希望让别人理解和接纳自己等。

(2) 能力素质模型的含义

能力素质模型（competency model），是指为完成某项工作，达成某一绩效目标，要求任职者具备的一系列不同能力素质要素的组合，其中包括不同的动机表现、个性与品质要求、自我形象与社会角色特征以及知识与技能水平等。能力素质模型中包括对能力素质的分类、能力素质释义、能力素质的不同等级划分等方面，这些方面共同构成了某个职位的能力素质模型。

(3) 通用能力素质

1989 年，麦克利兰对全球 200 多项工作所涉及的素质特征进行了观察研究，经过发展与完善，共提炼形成了 21 项通用能力素质要素，构成了能力素质词典的基本内容。这 21 项要素概括了人们在日常生活和行为中所表现出来的知识与技能、社会角色、自我概念、特质和动机等特点，形成了企业任职者的能力素质模型。基于麦克利兰对能力素质特征进行的研究和分析，后来的学术界和企业界都在各自研究与实践的基础上，将能力素质词典加以丰富和细化，使之不仅具有了更广泛的适用性，而且变得更加清晰有效。

【知识延伸】

六大类能力素质

（1）成就特征：成就欲、主动性、关注秩序和质量。

（2）助人或服务特征：人际洞察力、客户服务意识。

（3）影响特征：个人影响力、权限意识、公关能力。

（4）管理特征：指挥、团队协作、培养下属、团队领导。

（5）认知特征：技术专长、综合分析能力、判断推理能力、信息寻求。

（6）个人特征：自信、自我控制、灵活性、组织承诺。

2. 能力素质模型的建立

（1）建立能力素质模型的原则

建立能力素质模型，必须遵循以下几个方面的原则。

①战略导向原则

能力素质模型决定于组织战略，它的设计以组织的使命、愿景和战略目标为基础，以确保员工具备的能力素质与组织的核心竞争力一致，为组织的长期目标服务。

②分类分层原则

能力素质模型的建立，基于各职位族或职位的不同任务和职责，能力与素质要项的选择，既要囊括不同职位所必需的通用素质要求，也要呈现员工在某个特定角色或工作中所需的特殊而独特的核心能力、素质，必须注重概括性与区分性的结合。

a. 分类。员工能力素质分类是建立能力标准的基础，按照不同的素质类别及其要求，构建企业所需能力素质结构。根据能力素质要项的不同适用范围，可将能力素质模型分为三个类别：组织核心能力素质、职位序列专业能力素质、关键典型职位及专业能力素质。

组织核心能力是指反映组织的价值观、文化和经营准则的能力，是所有员工应该具备和展示的，它是组织企业文化的表现，是组织内对员工行为的要求，体现组织公认的行为方式；职位序列专业能力是指组织内（尤其是同一职位序列内）多个角色都需要的技巧和能力，但相应的重要程度和精通程度有所不同；关键典型职位专业能力是指某个特定角色和工作所需要的特殊技能，大多是针对职位设定的，为完成该职位工作所应具备的特殊能力。

b. 分层。根据每层能力使用重要程度和掌握程度，对每个能力条目进行定义。依据定义进行的分层，如表 5－7 所示。

表 5－7　能力条目及其定义

能力标准	分层定义
责任心	层次 1 基本要求
	层次 2 基于第一层基础上表现出的能力要求
	层次 3 基于第二层基础上表现出的能力要求
……	……
调研能力	层次 1 有个别能力倾向
	层次 2 能在较基本的情况下应用
	层次 3 能在复杂的情况下应用
	层次 4 能传授或指导别人

③绩效导向原则

能力素质模型构建的基本原理，是辨别优秀员工与一般员工在知识、技能、社会角色、自我认知、特质、动机等方面的差异。通过对每项能力或素质均按照水平的不同、分级别进行行为特征描述，以区分不同员工的不同能力水平，进而预测员工的本来工作绩效。

a. 能否显著地区分工作业绩，是判断一项能力素质的唯一标准。也就是说，在实际工作中，表现优秀与表现一般的员工必须在所确认的能力素质上有明显的、可以客观衡量的差别。

b. 判断一项能力素质能否区分工作业绩，必须以客观数据为依据，任何主观判断、理论假设和过去的经验，都必须有客观数据的支持才能成立。在确定能力素质后，企业还需要建立能客观衡量个人能力素质水平的评价系统。同样，评价系统的有效性，也必须经过客观数据的检验。评价的结果必须能显著地区分工作业绩，并在此基础上，设计能力素质在各种人力资源管理工作中的应用。

④动态原则

随着企业的发展以及环境等方面的变化，能力素质要求也会随之发生改变，指标的增减、绩优标准的变化，都要求能力素质模型在一定的时间与范围内进行不断的调整、修改，以确保其准确性。

（2）建立能力素质模型的方法

为了确定某一岗位所需的能力素质，我们需要利用不同的方法收集大量的数据信息并对其进行分析、归纳，可以采用的方法包括行为事件访谈法、专家小组座谈法、工作职责分析法以及调查问卷分析法。

①行为事件访谈法：通过对绩优员工和一般员工进行访谈，获取与高绩效相关的能力素质信息。

②专家小组座谈法：通过组织在某一领域有较深研究、造诣的专家召开座谈会，获取某工作族或职位所需要的能力素质。

③工作职责分析法：通过分析不同岗位的工作职责，得到完成这些职责所必需的专业能力素质。

④调查问卷分析法：通过发放问卷调查初步得到能力素质要项，对其进行统计分析，修订能力素质模型。

3. 能力标准设计流程

（1）能力素质模型的建立

①了解现状、理解目标

建立能力素质模型的首要步骤，是明确企业的发展战略和目标与实施战略计划的关键环节相关的核心职位，了解企业的组织结构，搞清公司的文化和价值观。

同时，明确人力资源管理者和企业高层领导关心的焦点问题，以及企业期望的最终结果。

②明确绩优标准

明确绩优标准，就是要制定一些明确的标准与规则，用来确定和衡量什么样的绩效是优秀的，什么样的绩效是较差的。绩优标准一般采用工作分析和专家小组讨论的办法来确定，即采用工作分析的各种工具与方法来明确工作的具体要求，提炼出鉴别工作优秀的员工与工作一般的员工的标准。专家小组讨论则是由优秀的领导者、人力资源管理层和研究人员组成的专家小组，就此岗位的任务、责任和绩优标准以及期望优秀领导表现的能力素质行为和特点进行讨论，得出最终的结论。如果客观绩优指标不容易获得、不容易量化或经费不允许，一个简单的方法就是采用“上级提名”的方法。这种由上级领导直接给出的工作绩优标准的方法虽然较为主观，但对于优秀的领导层来说也是一种简便可行的方法。企业应根据自身的规模、目标、资源等条件，选择合适的方法确定其绩优标准。

③选取研究样本

根据岗位要求，在从事该岗位工作的员工中，分别从绩效优秀和绩效普通的员工中随机抽取一定数量的员工进行调查。如果目的是确立合格水平的基本能力素质标准，则还可以抽取绩效差的样本，用以推断某项工作不成功的影响因素。一般来说，每个工作的研究样本应该包含至少 20 个对象（12 名绩效优秀员工与 8 名一般绩效员工），以避免在进行统计分析时因样本量小而导致结果失真的问题。

④收集研究样本的能力素质数据信息

收集研究样本的能力素质信息时，可以采用多种方法，包括行为事件访谈法、专家小组座谈法、工作职责分析法以及问卷调查法，其中，以行为事件访谈法为主。行为事件访谈，又称“关键事件访谈”，由美国哈佛大学心理学教授麦克利兰开发，采用结构化的问卷对优秀和一般的任职者分两组进行访谈。通过对比分析访谈结论，发现那些能够导致两组人员绩效差异的关键行为特征，继而演绎成特定职位任职者所必须具备的素质特征。

行为事件访谈的目的在于通过访谈者对其职业生涯中的某些关键事件进行详尽描述，揭示与挖掘当事人的素质，特别是隐藏在冰山下的潜能部分，用以对当事人未来的行为及其绩效产生预期，并发挥指导作用。采用行为事件访谈法时，要求被访谈者列出他们在工作中发生的关键事件，包括成功事件、不成功事件和负面事件三种，并且让被访者详尽地描述整个事件的起因、过程、结果、时间、相关人物、涉及的范围以及影响层面等。同时，要求被访者描述自己当时的想法或感想，例如，是什么原因使被访者产生类似的想法，以及被访者是如何达成自己的目标的，在行为事件访谈结束时最好让被访谈者自己总结一下所述事件成功或不成功的原因。

⑤分析数据信息

分析数据信息的过程包含以下三部分：首先，将录音资料、访谈记录等进行归纳整理，需要整理的资料包括被访者的职位及工作职责描述、行为事件描述和任职者的素质，最终汇总、编辑成为访谈报告；其次，重点分析对员工关键行为、思想或感受有显著影响的过程片段，发现绩优员工与绩效一般的员工处理片段时的反应与行为之间的差异，识别导致关键行为及其结果的、具有区分性的素质特征，以提纲的形式列出任职者所具备的素质特征；最后，形成初步结论。

⑥编码

通过行为访谈报告提炼能力素质，对行为事件访谈报告进行内容分析，记录各种能力素质在报告中出现的频次。然后，对优秀组和普通组的要素指标发生频次和相关的程度统计指标进行比较，找出两组的共性与差异特征。根据不同的主题进行特征归类，并根据频次的集中程度预估各类特征组的大致权重。

⑦论证能力素质模型

首先，采用统计分析等方式，对初步归纳的所有素质要项进行论证与筛选，确认素质项目是否能够将绩效优秀的员工与绩效一般的员工区分开来。其次，进一步精练素质要项及其定义、分类。最后，初步形成目标职位的能力素质模型。

论证的步骤：第一，将一系列的能力素质转换成一份 360 度反馈的调查问卷；第二，从不同部门选取处于三个绩效等级的员工，分别是超过绩效标准的、达到绩效标准的和低于绩效标准的，让他们参与进来，将问卷发放给直接下属、同事、老板，并且如果合适，把问卷发放给外部客户；第三，分析数据，将问卷结果按个人分别列表，分析能力素质与不同绩效等级之间的相关程度。如果二者能力素质与高绩效相关，则认为这一能力素质具有协同效度。此外，还需要考查高绩效群与低绩效群之间能力素质的显著差异。如果能力素质与高绩效群之间的相关性较弱，则应考虑行为描述是否清楚。

⑧评估与确认能力素质模型

在能力素质模型的框架形成之后，还要通过管理实践对能力素质模型进行评估与确认。通过与相应职位的任职者及其上级进行讨论，确认能力素质模型中的素质要项是否为驱动任职者达成高绩效的关键因素、对素质要项的界定与划分是否准确、是否还有其他重要的素质被遗漏等。这种修正方式能够使能力素质模型更具操作性，并使员工通过参与讨论，强化对企业所需素质的认识，这有利于员工通过提高自身素质、改变行为方式来实现个人工作绩效的改进。

（2）针对行为要项和行为标准项，提炼技能标准

①针对行为标准项的每一项，结合“能力素质模型库”，逐项提炼所需技能。

②定义每一职位层级的技能要求等级，分析行为要求要项下对各层级职位的行为标准项要求，确认该层级职位在各技能上的等级要求。

（3）提炼知识结构和知识标准

根据业务模块要求并参照“行为标准项”，提炼相应的知识结构和主要内容，并规定掌握程度。提炼中遵循兼顾现实和未来需要的核心知识，结合行为要项以及参照资深人员为标杆的标准。在此基础上，提取知识标准，确定需要掌握的标准级别。

三、任职资格体系的应用

在任职资格等级标准建立的基础上，将等级标准应用于员工的任职资格管理。员工任职资格管理最首要的任务是任职资格等级的认证，对员工进行任职资格定级，并做周期性的等级调整，形成员工任职资格管理的动态体系，为人力资源规划、人才梯队建设、员工能力和行为管理、培训体系设计和员工职业发展规划等战略性人力资源管理工作建立基础。

（一）员工任职资格等级的认证

1. 任职资格等级认证的概念

任职资格等级认证是在职业发展体系和人力资格等级标准基础上，将员工的实际工作表现和能力水平与职衔和任职资格等级标准进行比较，对员工是否具有相应任职资格而进行的鉴定活动。

任职资格等级认证包括任职资格定级和任职资格等级调整两方面内容。任职资格定级，即任职资格初始等级的确定，是指员工第一次参加职位资格等级认证。在此之前，员工属于哪个职位通道以及在通道中的级别没有明确的认定；任职资格等级调整，即任职资格等级的周期性认证，是指员工在原有职位通道相应等级的基础上，根据其

阶段性的表现和能力提升或下降，所进行的周期性的职位通道或职位等级的调整。

2. 任职资格等级认证的方法

(1) 任职资格等级定级的方法

①任职资格定级的流程框架。任职资格定级的流程框架如下。

第一，确定职位通道类别。根据员工所承担的职位，按"职位序列"或"职位族"的划分确定员工所属的职位通道类别。

第二，受理申请。在确定员工任职资格所属等级的过程中，原则上采取被认证员工的直接主管推荐的模式，员工个人负责准备相关个人材料并提出申请。

第三，资本任职资格审核。基本任职资格标准是某一等级的最低门槛，应首先对员工的基本任职资格进行审核，确定其是否符合最低要求。基本职资格审核的内容包括教育程度、工作经验、工作绩效等。

第四，行为认证，对其知识和技能进行测试。在基本任职资格审核之后，对照任职资格标准中的行为标准和能力标准要求，对员工进行行为认证，对其知识和技能进行测试。

第五，专家组综合评审。在对所有维度标准进行测试后，专家组需要综合各维度评定结果，确定被评价人的所属职位通道等级。

第六，结果反馈。在综合评审后，评价者需要向被评价人说明其优点和不足，与其沟通讨论下一步如何改进，而不是只告诉被评价者是哪个任职资格等级而已。

②任职资格定级的认证方法。员工任职资格初始等级的确定以任职资格等级标准为判断依据，对不同的评价要素要设计不同的评价方法，以确保评价方法科学、有效。主要的评价方法有以下两种。

第一，进行知识考核。首先，可以通过笔试、业务论文或业务文案的撰写来考核，也可以通过参加课程培训来考核，同时还可以将两者相结合。其次，根据任职资格等级标准的知识点，企业也可以开发出不同级别的课程，然后给每一门课程确定学分，并确定每个级别任职资格的必备知识和分数要求。最后，为每门课程配备相应的师资并组织开发配套的教材、讲义等培训资源，从而形成分类分层的任职资格课程体系。在此基础上，企业可以根据需要组织考试或其他形式的测评，以检验培训的成果，评价参与者的资格水平。

第二，专业技能评价。对于专业技能的评定，则需要通过组织任职资格定级评价会集体评议完成。具体来说有以下两方面。

一方面，组织任职资格定级评价会。任职资格定级评价会是任职资格定级评价的主要场合，一般由任职资格评价专家小组、被评价人和证据两个要素组成。任职资格评价专家小组是任职资格评价的主要负责人。原则上，任职资格评价专家小组成员要尽可能地保持稳定，同一类专业人员的评价由一个专家小组完成，以保证标准把握的一致性。专家小组人选必须是该业务的高层主管或业绩资深人员，每个小组以3～5人为宜。专家小组的主要职责是深刻、准确地理解任职资格等级标准和任职资格评价程序，客观、公正地进行任职资格评价，向被评价人提出改进建议。被评价人作为符合任职资格定级参评条件的员工，其主要的责任包括深刻、准确理解任职资格等级标准和任职资格评价程序，在人力资源专业人员的指导下进行认真的检验评价，整理真实、有效、充分的任职资格证据并及时提交，认真回答任职资格评价专家小组提出的问题，虚心听取专家小组的改进建议并在实际工作中改进。任职资格评价证据是被评价人在实际工作过程中产生的产品和成果、经历的项目等，是任职评价的主要依据。另一方面，专业技能的评价实施。专业技能评价分成评价前期准备工作和评价过程两个部分。

（2）任职资格等级调整的方法

任职资格等级不是终身的，任职资格等级管理应实行“能上能下”的原则。对于那些能够不断学习、提升自己职业技能、为企业创造价值的员工，企业可以通过调整他们的任职资格等级给予他们更多的回报；而对于那些工作表现和知识技能相对退步的员工，也要调整他们的任职资格等级。通过任职资格等级的调整，保持员工对职业发展的动力和热情，在企业内部形成动态的职业发展机制，同时，为企业创造更多价值。

①任职资格等级调整的类别。任职资格等级调整，根据内容可以分为任职资格升级、任职资格保级、任职资格降级和任职资格破格提升等类型。在任职资格等级的初始认定后，员工被安排到与之能力水平相应的岗位，在这个岗位，员工要依据任职资格等级标准中的“行为标准”规定的行为方式开展工作。在这之后可能有以下三种情况。

第一，任职资格升级。如果员工在规定的任职资格等级调整周期内，绩效一直非常优秀，企业认为他不仅能够胜任当前的工作，而且具备承担更多责任的潜质，能完成难度更大的工作或者有更适合他的工作。因此，企业可以为他提供任职资格等级提升机会，但是他的能力是否确实提高，他的任职资格是否确实可以上升到更高的级别，则需要按照之前介绍的任职资格定级的程序和方法用更高的标准来衡量。当企业某一职位出现人才紧缺，或者员工的业绩表现和能力潜质的确十分出色时，企业可以考虑对其任职资格等级进行破格提升。

第二，任职资格保级。如果员工在规定的任职资格等级调整周期内能够胜任目前的职位，但绩效一般，这种情况下，企业可以保留该员工的现有任职资格等级，不再对其进行任职资格的评价和调整。

第三，任职资格降级。如果员工在规定的任职资格等级调整周期内业绩总是非常差，那么，企业有理由相信该员工已经不符合目前任职资格等级标准的要求。这时，可以在原有职位通道中降低其任职资格等级，而选择其他职位通道也是应对这种情况的办法之一。

②任职资格等级调整的流程框架：一方面，根据前一个周期内员工的绩效考核结果来判断员工任职资格等级调整与否，是任职资格升级还是任职资格降级。另一方面，如果员工有资格参加任职资格升级评价，那么企业就可以按照任职资格定级的程序和方法对其进行定级评价。

（二）基于任职资格体系的人才聘用

任职资格体系为企业内部各类岗位工作、各层次的工作范畴进行了定义。因此，任职资格标准在人才聘用过程中发挥着重要作用。

1. 人力资源规划

人力资源规划是企业建立战略型人力资源管理体系的前瞻性保障，通过对企业人力资源进行供需分析，预见人才需求的数量和质量要求，以此确定人力资源工作策略。因此，人力资源规划需要明确企业现有人员情况和人才需求情况。在任职资格体系的基础上，通过对现有人员的工作素质和技能进行分析，可以明确企业人力资源的现状；通过对企业发展战略的分析，可以明确实现战略所需要的人才数量和素质技能，明确企业人力资源的需求；通过对现有人才与任职资格标准进行比较，可以有效地调配人才，从而有针对性地培养与开发企业发展战略需要的人才。

2. 人才梯队建设

企业人才梯队建设的本质是建立一套动态的、例行化运作的人才考察、选拔、培养、使用、淘汰机制。在许多企业中，管理者往往会使用一些模糊的、概念性的词汇，作为对单一的某一职位后备人才的评价标准，缺乏对人才要求的明确定义和基于职位体系的职位间的参照比较标准，难以进行人才梯队建设。人才梯队管理体系，主要包括人才阶梯资源池、人才区分机制、梯队人才培养机制、人才选拔机制和人才发展激励机制五个部分。

（三）基于任职资格体系的人才培养

在任职资格定级和等级调整工作的支持下，任职资格等级标准可以更广泛地应用于企业的员工能力和行为管理、培训体系设计、员工职业发展规划等人才培养活动。

1. 员工能力管理和行为管理

在任职资格等级标准建立后，组织明确了企业对员工的能力和行为要求。但是，仅有任职资格标准，也只能评判员工目前的能力水平和行为表现。因此，企业需要在任职资格等级建立的基础上，进一步开发企业内的能力培养机制，来提升员工能力，进而提升其在工作中的行为结果。这样任职资格标准的激励机制就会发挥应有的功效。

2. 培训体系设计

任职资格等级标准明确了每一通道内职位层级的知识和技能要求，因此，企业在培训体系设计中可以针对不同资格的人员分别进行达标辅导培训，再进行开发培训，使培训更有针对性，与工作联系更密切，并通过对培训方式、培训课程的系统整合，达到节约培训成本的目的。

（1）根据任职资格等级标准中各通道各级别的基础知识和技能设计达标培训。

（2）根据员工任职资格等级认证的情况增加提升能力短板的培训。

（3）同一通道不同级别或者相关通道同一级别的职位，对于某种通用能力具有相同的要求，这样就可以采取公共培训的方式开设通用能力的培训课程。例如，可以为初级职位设计“公文写作”“商务礼仪”“有效沟通”，为中级职位设计“教练技术”“宣讲技巧”，为高级职位设计“变革管理”“战略规划与经营计划”等方面的培训。

3. 员工职业发展规划

任职资格等级标准中对于基本资格、行为和能力标准的规定，是员工职业发展不同阶段努力的目标，为员工提供了职业发展的标尺。同时，周期性进行任职资格等级调整，也能让员工看到职业晋升和角色转换的可能性，是顺畅的职业发展通道建立的基础。

【本章回顾】

岗位规范作为工作分析结果的一部分，在人力资源管理工作中具有十分重要的作用，并为组织或企业员工的招聘、培训、考核、晋升提供了依据。本章着重介绍了岗位规范的定义、基本模式、原则、地位及作用，并在此基础上详细论述了岗位规范的编写内容及要求，从而使学生对岗位规范有更加清楚的认识。此外，本章还重点介绍了任职资格等级标准的确立，对其定义、框架、原则及影响因素做了一个系统的概括，与此同时，还介绍了任职资格体系的应用，使学生明确了任职资格等标准设计的大体流程，有利于为其未来职业发展做好充实的准备，为其职业发展规划奠定基础。

【思考题】

1. 通过本章的学习，你对岗位规范有了哪些新的认识？
2. 你认为在编写岗位规范时应注意哪些问题？
3. 思考能力素质模型和能力标准的关系。
4. 任职资格等级标准是如何被应用于人力管理的？

第六章　工作说明书

【学习目标】

1. 对工作说明书的概念、分类及作用有基本的了解，对工作说明书有初步的认识。

2. 明确工作说明书编写的内容、原则、要求、步骤，以及编写过程中出现的问题和解决策略，加深对工作说明书的了解。

3. 通过工作说明书应用范例，认识到工作说明书的重要性。

【案例引入】

朱亮到底需要什么样的人？

“朱亮，我一直想象不出你究竟需要什么样的操作工人，”江山机械公司人力资源部负责人李龙说，“我已经给你提供了三名面试人选，他们好像都满足工作说明书中规定的要求，但你一个也没有录用。”

“什么工作说明书？”朱亮回答道，“我所关心的是找到一个能胜任那项工作的人。但是你给我提供的人都无法胜任，而且我从来就没见过什么工作说明书。”李龙递给朱亮一份工作说明书，并逐条解释给他听。他们发现，要么是工作说明书与实际工作不相符；要么是规定确立以后，实际工作又有了很大变化。例如，工作说明书中说明了有关老式钻床的使用经验，但实际工作中所使用的是一种新型的数字机床。为了有效地使用这种新机器，人们必须掌握更多的数学知识。听了朱亮对操作工人必须具备的条件以及应当履行职责的描述后，李龙说：“我想我们现在可以写一份准确的工作说明书，以其为指导，我们就能找到适合这项工作的人了。让我们今后加强工作联系，这种状况就不会再出现了。”

请思考：

1. 你是如何看待案例中出现的问题的？

2. 你认为工作说明书对人员选拔和任用有影响吗？试举例说明。

工作说明书主要包括岗位规范和工作描述两部分，这一点在前面两章已有所分析。

从形式上来说，岗位规范和工作说明书可以分为两份文件来写，当然，有时候也会合并在一份工作说明书中。工作说明书在企业人力资源管理中占有十分重要的地位，从上述案例中，我们也可以看出工作说明书在人员招聘中的重要性。那么，你对工作说明书了解多少呢？该如何应用工作说明书呢？接下来让我们一起来学习。

第一节　工作说明书概述

一、工作说明书的概念

在选择了适当的方法，收集了完整、准确的有关工作和工作者的信息，并进行分析后，就可以开始编写工作说明书了。工作说明书是工作分析活动的成果，它的完成是工作分析的又一个重要环节。工作说明书的质量不仅影响工作分析活动本身，而且影响到一个组织的人力资源管理乃至其他管理活动的成效。

工作说明书，又称岗位说明书，是对企业各类工作岗位的工作性质、任务、责任、权限、工作内容与方法、工作应用实例、工作条件与工作环境以及人员资格条件等所做的统一要求。这些要求主要包括两部分：第一部分是工作描述，是围绕与工作岗位相关的信息进行的描述与说明，包括岗位的工作性质、工作职责、工作活动、工作条件等；第二部分是工作规范，即任职资格，是岗位工作人员应具备的教育经历、工作技能、个性品质以及工作背景等条件。它是运用有关方法与各种调查资料，对工作加以整理、分析、判断所得出的结论，最终将其编写成一种规范性文件，是工作分析的重要结果。

一份成功的工作说明书，可以使岗位的职责更加明确，使岗位的绩效标准更容易制定；也可以使员工很清楚地知道组织需要什么样的员工以及自己与组织期望的差距；还可以将能力最符合的人选放到适当的位置上。总之，工作说明书为组织的招聘录用、培训需求以及职业指导等现代组织管理业务，提供了原始资料和科学依据。

工作说明书是工作分析最终的表现形式，具有明确的格式要求和严格的质量标准。一般来说，合格的工作说明书必须达到以下标准：

（1）准确性。这里的准确性包含两层意思：其一，工作说明书所阐述的某项工作的具体要求和任职者的资格条件应该是准确的，能真实反映该工作的基本情况和主要特征；其二，工作说明书应该是明确的，即要表达清楚，不能含糊其词。有了准确性，工作说明书才能为人力资源管理活动提供基本依据。

（2）完备性。一份好的工作说明书应对某项工作的基本概要、工作职责和任职者资格条件等必备内容做出全面、完整的描述，不能有遗漏或省略的内容。

（3）普遍性。工作说明书的每一项内容最好是被分析的各种工作所共有的，这样，不同的工作之间才可以相互参照，从而有利于确定各类工作的相对价值，为薪酬体系的建立、考核等提供参考依据。

（4）简约性。工作说明书的措辞应尽量简约，其内容也应尽量精练、严谨、合理。

（5）预见性。工作是在不断变化和发展的，工作说明书也应体现这一变化特点。它既要严格、真实地反映工作的真实特征，又要具备一定的柔性和弹性，以便预见未来的变化趋势。

（6）可操作性。工作说明书是进行人力资源管理活动的基本依据，因此其编写在形式及内容的选择和编排上都应具有实用性，使其在实际运用时便于操作。另外，工作说明书的格式也要统一，其中，罗列的工作职责还要符合逻辑顺序，以便人们理解和使用工作说明书。

二、工作说明书的分类

根据集团公司岗位分类办法，工作说明书分管理岗位、专业技术岗位及操作岗位三类，鉴于各类岗位工作的性质差异，在制定工作说明书时，可以将其分类分层次，以便更准确地对工作进行描述。集团公司的工作说明书分三类，即科级以上管理岗位、一般管理岗位（或专业技术岗位）、操作岗位，各类岗位在进行职位描述时有不同的侧重点。如表 6－1 所示。

表 6－1　　工作说明书的分类

岗位类别	工作特点	工作说明书要求
科级以上管理岗位	创新要求高，工作方式难以固定	采用更加宽泛的职责描述；更加强调职责界定的成果导向；更加注重任职资格中的创新要素
一般管理岗位/专业技术岗位	创新要求较低，职业化要求高	需要采用严格、准确的职责描述；既要注重职责界定中的成果导向，也要注重职责界定中的过程性部分；任职资格的界定要注重“责任心、业务知识、专业技能”等有利于提高职业技能与职业规范的因素
操作岗位	基本不需要创新，强调职位的标准化与操作一致性	同时注重工作任务以及完成任务的工作程序，包括完成工作所采用的工具、设备与技术。任职资格需要将心理能力与身体能力结合起来

三、工作说明书的作用

（一）有助于实现组织优化

在编制工作说明书之前有一个工作分析的过程，这个过程是对组织内各职位、部门设置、人员匹配以及工作业务流程等进行的一次大盘点，之后就形成了工作说明书。这样一次大盘点，有助于部门划分明确、职责清晰、人岗匹配等，与此同时，也提高了工作效率，进而实现了组织优化。

（二）对员工进行目标管理的依据

目标管理，是20世纪50年代中期出现于美国，以泰罗的科学管理和行为科学理论为基础形成的一种管理制度。这种制度可以使组织的成员亲自参加工作目标的制订，实现自我控制，并努力完成工作目标。对于员工的工作成果，有明确的工作目标作为考核标准，从而使对员工的评价和奖励更加客观、公平、公正、合理，可以激励员工为完成工作目标而努力。

如何给员工下达工作目标以及员工如何参与工作目标的制订呢？其依据就是工作说明书。特别是工作说明书中规定的职责范围。例如，给人力资源部的培训专员下达的目标是关于培训的指标，而不能下达有关薪酬管理的指标。由此可见，工作说明书是目标管理的一个基本依据。

除此之外，工作说明书中有关于任职资格的详细要求，员工可以对照这些要求，充分认识自己在哪些方面需要进一步提高，从而更有效地完成工作目标。由此可以看出，工作说明书是对员工进行目标管理的依据。

（三）制定绩效考核标准的基本依据

在绩效考核时，只有通过考查工作说明书，才会知道这个岗位有哪些职责，员工是不是履行了这些职责，以及完成的情况如何。假如在工作说明书中根本就没有这项职责，就不能以此去考核员工，因为他不需要承担这样的责任。因此，工作说明书在工作目标管理和绩效考核工作中起到很大的作用，是绩效考核的一个基本依据。

（四）为企业制定薪酬政策提供依据

工作说明书直接决定薪酬的依据有职位薪资体系、能力薪资体系、技能薪资体系，其中，职位薪资体系应用比较广泛，其确定的前提是岗位评价，即岗位的职责范围大小、工作复杂程度、劳动强度、劳动条件等。如果没有工作说明书，就无法进行岗位评价，也就无法确定各个岗位的薪酬。因此，从根本上来说，工作说明书为企业制定薪酬政策提供了重要的依据。缺少了工作说明书，企业制定薪酬政策将很困难。

（五）为招聘、录用员工提供了依据

工作说明书里已经明确了这个岗位的任职条件，任职条件是招聘工作的基础，招聘工作需要依照任职条件来挑选人员，不满足任职条件的人就不能用。如果企业一定要用，也只能降格使用。工作说明书将作为员工录用以后签订劳动合同的附件。企业在决定录用员工后，这名员工应该承担什么样的责任，以及要负责到何种程度，这些问题在工作说明书里都有详细说明，因此劳动合同在规定履行合同本身的要求外，也包括工作说明书中的一些内容。

（六）员工教育、培训的依据

员工被录用以后，工作说明书可以作为其参加入职培训的教材。一般来说，新员工被录用以后，企业要对其进行一次入职培训。根据工作说明书的具体要求，对一些任职条件不足，但其他方面优秀、符合公司急需人才要求的员工，进行教育和培训，提升其本身的素质，最后使其达到工作说明书的任职要求。

（七）为员工晋升与开发提供依据

人力资源管理中一项非常重要的工作是人力资源开发，就是通过一些手段使员工的素质和积极性不断提高，最大限度地发挥员工的潜能，为企业做更大贡献。员工的晋升与开发离不开考核，而考核是以工作说明书的要求为依据的，通过对员工在德、能、勤、绩等方面进行综合评价，判断他们是否称职，并以此作为任免、奖罚、报酬、培训的依据，促进“人适其位”。因此，工作说明书也为这项工作提供了依据。此外，根据工作说明书，做出员工晋升路径图，将其作为规范化管理的一份基础文件。每一位员工都清楚，只要好好工作，将来就能升到什么职位，或工作几年才能达到任职条件。

第二节　工作说明书的编写

一、工作说明书的主要内容

一份完整的工作说明书应该包括工作描述与工作规范两方面的内容。但由于岗位不同，编写格式不同，编制出的工作说明书呈现出不同的模式。工作说明书的内容，主要包括以下几方面。

（一）工作标志

工作标志的作用是便于对各种工作进行标志、登记、分类。它包含以下几类信息："工作名称"表明工作岗位所属单位的名称，给岗位确定简明的工作名称，易于让初次接触该工作岗位的人了解该工作岗位的工作内容；"所属部门"表明工作岗位在组织中所属的部门；"岗位得分"和"岗位级别"可用于薪酬管理中工资等级的标志；"文件编号""版本"页号"是为了方便查阅一份工作说明书在一个组织系统中的位置；"拟制""审核""分析日期"表明工作说明书是何时、由谁初步拟定的，可以确定由工作分析到信息整理的时间，以便在查阅工作说明书时清楚地知道工作说明书是何时制定的、是否过时、是否需要另行修订等。另外，工作标志可能还包括"岗位的直接上级""岗位的直接下级"等方面的信息。

工作标志的确定与组织环境有关。在不同的组织范围内，同一工作标志下的工作任务种类和要求可能有较大的差别。例如，一个公司的销售部"经理助理"可能是销售经理的秘书，而在另一个公司，"经理助理"可能只是一般的销售人员，只是为了方便销售人员开展业务工作而提供的一个工作岗位名称。

（二）工作概要

工作概要是对工作总体职责、性质的简单描述，因此，可用简单的语句勾画出工作的主要职责，详细列出工作职责的任务和活动。在进行部门工作核查、分配任务时，这种简要描述尤为重要。同时，通过对工作概貌的描述，新上岗的员工能对岗位主要职责有清楚的了解；公司在招聘过程中也能用此信息向应聘者展示工作概况；在发布的招聘信息中，一般仅给出所招聘岗位的主要职责。例如，某公司市场部信息管理员的工作概要可表述为以下内容：①组织公司及各业务部门参加展览会；②进行市场调查和信息收集与处理；③完善公司的形象宣传和产品推介；④建设、维护、管理和推广公司的网站；⑤建立本部门的文件管理系统，管理部门所涉及的文件；⑥完成本部门日常工作以及其他部门临时交给的任务。

（三）工作职责与任务

工作职责与任务部分列明了任职者所从事的工作在组织中承担的职责、所需完成的活动和工作内容。一般来说，职责是任职者在组织中特定工作岗位上承担的责任，任务是为了履行职责需要做的事情。在对职责和任务进行描述时，需要注意以下几点：

（1）以动词开头描述所从事的具体活动和工作内容。

（2）在职责和任务项目的排序中，按工作岗位的职能任务完成先后顺序或职责任务的重要性进行排序，可以确保工作描述更为系统化。在某些情况下，可以用工作中相应的工作流程作为排列的顺序。

（3）在各项职责后，可注明该项工作在整体工作中所占时间的比例和相对重要性，用以衡量、分析工作中的时间分配与职责的重要性。

（4）注明工作任务的完成时间，应实现的工作结果，以便任职者对工作要求的结果有清楚的认识，有利于对工作进行检查。对工作结果的要求，可以从数量要求、质量要求、时间要求、成本要求等几个方面进行衡量。

（5）对于岗位工作的种类、复杂程度、技能要求程度、任职者的责任等，应尽可能地用专业术语进行表述。通常情况下，较低岗位的工作任务更为简单，易于确定其工作任务及工作操作流程的细节；而相对高级的岗位，则包含更多的不确定性，只能确定工作的大概范围，具体的工作需求要在具体的环境中确定。

（四）工作联系

工作联系（又称工作关系）表明该岗位的任职者与组织内外岗位因工作关系所发生的联系，工作联系一方面描述了任职者必须面对的各种工作关系，另一方面列举了工作联系频繁的程度、接触的目的和重要性。

（五）工作的绩效标准

根据工作职责、任务内容的要求，在工作说明书中还可列明对每项职责、任务的绩效要求。例如，在采购员的工作中，可以根据职责中所要求的“根据上级下达的采购计划，向供应商正式下订单，跟踪供应商的供货进度”，设定相应的绩效标准为“在一个工作日内向公司核定认可的供应商，并下达明确的订单，在订货到达前一个月向供应商确认供货，并进行书面记录”，从而确保采购工作的顺利执行。

【知识延伸】

绩效考核标准的分类

绩效考评标准从不同的角度可以有不同的分类，通常的分类方法有如下几种。

1. 按评价的手段分类

按评价的手段分类，可把评价标准分为定量标准和定性标准。

（1）定量标准，就是用数量作为标度的标准，如工作能力和工作成果一般用分数作为标度。

（2）定性标准，就是用评语或字符作为标度的标准，如对员工性格的描述。

2. 按评价的尺度分类

按评价的尺度分类，可将评价标准分为类别标准、等级标准、等距标准、比值标准和隶属度标准。

（1）类别标准，是用类别尺度作为标度的标准，它实质上同定性标准中以数字符号为标度的标准相同。

（2）等级标准，是用等级尺度作为标度的标准。

（3）等距标准，是用等距尺度作为标度的标准。与等级标准不同的是，用等距标准测得的分数可以相加，而用等级标准测得的分数不能相加。

（4）比值标准，是用比值作为标度的标准。这类标准所指的对象通常是工作的数量与质量、出勤率等。

（5）隶属度标准，是用模糊数学中隶属系数作为标度的标准。这类标准基本上适用于所有评价内容，能回答经典标度无法解决的问题，因而被广泛使用。

3. 按标准的形态分类

按标准的形态分类，可将评价标准分为静态标准与动态标准。

（1）静态标准，主要包括分段式标准、评语式标准、量表式标准、对比式标准和隶属度标准五种形式。第一，分段式标准，是将每个要素（评价因子）分为若干个等级，然后将指派给各个要素的分数赋予权重，划分为相应的等级，再将每个等级的分值分成若干个小档（幅度）。第二，评语式标准，是运用文字描述每个要素的不同等级。这是运用最广泛的一种。第三，量表式标准，是利用刻度量表的形式，直观地划分等级，在评价每个要素之后，可以在量表上形成一条曲线。第四，对比式标准，是将各个要素的最好一端与最差一端作为两级，中间分为若干个等级。第五，隶属度标准，就是以隶属函数为标度的标准，它一般通过相当于某一等级的“多大程度”来评定。

（2）动态标准，主要有包括行为特征标准、目标管理标准、情景评价和工作模拟标准。第一，行为特征标准，就是通过观察分析，选择一个关键行为作为评价的标准。第二，目标管理标准，是以目标管理为基础的评价标准，目标管理是一种以绩效为目标、以开发能力为重点的评价方法，目标管理评价准则是把它们具体化和规范化。第三，情景评价标准，是对领导人员进行评价的标准。它是从领导者与被领导者和环境的相互关系出发来设计问卷调查表，由下级对上级进行评价，然后将评价按一定的标准转化为分数。第四，工作模拟标准，是通过操作表演、文字处理和角色扮演等工作模拟，将测试行为同标准行为进行比较，从中做出评定。

4. 按标准的属性分类

按标准的属性分类，可将评价标准分为绝对标准、相对标准和客观标准。

(1) 绝对标准，就是建立员工工作的行为特质标准，然后将达到该项标准列入评估范围，而不在员工间做比较。绝对标准的评估重点，在于以固定标准衡量员工，而不是将员工的表现做比较。

(2) 相对标准，就是将员工间的绩效表现相互比较，也就是以相互比较来评定个人工作的好坏，将被评估者按某种向度做顺序排名，或将被评估者归入先前决定的等级，再加以排名。

(3) 客观标准，就是评估者在判断员工所具有的特质，以及其执行工作的绩效时，对每项特质或绩效表现，在评定量表上每一点的相对基准上予以定位，以帮助评估者做出评价。

(六) 工作环境条件

一般的工作环境条件包括工作场所以及工作的物理环境、安全环境和社会环境。物理环境包括温度、湿度、照明度、噪声、震动、粉尘，以及工作人员与这些因素的接触时间；安全环境包括工作的危险程度及可能造成的伤害、可能发生的职业病、精神紧张程度、体力消耗大小等；社会环境包括工作所在地的生活便利程度、工作环境的孤独程度、各部门之间以及同事之间的关系。工作环境条件的信息，表明了工作岗位对任职者的身体、生理条件的要求，工作过程中的危险性因素会在工作评价中作为一项补偿性因素被纳入考虑。

(七) 工作规范

工作规范提供了成功完成某些工作的人员应具备的条件，如教育、培训、经验及一些特殊的要求。它展示了什么样的人能被雇佣从事这项工作，需要进行哪些测试以证明应聘者的能力素质。一般情况下，工作规范作为工作分析的结果，与工作说明书放在一起，用于招募、选拔和培训等人力资源管理活动。工作规范是对工作说明书的补充，它需要说明为完成工作说明书中所列明的工作任务，任职者应具备何种知识、技能、能力、工作经验、身体条件、心理素质。可以通过对每一项工作职责、任务所对应的工作规范进行综合、整理，得出工作规范的总体内容。

工作规范包括以下几方面的内容：①知识背景，包括教育程度、知识结构、专业类型等；②与工作相关的工作技能，能力要求；③所需上岗资格与培训；④所需工作经验；⑤所需使用的工具、设备、仪器和辅助设备；⑥对任职者的特殊要求。由于工作分析的目的不同，工作说明书的内容往往与上面所说的并不完全一致，应结合具体情况有选择地对其进行描述。工作说明书的编制最好由工作分析小组协同工作、共同完成。随着组织规模的不断扩大，要在一定的时间内对工作说明书进行修正和补充，以使它与组织发展保持同步。

二、工作说明书的编写原则及要求

（一）工作说明书的编写原则

1. 对岗不对人

工作分析的对象是职位，而非员工。工作分析不是对现职人员工作情况的描述，不是对个人性格的分析，也不是对工作绩效的分析，而是从职位本身出发，分析职位的职责权限、主要工作内容，包括需要何种知识和技能才能高效率地履行岗位职责等在内的符合该工作客观实际的诸多信息。

2. 对事不对人

在工作分析过程中，要以“事”为出发点，严格以职位的要求来编写工作说明书，确保无论谁在这个职位上，所要做的事情都是一样的。在工作分析中的沟通环节，也要力求对事不对人，使沟通双方畅谈工作，表达真实想法。

3. 对当前不对未来

工作说明书在初始编写阶段应该反映编写时的工作职责和工作关系等，既不是对过去的回顾，也不是对将来的展望。不过，当一项工作被新创建出来或者正发生巨大变革时，工作分析就要基于组织战略，针对“未来的职位”进行分析。

4. 对职责不对待遇

工作说明书分析了各岗位主要职责，可以获取该职位为组织创造价值贡献大小和重要性的相关信息。但是，工作分析只能提供薪酬要素的部分信息，它是岗位评价的依据，但不是岗位评价，因而不能根据工作分析直接得出岗位等级和薪酬等级。在描述绩效标准时，不要涉及奖惩处理的内容。

（二）工作说明书编写的基本要求

工作说明书在组织管理中的地位极为重要，是管理者招聘人员和绩效考核等重要决策时的参考依据。一份好的工作说明书必须符合下列要求。

1. 清晰

在整个工作说明书中，应全部使用现在时态。对工作的描述，应注意使用浅显易懂、直接的语言，尽量避免生疏或者专业性过强的术语，要让任职人员读过以后，可以准确地明白其工作内容、工作程序与工作要求等，无须询问他人或查看其他说明材料。应避免使用原则性评价，同时对专业和晦涩的词汇必须解释清楚，以免在理解上产生偏差。

2. 具体

在编制时，内容要越具体越好，但各项描述不能交叉重叠。在说明工作的种类、复杂程度、任职者需具备的技能、任职者对工作各方面应负责任的程度这些问题时，措辞上应尽量选用一些具体的动词，通过使用具体的词汇，指出工作的种类、复杂程度，任职者需要具备的具体技能、技艺以及应承担的具体责任范围等。工作说明书中的工作职责，应该成为绩效指标的基础：任职资格的描述，更应该能成为招聘的依据。工作说明书应该具有实用性，即保证任务明确好上岗、职务明确易考核、资格明确好培训、层次清楚能评价。一般来说，基层员工的工作更为具体，因此，其工作说明书中的描述也更详细。

3. 简洁

整个工作说明书的文字必须简单明了，所有的词汇都要包含必要的信息，不必要的词语要省略。工作说明书总体上要简短扼要，以免过于复杂、庞大，不便于记忆。在描述一个岗位的职责时，应该选取主要的职责进行描述，不要试图穷尽所有的职责，每个岗位的职责最好不超过八项。

4. 规范

工作说明书可用表格显示，也可用文字叙述，格式可以多种多样。但在一个企业里，对各个岗位应使用统一格式的工作说明书，注重整体的协调，形成规范、准确、使用方便的管理文件。工作说明书的编写形式和用语应符合本公司的习惯，切忌照搬照抄其他公司的范本。必须保证一个岗位一个说明，即使是同一名称的岗位，但工作内容和性质不同，也不能用同一份说明书，分开使用才能做到事事清、事事明。

三、工作说明书的编写步骤

（一）获取工作信息

1. 分析组织现有的资料

浏览组织已有的各种管理制度文件，并和组织的主要管理人员进行交谈，对组织中开发、生产、维修、会计、销售、管理等职位的主要任务、主要职责及工作流程有个大致的了解。

2. 实施工作调查

充分、合理地运用工作分析方法，如观察法、访谈法、关键事件法、工作日志法等，开展工作分析，尽可能全面获得该工作的详细信息。这些信息包括工作性质、难易程度、责任轻重、所需资格等方面。

（二）综合处理工作信息

（1）将通过文件查阅、现场观察、访谈及关键事件分析等方法得到的信息进行分类整理，得到每一个职位所需要的各种信息。

（2）针对某一职位，根据工作分析所要收集的信息要求，逐条列出这一工作的相关内容或者工作分析清单，形成初步的工作说明书。

（3）工作分析者在遇到问题时，需随时与公司的管理人员和某一职位的工作人员进行沟通，针对同一职位但回答差异很大的项目进行商议，以取得统一意见。

（三）撰写工作说明书

（1）由工作分析小组全体成员讨论制定工作说明书的编写规范。比如，按行政和业务分类展开对工作职责和内容的讨论。工作说明书的编写最好在一个固定的办公地点由小组成员统一进行，以便及时沟通，每个成员侧重编写本部门或个人最为熟悉的职务说明书，一个部门完成后再进行下一个部门。需要指出的是，现在市场上可以买到解决这种费时但又是必需的任务的相关软件，编写者也可从网上下载有关的样本。例如，到美国的劳工部网站就能看到标准职业的工作说明书样本。

（2）将草拟的工作描述和工作规范与实际工作进行对比。召集整个工作分析中所涉及的人员，并给每位分发一份说明书初稿，由大家讨论根据以上步骤所制定的工作说明书是否完整、准确。讨论要求仔细、认真，甚至每个词语都要认真斟酌。工作分析专家应认真记录大家的意见。如果是书面征求意见，应在分发说明书初稿时随附一份意见反馈表格。该信息反馈表经过任职者与任职者的主管填写后，再返回到工作分析人员手中。

（3）根据讨论的结果决定是否需要再次进行调查研究。若需要，则重复以上步骤。特别是重要的岗位，其工作描述与工作规范应进行多次修订。

（4）确定工作说明书。根据讨论的结果，工作分析人员最后确定一份详细、准确的工作说明书。

（四）修正工作说明书

将工作说明书应用于实际工作，注意收集应用中的反馈信息，并不断完善工作说明书。如果发现现有的工作概念、内容、方法已经不尽合理，应该改良或者部分更换，甚至需要用全新的方法代替时，应对工作说明书进行修正。特别要强调的是，所有的修改都最好填写“修改分析单”，明确导致误差的原因和避免重复出现误差的方法，从而保证工作分析活动能够持续进步。

【知识延伸】

编写工作说明书的注意事项

1. 工作分析要与工作战略相结合

工作分析并不是描述出每一职位任职者实际承担职责、工作权限和工作流程的现状，不是要解决“目前大家正在做什么”的问题，而是要解决“大家需要做什么，谁来做最合适”的问题。企业首先应制订明确的战略目标，进而根据规范化的流程合理设计组织架构，然后再层层分解，将目标落实到各职能部门，部门的职能再分解到各岗位，这才有了各岗位的职责。因此，岗位的职责和任职资格的分析，都需要结合企业的战略目标。工作说明书的编写应具备全局观，不能孤立地看待每一职位，而应站在部门和公司的高度，看待职位在组织和流程中的位置和职位存在的价值。

2. 要在工作岗位已经明确的前提下开展工作分析

企业应该根据自己的业务流程以及企业其他方面的一些特殊情况，合理设计组织的结构，明确界定不同部门或经营单位的主要职责，然后在此基础上设计、分析每一个职位上的人应当承担的主要职责以及相应的工作任务。如果组织结构比较混乱或是处在机构改革过程中，许多工作岗位还未确定，一定要在组织结构和工作岗位确定后再进行工作分析。否则，工作分析所获得的信息将对企业几乎没有任何价值。

3. 工作分析要以工作为基础

工作分析要以工作为基础，以此来推动职位设计的科学化，强化任职者的职业意识和职业规范。同时，工作分析要充分照顾到任职者的个人能力和工作风格，在强调工作内在的客观要求基础上，适当体现职位对人的适应，实现职位与人的动态协调与有机融合。目前，部分企业由于工作环境的变动，带来了工作关系的复杂性，工作说明书需要对工作分析得透彻且又必须有很好的弹性，不能太死板，要随着工作的变化而调整。

4. 工作分析应注重分析

工作分析是分析而不是列清单。工作分析不应只是对职责、任务、业绩标准、任职资格等要素进行简单罗列，而是要在分析基础上对该职位进行全方位、富有逻辑的系统思考。也就是说，工作分析应从该职位对组织的贡献、该职位与其他职位的内在联系、该职位在流程中的位置与角色，以及其内在各要素的互动与制约关系等方面，按照一定的逻辑联系进行总体把握。

5. 工作分析要实施动态调整

工作描述是对有关岗位工作的一般性说明，很少考虑到岗位工作任务的动态特征。在实际工作当中，随着公司规模的不断扩大、业务量的增加以及战略的调整，企业可能就需要重新设计组织结构或者对职位进行重新设计。因此，工作说明书在制订之后，还要在一定的时间内对其进行一定程度的修正和补充，以便与公司的实际发展状况保持同步。企业组织系统内出现职位增加或撤销，岗位的某项工作职责和内容有变动，甚至于每一次工作信息的变动，都应该及时记录在案，并迅速反映到工作说明书的调整之中。在遇到要对工作说明书加以调整的情况时，一般由岗位所在部门的负责人向人力资源提出申请，并填写标准的“工作说明书修改表”，由人力资源部门进行信息收集，并对工作说明书做出相应的修改。

6. 对特殊岗位编写弹性工作说明书

随着全球企业间竞争的加剧，部分行业的工作任务分配将越来越灵活，层级将会减少。组织结构的扁平化趋势，使得团队成为企业组织结构的基本单位。团队中的成员没有清晰的职责划分，而是互相协作，共同为组织绩效负责，企业绩效评价也将以团队或工作单元的成果作为考核的标准，由此衍生了弹性工作说明书。弹性工作说明书一般只规定职位工作任务的性质、任职者所需的能力、技术、知识、经验等，而不再详细确定任职者的责任范围，因此，能够较好地满足团队“无边界工作”“无边界组织”特征的需求。显然，弹性工作说明书可以更好地在组织工作方向发生变化时保持其灵活性和适应性。

7. 编制出工作分析的管理制度

工作说明书在管理上被称为“抽屉文件”，是用来指导工作的。有的企业的工作说明书自被审批通过的那一日起，就被真正地遗忘在抽屉里了，甚至几年也没有进行过修订。解决这一问题的方法就是在编制工作说明书时同时编制出工作分析的管理制度，包括如何使用工作说明书、什么时候进行修订、修订的流程是什么，并定期检查各部门是否按制度执行。

四、工作说明书编写中出现的问题及策略

工作说明书具有明确工作职责与权限、工作目标、工作特点、任职人员资格要求的作用，还能为企业进行工作评价、人员招聘、绩效管理、培训与开发、薪酬管理等提供依据。虽然很多企业已经认识到工作说明书的重要性，但其工作说明书编制完成后却发挥不了应有的作用，达不到预期的效果。究其原因，主要是在编写工作说明书的过程中存在一些常见的问题。

（一）常见的问题

1. 对工作说明书的内容结构认识不清

编写工作说明书的目的是全面反映工作岗位及其任职人员的相关信息。而一些企

业由于对工作说明书的内容结构认识不清，所编写的工作说明书实际上仅是企业岗位职责制。企业的岗位职责制侧重于反映岗位任职人应该完成的职责，并没有反映任职者行为或工作活动的结果，不能全面反映工作岗位的信息。

2. 对工作职责界定不清

许多企业以团队为单位来设计工作任务，即同一项工作任务需要几个部门或几个岗位共同完成，这就出现了职责交叉的现象。正确地处理职责交叉有助于发挥协助效应，取长补短，提高工作效率。但很多企业在撰写工作说明书时，对这些职责交叉的工作没有明确界定各工作岗位的职责权限以及对工作结果应承担的责任，导致工作职责不清，工作中出现问题时各部门间互相推诿，降低了工作效率。

3. 编写过程存在很大的随意性和盲目性

目前，不少企业已经认识到了工作说明书的作用，纷纷在企业开展工作分析，但由于对工作分析缺乏正确认识，工作说明书的编写过程存在很大的随意性和盲目性，导致编写出来的工作说明书未能起到真正作用。有的企业要求各个岗位上的任职者自己编写工作说明书；有的企业由人力资源部闭门造车，使工作描述脱离本企业的实际，尤其是对任职者资格的界定缺乏客观标准，结果使工作说明书无法在实际中使用，成为一种形式，被搁置在一旁。

4. 工作说明书内容零乱、不成体系

工作说明书编写的过程，其实是对企业业务流程重新认识的过程。一套科学、规范的工作说明书，能为企业的各项工作及人力资源管理的其他工作提供依据。但是，不少企业的工作描述不完整，存在夸大或缩小职责，以及任职资格带有很强的主观性等问题。有的为了节约成本，甚至只对关键岗位和部门进行岗位描述，导致后续的工作评价和招聘等工作缺乏客观、统一的尺度，而科学的人力资源管理工作也无从谈起。

5. 工作说明书更新不及时

随着企业经营环境的变化和企业的发展，企业的工作业务流程也在不断变化，由此部门职责和岗位工作内容与要求也会不断发生变化。一般而言，工作说明书应不断修改，修改的频率应根据行业的发展和职责的变化情况进行灵活选择。因此，当企业发生重大组织变革和战略调整时，企业应及时修订工作说明书。然而，一些企业的工作说明书并没有随着企业的发展而变化，使得原有的工作说明书在新形势下已失去价值，工作说明书的规范和指导作用也难以发挥。

（二）成因分析

在工作说明书的编写过程中，之所以存在诸多问题，原因如下。

1. 为编写而编写

不少企业只关注工作说明书的结果或形式，使得工作说明书的编写流于形式。

2. 缺乏专业的技术和培训

不少企业缺乏工作说明书编制的专业技能或培训，因此存在描述不规范、用语不准确的现象，笼统地使用“负责”“管理”等词语，导致许多工作说明书千篇一律，大同小异。

3. 沟通不到位

不少企业的各级管理者把该项工作当作“作业”来应付，并没有与员工充分交流，甚至在工作说明书形成之后，忽视了任职者的“反馈”与“确认”环节，得不到广大员工的理解和支持，所起作用不大。

【拓展阅读】

有效沟通的意义

两个旅行中的天使到一户富有的人家借宿，这家人对他们并不友好，并且拒绝让他们在舒适的客房过夜，而是在冰冷的地下室给他们找了一个角落。当他们铺床时，年纪较大的天使发现墙上有一个洞，便顺手把它修好了。年轻的天使问为什么，老天使回答道：“有些事并不像它表面看上去那样。”

第二晚，两人到了一户非常贫穷的农家借宿，主人夫妇俩对他们十分热情，把仅有的一点点食物拿出来款待客人，然后又让出自己的床铺给两个天使。第二天一早，两个天使发现农夫和他的妻子在哭泣，因为他们的生活来源——奶牛死了。年轻的天使非常愤怒，他质问老天使为什么这样：第一个家庭什么都有，老天使还帮助他们修补墙洞；第二个家庭尽管如此贫穷，但还是热情款待他们，而老天使却没有阻止奶牛的死亡。

“有些事并不像它表面看上去那样。”老天使答道，“当我们在地下室过夜时，我从墙洞看到墙里面堆满了金块。因为主人被贪欲所迷惑，我不愿意让他来分享这笔财富，所以我把墙洞填上了。昨天晚上，死亡之神来召唤农夫的妻子，我让奶牛代替了她。因此，有些事并不像它看上去那样。”

这则故事旨在告诉我们，有些时候事情的表面并不是它实际的样子，而有效的沟通则可以帮助我们弄清楚事情的真相，也可以矫正自己在某一方面的偏差。

4. 工作说明书的管理不到位

一些企业的工作说明书并没有随着企业的发展而变化，使得原有的工作说明书在新形势下已失去价值，工作说明书的规范和指导作用也难以发挥。

（二）科学编写

了解到工作说明书在编制过程中存在的常见问题后，更重要的是要知道如何解决问题，也就是要学会如何科学地编写工作说明书。一般来说，应注意以下几个方面。

1. 定位清晰，高层认同

工作分析小组在组织编写工作说明书时，应有明确的定位，即工作说明书是着眼于对现状的描述还是对未来应有状态的描述，也就是解决工作职责“是什么”还是“应该是什么”的问题。若编写工作说明书是为了解决工作职责“应该是什么”的问题，那么在界定工作职责时必须对现存的职责交叉、职权不明或职责划分不合理的现象进行调整。不过，在调整之前，人力资源部的经理一定要和相关的高层领导进行讨论，明确工作分析的意义，准确定位工作说明书的编写工作，取得领导对工作说明书编写的理解与支持。在工作说明书的实施过程中，高层领导应率先树立岗位责任意识，对各项工作实行归口管理。

2. 员工的参与和配合

企业在编写工作说明书时，各部门的主管及其员工应该积极参加人力资源部提供的编写技术培训、指导和审核。人力资源部也应做好充分的准备工作，向员工宣传制定工作说明书的意义，界定说明书中各项内容的含义。

3. 逐步分层实施

（1）开展工作分析与调查

在编制工作说明书之前，必须认真进行工作分析和调查，了解每个岗位的工作任务、工作目标、工作条件、上下级关系、对内对外的联系、任职资格等因素。在实际操作中，可灵活选用问卷调查法、面谈法、工作日志法、实地观察法等方法，以取得具体的资料。

（2）界定部门职责

界定岗位职责的第一步是界定部门职责，它是界定岗位职责的基础。岗位职责应是部门职责的分解，部门的各项职责应在岗位的职责中得以体现，即“人人有事做，事事有人做”。

（3）分解部门职责

界定部门职责以后，应将部门职责分解到部门的各个岗位，明确各岗位之间的分工。这一过程也可作为企业定员定编的依据。

（4）分解部门工作任务

根据任务量和工作的要求，将部门的工作任务合理地分解到具体的岗位，确定部门的岗位设置和人员安排，并明确部门内各岗位的岗位职责。

4. 格式统一、用语准确、内容得当

规范工作说明书的格式、用语和内容，这关系到工作说明书的质量，因此，这一工作不容小觑。在工作说明书编写时，应统一基本的格式，按照工作描述、工作规范两个主要部分确定适合企业实际情况的格式和模块，注意整体的协调，做到美观大方。

在语言使用上，要做到简明、直接、表意精确，让员工一目了然，不能含糊其词，更不能有歧义。在内容安排上，要注意使其具有实用性、条理性和逻辑性。

5. 及时沟通

工作说明书的编写，最好是在一个固定的办公地点由小组成员统一进行，以便及时沟通。每个成员侧重编写本部门或个人最为熟悉的工作说明书，或者全组成员同时进行一个部门职位的编写，在这一过程可临时借调熟悉该部门情况，并能较客观地分析评价本部门职位的人员参加。一个部门的工作说明书编写完成后，再进行下一个部门的编写。

定期、定时地进行全组成员沟通，以便及时纠正偏差，并形成统一风格。同时，每个成员在编写过程中要及时与相应部门主管及相应职位工作人员进行沟通，使工作说明书尽可能与职位的实际情况相符合，并取得工作承担者的理解和认同。

6. 建立动态管理机制

工作说明书的管理工作相当重要，行业的发展、企业的变革，会对工作岗位提出不同的要求。因此，企业编写出规范的工作说明书后，人力资源部应建立工作说明书的动态管理机制，由专人负责管理更新。目前，我国很多企业已开始重视这一问题，如联想集团规定每半年对工作说明书修正一次。

第三节　工作说明书应用范例

工作说明书编写范例，如表6－2、表6－3、表6－4所示。

一、人力资源部经理工作说明书（见表6－2）

表6－2　　**人力资源部经理工作说明书**

<table>
<tr><td>职位名称</td><td colspan="2">人力资源部经理</td><td>直接上级</td><td colspan="2">公司总经理</td></tr>
<tr><td>定员</td><td>1人</td><td>所辖人员</td><td>12人</td><td>工资水平</td><td></td></tr>
<tr><td>分析日期</td><td></td><td>分析人</td><td></td><td>批准人</td><td></td></tr>
<tr><td colspan="6">工作描述</td></tr>
<tr><td>工作概要</td><td colspan="5">制定、执行与人力资源管理活动相关的各种政策，为填补职位空缺组织雇员招聘、面谈、挑选等活动；计划和实施新雇员的上岗引导工作，培养新雇员对公司目标的积极态度；指导工资市场调查，确定竞争性市场工资率；制定人力资源管理经费预算；与工会及政治工作部的主管人员共同解决纠纷，在雇员离职前与其进行面谈，确定离职的真正原因，在与人力资源部有关的会议和调查中充任代表</td></tr>
</table>

续 表

<table>
<tr><th colspan="3">工作描述</th></tr>
<tr><td rowspan="8">工作职责</td><td colspan="2">提交公司人力资源管理规划及人事改革方案，贯彻、落实各项计划</td></tr>
<tr><td colspan="2">雇员的招聘、录用、劳动合同签订；定岗、定编、定员计划编制</td></tr>
<tr><td colspan="2">处理职工调配、考核、晋升、奖惩和教育培训工作；为中层干部调整提出方案</td></tr>
<tr><td colspan="2">处理劳动工资、职工福利、职称审定的工作</td></tr>
<tr><td colspan="2">处理雇员离职、人才交流、下岗分流、再就业等人事变动事宜</td></tr>
<tr><td colspan="2">处理雇员健康检查、献血、保险事宜</td></tr>
<tr><td colspan="2">分析公司业务情况、预测公司发展前景、制定部门发展、参与制定公司发展战略</td></tr>
<tr><td colspan="2">协调公司内外部人际关系，向公司高层提出处理人事危机的解决方案</td></tr>
<tr><th colspan="3">任职资格</th></tr>
<tr><th>因素</th><th>细分因素</th><th>限定资料</th></tr>
<tr><td rowspan="2">知识</td><td>教育</td><td>最低学历要求为本科，工作中能较频繁地综合使用其他学科的一般知识</td></tr>
<tr><td>经验</td><td>至少从事公司职能管理工作两年、业务工作三年；在开始工作前还应接受管理学原理、组织行为学、人事管理、财务管理等相关知识培训</td></tr>
<tr><td rowspan="5">责任</td><td>技能</td><td>在工作中要求高度的判断力和计划性，要求积极地适应不断变化的环境；需要经常处理一些工作中出现的问题；由于工作的多样化，灵活处理问题时需要综合使用多种知识和技能；具有良好的人际关系协调能力和人事组织能力</td></tr>
<tr><td>分析</td><td>具有较强的分析公司战略发展与业务需要的能力，并能预测未来的人力资源供求状况</td></tr>
<tr><td>协调</td><td>工作时需要与上级或其他部门的负责人保持密切联系，频繁沟通；在公司内部与各部门负责人有密切的工作联系，在工作中需要随时保持联系和沟通</td></tr>
<tr><td>指导</td><td>监督、指导 6 ~ 13 名一般工作人员或 3 ~ 4 名基层管理干部</td></tr>
<tr><td>组织人事</td><td>在工作中，完成员工选拔、考核、工作分配、激励、晋升等职责，为中层干部调整制订计划</td></tr>
<tr><td rowspan="3">决策能力</td><td>人际关系</td><td>能正常运用正式或非正式的方法指导、辅导、劝说和培养下属，密切协调下属工作和其他管理人员活动，接受一般监督</td></tr>
<tr><td>管理</td><td>工作中向直接上级领导负责，参与公司一些大事的决策、做决策时必须与其他部门负责人和直接上级领导共同协商</td></tr>
<tr><td>财务</td><td>不能因工作失误而给公司造成显性或潜在损失；具备财务管理的一般知识，具有较强的节约管理经费的意识</td></tr>
</table>

续　表

<table>
<tr><th colspan="3">任职资格</th></tr>
<tr><th>因素</th><th>细分因素</th><th>限定资料</th></tr>
<tr><td rowspan="4">工作环境</td><td>时间特征</td><td>上班时间根据具体情况而定，但有一定规律，自己可以灵活控制和安排</td></tr>
<tr><td>舒适性</td><td>非常舒适，不会引起不良感觉</td></tr>
<tr><td>职业病与危险性</td><td>无职业病的可能，对身体不会造成任何伤害，外地出差时可以乘坐飞机，本地外出时可以由公司派车或是乘坐出租车</td></tr>
<tr><td>均衡性</td><td>所从事的工作不会忙闲不均</td></tr>
<tr><td>工具设备</td><td>办公用品与设备</td><td>电脑、传真机等</td></tr>
<tr><th colspan="3">责任</th></tr>
<tr><td colspan="3">提高工作效率，调动公司雇员的积极性，发挥公司雇员的创造性，增强企业的凝聚力，确保公司人力资源最优配置，以保证人力资源部工作的顺利开展和正常运行</td></tr>
</table>

二、培训科科长工作说明书（见表6－3）

表6－3　　培训科科长工作说明书

<table>
<tr><td>职位名称</td><td colspan="2">人力资源部培训科科长</td><td>直接上级</td><td colspan="2">人力资源部经理</td></tr>
<tr><td>定员</td><td>1人</td><td>所辖人员</td><td>1人</td><td>工资水平</td><td></td></tr>
<tr><td>分析日期</td><td></td><td>分析人</td><td></td><td>批准人</td><td></td></tr>
<tr><th colspan="6">工作描述</th></tr>
<tr><td>工作概要</td><td colspan="5">以人力资源开发与管理方面的现有薄弱环节为重点，开展调研工作，以“人事简报”的形式为公司各级领导提供参考材料；协调公司建立专业岗位任职资格评审制度，完成各年度职称评审；有效监控职工健康状况，行使医疗管理职权；完善有关管理制度，统一指导、协调和管理公司各单位培训工作，完成全年各项工作，提高公司竞争力</td></tr>
<tr><td rowspan="8">工作职责</td><td colspan="5">统一指导、协调和管理公司各单位培训工作</td></tr>
<tr><td colspan="5">致力于培训体系的基础建设及管理咨询的其他工作</td></tr>
<tr><td colspan="5">对公司各部门开展培训工作并进行指导、监督和检查</td></tr>
<tr><td colspan="5">制订公司年度培训计划及预算计划</td></tr>
<tr><td colspan="5">归口管理“职工教育费”及“教师劳务费”</td></tr>
<tr><td colspan="5">组织实施培训项目，并对培训结果进行评估、归档，提出人员使用的建议</td></tr>
<tr><td colspan="5">开展年度职称评审工作</td></tr>
<tr><td colspan="5">组织年度职工检查工作</td></tr>
</table>

续 表

任职资格		
因素	细分因素	限定资料
知识	教育	最低学历要求为本科，工作中能较频繁地综合使用其他学科的一般知识
	经验	至少从事公司管理、教育工作或其他组织工作两年；在开始工作前还应接受管理学、心理学、外语、财务计算机等相关知识培训
责任	技能	需要进行相关培训后才可以胜任工作，工作中通常需要较宽的知识面，要掌握较多的培训技巧；工作中的问题一般属于常规性的，但有时也需要灵活处理工作中的突发问题
	分析	具有分析评估培训技术理论与开发的能力
	协调	工作时本公司所有员工几乎都有工作联系，与部分部门领导有工作协调的必要；需要与外界几个固定部门的一般人员发生较频繁的业务联系，所开展的业务属于常规性的
	指导	监督、指导工作人员开展日常工作
	组织人事	在正常工作中，为人员选拔、考核、工作分配、激励、晋升等提供依据和参考意见
决策能力	人际关系	紧密配合上级工作和其他管理人员活动，接受直接上级的领导
	管理	工作中向直接上级领导负责，在领导的各种指导下履行各项工作职能
	财务	具备财务管理的一般知识，具有较强的节约管理经费的意识，掌握部门预算管理费用及全公司培训经费
工作环境	时间特征	上班时间根据具体情况而定，但有一定规律，自己可以控制和安排
	舒适性	工作中偶尔会感觉不舒适，约占全部时间的 15%
	职业病与危险性	无职业病的可能，对身体不会造成任何伤害，外地出差时可以乘坐飞机，本地外出时可以由公司派车，或乘出租车或是地铁
	均衡性	所从事的工作不会忙闲不均
工具设备	办公用品与设备	电脑、打印机、电视机、摄像机、照相机

三、审计部经理工作说明书（见表6－4）

表6－4　　审计部经理工作说明书

职位名称	审计部经理		直接上级	公司副总经理	
定员	1人	所辖人员	4人	工资水平	
分析日期		分析人		批准人	

续　表

<table>
<tr><td colspan="3">工作描述</td></tr>
<tr><td>工作概要</td><td colspan="2">对各级子公司、投资公司的经济活动进行审计监督，促进公司建立健全、有效的自我约束和监督机制，促进各经营单位遵守国家法律和公司规章制度，改进管理，降低风险，提高效益，保证其经济活动的真实性、合法性和有效性</td></tr>
<tr><td rowspan="6">工作职责</td><td colspan="2">拟定部门年度审计项目计划，对审计项目进度进行总体协调和控制</td></tr>
<tr><td colspan="2">拟定公司内部审计规章制度和内审工作发展规划</td></tr>
<tr><td colspan="2">组织实施审计项目，对审计项目的审计计划、工作底稿和审计报告进行重点审核，控制审计质量</td></tr>
<tr><td colspan="2">组织本部门工作人员进行关于工作内容、程序、方法等的研究和讨论</td></tr>
<tr><td colspan="2">组织安排审计人员的招聘、培训、考核等工作</td></tr>
<tr><td colspan="2">完成各级领导交给的其他任务</td></tr>
<tr><td colspan="3">任职资格</td></tr>
<tr><td>因素</td><td>细分因素</td><td>限定资料</td></tr>
<tr><td rowspan="2">知识</td><td>教育</td><td>最低学历要求为硕士研究生，工作中能较频繁地综合使用其他学科的一般知识</td></tr>
<tr><td>经验</td><td>在公司从事财务或管理工作三年；在开始工作前还应系统学习审计知识，接受法律、金融及相关法规、政策等内容的培训</td></tr>
<tr><td rowspan="4">责任</td><td>技能</td><td>需要进行相关培训后才可以胜任工作，大部分时候需要知识面宽的技术结构，独立工作，要求具有高度的倾听能力、冲突管理能力、信息管理能力和公文写作能力，工作中需要灵活处理问题，需要有较强的创造力和判断、决策能力，要求具有较高的政策水平，保守公司内部机密</td></tr>
<tr><td>分析</td><td>工作中需要经常分析公司经营活动存在的风险与问题，为公司改进管理、降低风险、提高效益提出意见和建议</td></tr>
<tr><td>协调</td><td>工作时需要与上级或其他部门的负责人保持密切联系，频繁沟通。在公司内部与各部门负责人有密切的工作联系，在工作中需要保持随时联系和沟通</td></tr>
<tr><td>指导</td><td>监督、指导 4 名下属完成审计项目</td></tr>
<tr><td rowspan="3">决策能力</td><td>人际关系</td><td>紧密配合副总经理工作，接受副总经理的直接领导和指导</td></tr>
<tr><td>管理</td><td>合理分配工作，监督、指导下属开展工作，考核下属工作业绩</td></tr>
<tr><td>财务</td><td>具备较强的财务管理的知识，为公司降低风险、优化资产质量、提高效益提出建议</td></tr>
</table>

续　表

任职资格		
因素	细分因素	限定资料
工作环境	时间特征	上班时间比较固定，大部分时间可以自己安排、控制，有时需根据人员情况进行调整
	舒适性	工作中经常感到不舒服，主要指审计工作中可能受到的消极对待、抵制，甚至报复
	职业病与危险性	不注意时可能对身体某些部分造成轻度损害，外地出差乘坐飞机或汽车，本地外出时公司派车或乘坐出租车
	均衡性	所从事的工作忙闲不均，且无明显规律
工具设备	办公用品与设备	电脑、计算机、打印机等

【本章回顾】

工作说明书作为组织重要的文件之一，是对某类职位分工的工作性质、任务、责任、权限、工作内容和方法、工作环境和条件以及本职务任职人资格条件所做的书面记录。将通过分析程序所获得的资料，进行归纳与整理，可撰写成工作说明书。工作说明书是关于工作内容以及工作任职者资格的一种书面文件。本章着重介绍了工作说明书的概念、分类及作用，并在此基础上详细论述了工作说明书的主要内容、原则及要求、编写步骤和在编写过程中常见的问题、解决策略，以此使学生认识到工作说明书的重要性。与此同时，还介绍了工作说明书应用范例，使学生学会使用工作说明书，将工作说明书真正运用于实践过程，帮助学生更好地发展。

【思考题】

1. 通过本章的学习，你对工作说明书有了哪些认识？
2. 工作说明书的作用主要体现在哪些方面？
3. 在编写工作说明书时应注意哪些问题？
4. 如何看待工作说明书的编写内容？

第七章　工作分析结果的应用

【学习目标】

1. 了解定编定员的相关概念、工作分析与定编定员涉及的要素，以及具体实施步骤，对工作分析与定编定员有初步的认识。

2. 明确人力资源规划的定义、内容、步骤及作用，并在此基础上认识到工作分析在人力资源规划中的应用。

3. 清楚人员招聘与培训的相关概念，与此同时，知道工作分析在人员招聘与人员培训中的应用，认识到工作分析在人员招聘与培训中的重要性。

4. 从整体上准确把握工作分析与薪酬管理、绩效管理，对其有一个更深的了解。

【案例引入】

远达公司陷入的困境

远达公司是浙江省的一家民营高科技企业，由几名志同道合的伙伴合作创办。在公司成立之初，资金并不宽裕，几名合伙人主动提出不领取工资，直至公司盈利。在他们不计报酬、努力工作的精神感召下，公司的员工也时常义务加班。公司内部关系融洽、士气高涨。经过公司上下的共同努力，该公司已发展为一家集开发、生产、经销于一体的中型高科技企业，在省内IT业界树立了一定的知名度。最近几年，公司处于高速发展阶段。企业经济效益连年大幅增长，员工待遇也随之不断改善，加之公司所处行业属于朝阳产业，员工普遍感觉在这样的公司有希望，同时还吸引了大批具有专业技术知识的年轻人加入公司。

然而，自公司进入稳定期以来，随着经济效益增幅的减小，公司内部出现了安于现状、不思进取的氛围，人心涣散的问题十分严重，尤其是中层管理者的流失问题急需解决。中层管理者流动频繁，使公司的管理出现脱节现象，其他员工的士气大受影响，公司生产率明显下降，从此陷入恶性循环。最近，员工中开始流传一种说法：凡是从本公司跳槽的人都能在现职岗位上做得不错，待遇比在本公司时好，工作强度也比本公司小；其他公司对处于同一层次的员工评估也不单纯以业绩为标准。另外，公司的人员流动多倾向于国内的知名外企。针对公司面临的以上问题，总经理感到非常棘手，准备请人力资源部经理为自己提些建议并与之共同商讨对策，使公司早日摆脱目前的困境。

请思考：

1. 你认为案例中的问题出现的根源是什么？
2. 如果你是该公司的人力资源部经理，会如何看待该问题并提出什么建议？

工作分析的结果主要有岗位规范、工作描述及工作说明书，从人力资源管理角度来看，工作分析结果在定编定员、人力资源规划、员工招聘与选拔、绩效考核、薪酬管理等方面，具有十分重要的作用。通过上述的案例，我们可以看出，远达公司陷入的困境和公司人力资源管理出现问题有着很大的关系。那么，你对工作分析结果的具体应用有哪些了解？你是如何看待工作分析结果？接下来我们一起来学习相关内容。

第一节　工作分析与定编定员

一、定编定员概述

（一）定编定员的概念

岗位管理是建立企业人力资源管理体系的基础，岗位管理包括岗位分析、工作评价、岗位设计、岗位分类和定编定员等，其中，定编定员又是岗位管理中不可缺失的重要工作内容，只有通过科学的方法开展定编定员工作，才能在数量、质量和结构方面实现企业人力资源的合理配置。

定编定员是根据企业战略目标的要求，在组织结构设计、岗位设计和岗位分析与评价的基础上，确定企业在一定时间周期内的人力资源编制，进而确定哪些人员能够有效执行岗位工作的一项管理活动。定编更多的是从“编制”这个角度进行分析，定员则更多的是从“人数”这个角度进行分析。定编定员是一种科学的用人标准，它要求企业根据当时的产品方向和生产规模，在一定的时间和技术条件下，本着精简机构、节约用人、提高工作效率的要求，规定各类人员必须配备的数量。它要解决的问题是企业各工作岗位配备什么样的人员，以及配备多少人员。它通过对企业用人方面数量的规定，促进企业少用人，多办事，从而不断提高劳动生产率。

（二）定编定员的原则

定编定员工作是在企业确定业务规模和发展方向的基础上进行的，具有时效性。定编定员的要求是保证“事事有人做，人人有事做，岗位无重叠，工作无遗漏”。因此，定编定员需要遵循以下原则：

1. 以企业战略目标和经营目标为原则

定编定员不但要确定企业各类人员的编制数量，还要从质量上规定使用人员的标准，其目的是提高企业生产经营活动的效率，因此，定编定员必须从企业战略目标出发，以计划期内的企业各项经营管理目标为依据。

2. 总量控制与结构优化原则

定编定员需要符合人力资源管理的规律，在保证实现企业经营管理目标的前提下，参照国家标准、行业标准或竞争企业的标准，从企业实际出发，结合企业现有的管理水平、技术水平和人员素质，确定各岗位的编制数量，根据岗位任职条件，采用岗位竞聘、双向选择的形式进行定编定员。因此，定编定员应遵循总量控制、结构优化的原则，保证科学性和合理性。

3. 比例协调原则

定编定员需要结合企业业务特点，正确处理各类人员的比例关系，这些比例关系包括：①直接生产人员和非直接生产人员的比例关系；②各生产工序间人员比例关系；③管理人员和专业人员的比例关系；④后勤保障人员与全体人员比例关系；⑤全体人员中的男女人员比例关系；⑥全体人员中年龄结构比例关系。

4. 适时修订原则

企业的定编定员在一定时间周期内具有相对稳定性，但在发生下列情况时应对定编定员及时进行调整和修订：

（1）企业调整生产经营目标或根据市场需求增减相关业务时；

（2）企业采用新技术、新方法能够有效提升生产效率时；

（3）岗位任职者的知识和技能水平大幅提高时；

（4）企业生产的产品具有明显的季节性变化时；

（5）企业人力资源成本压力较大时。

5. 专业化管理原则

定编定员是一项专业性和技术性都很强的工作，它涉及企业生产经营活动的方方面面，从事这项工作的人不但要懂管理，还要懂业务、懂技术，只有这样，才能保证定编定员工作科学、合理，符合企业阶段性生产经营的需要。

6. 有利于人员职业发展原则

在开展定编定员工作时，应充分考虑人员的职业发展，预留出人员参加培训和学习的时间，企业战略目标和经营目标的实现离不开人员个人素质的提升，只有不断提高人员的职业能力，才能保证企业可持续发展。

（三）定编定员的意义和要求

定编定员主要是为以下工作提供科学依据：首先，编制企业人力资源计划和调配人力资源；其次，充分挖掘人力资源潜力，节约使用人力资源；最后，不断改善劳动组织，提高劳动生产率。为此，定编定员必须做到：①以实现企业的生产经营目标和提高人员的工作士气、职业满意度为中心；②以精简、高效、协调为目标；③同新的劳动分工和协作关系相适应；④合理安排各类人员的比例关系。

根据以上分析，如果仅仅简单地认为工作分析是现代人力资源管理的基础，是不全面的、不科学的。网络时代的中国企业，应该说，工作分析及其衍生结果都是现代人力资源管理的基础和前提，在相当一段时期内，其作用不仅不会削弱、淡化，为了与“程式化和人性化”的人力资源管理策略相融合，工作分析与作用反而更需要强化。

（四）定编定员的方法

1. 按工作效率定编定员

按工作效率定编定员，是指根据生产任务和人员的工作效率以及出勤率等因素来确定人员数量，也就是根据工作量和劳动定额来计算人员数量。这种方法适用于实行劳动定额的人员，特别是以手工操作为主的工种。

2. 按设备定编定员

按设备定编定员，是指根据工作量确定机器设备的数量，再根据设备数量、设备利用率、开动班次以及工人看管定额和出勤率来确定人员数量。这种方法主要适用于以机械操作为主，使用同类型设备，采用多机床看管的工种。

3. 按岗位定编定员

按岗位定编定员，是指根据工作岗位的多少、各岗位工作量的大小、工作班次等因素来确定人员数量。该方法适用于看管大型联运设备的人员、自动流水线生产人员，也适用于没有设备又不能实行劳动定额的人员，如检修工、质检工、电工等。

4. 按比例定编定员

按比例定编定员，是指按照企业职工总数或某一类人员总数的比例来确定某种人员数量。这种方法主要适用于企业内各种辅助生产或服务性部门。

5. 按组织机构、职责范围和业务分工定编定员

按组织机构、职责范围和业务分工定编定员，是指先确定组织机构和各职能科室，明确各项业务分工及职责范围以后，根据业务工作多少和复杂程度，结合管理人员和工程技术人员的工作能力和技术水平，来确定人员数量。这种方法主要适用于企业管理人员和工程技术人员的定编定员。

二、工作分析与定编定员涉及的要素

工作分析与定编定员涉及人与事的关系、人自身的各方面条件和企业组织机制及行业现实等要素，从而形成五个方面的工作状况分析。

（一）人员与事的总量分析

人员与事的总量指的是人与事的数量关系是否对应，即有多少事要用多少人去做。但这种数量关系不是绝对的，而是随着企业的经营和当期生产订单而变化的。无论是人浮于事还是事浮于人，都不是企业希望看到的。当前，许多企业老板比较烦恼的问题有两个方面：一方面，普通人员和技能性人员难招到，有事没人做；另一方面，内部管理人员人浮于事，缺少称职的管理人员。

企业在分析出当期人力过剩或人力不足或两者兼而有之的情况之后，应该更关注如何合理配置人力供给与需求。通常情况下，在人员短缺时，可以从两个方面考虑：一方面，应当考虑在企业内部调节，因为此方法不仅风险小、成本低，还可以使人员感到有希望、有机会；另一方面，可考虑外部补充、招聘、借调、实行任务转包等措施，在人员富余时，注意利用多种渠道妥善安置，例如，内部转岗训练、缩短工作时间、遣散临时用工、对外承包劳务、实行弹性工作制等。

（二）人员与事的结构分析

人员与事的结构是指事情总是多种多样的，应该根据不同性质、不同特点的事，选拔有相应专长的人员去完成。企业内定编定员的一个重要目标，就是把各类人员分配在最能发挥他们专长的岗位上，力争做到人尽其才、才尽其用。

因此，按照企业现有人员能力和特点进行分类，考察现有人员的使用情况，并列出矩阵表，从中可以分析组织架构内现有人力资源的实际使用情况和效果。比如，通过纵横向分析（列出各职位对岗位的人数），找出当前人力资源实际使用率和实际浪费的可能性。

根据人力资源矩阵，可分析企业中有多少名熟练工在做非熟练工的工作，有多少技工在做熟练工的工作；工程技术人员中，多少人在做熟练工的工作，多少人在做技工的工作；多少名专业管理人员处于半工作或不饱满状态。根据需要进行人力资源的调节，避免出现从直接到间接的人力成本浪费。

（三）人员与事的质量分析

人员与事的质量是指人与事之间的质量关系，即事的难易程度与人的能力水平的关系。事有难易繁简之分，人有能力高低之分，应根据每种事的特点、难易和繁简程度，以及其对人员资格条件的要求，选拔具有相应能力水平的人去承担。这是因为，人力资源管理的根本任务，是合理配置和使用人力资源，提高人力资源投入与产出比率。要合理使用人力资源，就要对人力资源构成和特点有详细的了解。可以这样说，人力资源是由个体的人力和能力组成的，而各个人员的能力由于受到身体条件、受教育程度、实践经验等因素的影响而各自不同，形成个体差异。这种个体差异，要求将人员根据能力大小、水平高低的差异安排在相应能级层次的岗位上，使个人能力水平与岗位要求相适应。

人与事的质量不符主要有两种情况：第一种是现有人员素质低于现任岗位的要求；第二种是现有人员素质高于现任岗位的要求。对于前者，可考虑采用技能性培训或转岗等方法来调节现有人员的使用情况；对于后者，就应考虑将其提升到更高的岗位担任工作，以发挥他们更大的潜力。相关调查显示，近年来许多企业在人员招聘上普遍存在着“人才高消费”的倾向，即在招聘、选拔和晋升人员时，过分追求学历条件，尽管这样做会使得企业整体文化素质有所提高，但能够做到“量才”与“适用”，才是人力资源管理和开发的根本所在。

（四）人员与工作负荷状况分析

人员与事的关系还体现在事的数量是否与人的承受能力相适应，使人力资源能够保持身心健康上，这是因为组织的各项活动是一个相互联系、相互依赖、前后相连的有机整体，每个部门的人员配置都应与其所承担的工作量相适应，使得工作负荷量与人员身心承受能力相适应。比如，人员的劳动强度要适度，脑力劳动也要适度，工作时间也要适度，不能超过一定的范围，既要合理形成一种压力与动力，又要保持人员的身体健康和很好的心理状态。

在实际操作方面，若工作负荷过重，则应减轻工作负担或新设一个岗位来分担原岗位的工作；若工作负荷量不够，则应考虑合并相应岗位或增加该岗位工作内容。无论是工作负荷过重，还是工作负荷过轻，都不利于人力资源的合理配置和使用。

（五）人员使用效果分析

人员与事的配置分析，最终还要看对在岗位上的人员的使用情况，这是动态衡量人与事关系的重要内容。一般来说，人员使用效果经常以态度为基础，将绩效的好坏与自身能力的强弱做比较。

进行工作与定编定员状况分析，是以内部人员配置为着陆点的。然而，在内部配置、调节都难以满足企业当前的实际需要时，就要进行外部招聘。可以说，外部招聘工作的关键在于实现所招人员与待聘岗位的有效匹配。这种匹配正是要求将应聘者个人特征与工作岗位的特征有机地结合起来，从而体现“即时能上岗”的硬道理，这更是人力资源管理所期望的结果。

三、工作分析与定编定员实施步骤

企业工作分析与定编定员的实施，一般采取以下五个步骤。

（一）成立工作分析的工作小组

工作小组包括数名人力资源专家和多名工作人员，一方面，需要对工作人员进行工作分析技术的培训，制订工作计划，明确工作分析的范围和主要任务；另一方面，要配合组织做好人员的思想工作，说明分析的目的和意义，建立友好的合作关系，使人员对工作分析有一个良好的心理准备。

工作小组还要确定工作分析的目标并设计职位调查方案。首先，确定工作分析所获得资讯的使用目的。其次，工作小组对资讯调查的方案进行设计，根据不同的组织和特定的情况，采用不同的调查方案和方法。如果能把工作分析的任务和程式分解成若干工作单元和环节，则更有利于工作分析的完成。

（二）收集与工作分析相关的资讯

工作分析所需资料包括企业组织结构图、生产状况、各部门的工作流程图、各岗位办事细则等。组织已有的“定编、定员”的具体规章制度，能帮助工作分析人员进行有效的清岗工作，即对组织当前所有部门的岗位进行清理。在这些资料的帮助下，通过与该组织的人事部门工作人员进行讨论，分析人员能够清楚地了解组织各个部门的岗位以及各岗位上的人数和大致的工作职责，并可用一个标准的职位名称来规范各岗位。

（三）收集工作分析的资讯

职位调查为正确地进行编写工作说明书提供了依据。这个阶段的任务，是根据调查方案，对组织的各个职位进行全方面的了解，收集有关工作活动、职责、工作特征、环境和任职要求等方面的资讯。在资讯收集过程中，一般可灵活运用访谈、问卷、实地观察等方法，来得到有关职位工作的各种资料。职位调查是工作分析中十分必要的准备工作，它的真实程度以及准确性，直接关系到工作分析的质量。

（四）整理和分析所得的资讯

工作分析并不是简单机械地积累相关资讯，而是要对各职位的特点和要求做出全面说明，在深入分析和认真总结的基础上，创造性地揭示出各职位的主要内容和关键因素。整理和分析过程应该包括以下三个步骤：

（1）整理访谈结果和调查问卷，剔除无效的访谈资讯和调查问卷，并按照编写工作说明书的要求对各个职位的工作资讯进行分类。

（2）将初步整理的资讯交给在职人员以及他们的直接主管进行核对，以减少可能出现的偏差，同时也有助于获得相关人员理解工作分析结果。

（3）修改并最终确定所收集工作资讯的准确性和全面性，这是编写工作说明书的基础。

（五）编写工作说明书

工作说明书由工作说明和工作规范两部分组成。工作说明是对有关工作职责、工作内容、工作条件以及工作环境等工作自身特性等方面所进行的书面描述；而工作规范则明确了工作对人的知识、能力、品格、教育背景和工作经历等方面的要求。

【知识延伸】

编写工作说明书的注意事项

1. 切忌脱离实际臆想定编。
2. 职位之间体现差异化。
3. 相似工作职位之间体现平衡。
4. 工作说明书编写要体现发展的思维。
5. 职位说明要与公司等级要求和绩效考核指标匹配。
6. 工作说明书编写针对职位不针对人。

第二节　人力资源规划

一、人力资源规划概述

（一）人力资源规划的定义

人力资源规划，是指组织从发展战略和发展目标出发，根据其内外部环境的变化，预测未来的组织任务和环境对人力资源的需求，以及为满足这些需求而提供人力资源的过程。人力资源规划是企业发展战略的重要组成部分，也是组织选人、育人、用人、留人等各项人力资源管理工作的依据。制订人力资源规划的目标，是确保组织在适当的时间和不同的岗位上获得适当的人选，满足不断变化的组织在数量、质量、层次和结构上对人力资源的需求，并最大限度地开发和利用组织内现有人员的潜力，使组织和人员的需要得到充分满足。

组织与其所处的外部环境是不断变化的，因此人力资源规划也要随之变化，要根据组织与环境的变化进行内部的调整。这就意味着人力资源规划要能够预测组织长期的人力资源需求和内外部的供给，确保组织在重要的岗位上获得所需的合适人员，实现企业的发展战略，同时满足人员个人的发展要求。例如，组织为了满足多变的市场需求，需要开拓全新的业务领域，这就需要配备一定数量的专业技术人员以及有经验的管理人员。

通过人力资源规划，组织能以较低的成本获得所需的人力资源，充分发挥现有人力资源的作用。例如，对现有的人力资源结构进行诊断分析，找出影响人力资源有效运用的主要矛盾，合理利用人力资源，能够充分发挥现有人力资源效能。人力资源规划也有利于帮助人员根据组织发展的需要，明确自己的职业生涯规划，在实现组织目标的同时实现自己的发展目标。例如，在某些组织中，根据组织发展方向和组织政策，鼓励从一线岗位中提拔优秀的人员，这种信息传达下去后，极大地促进了人员工作积极性的提高，增加了工作投入，提高了工作质量和产量。

组织的人力资源规划，始于组织的战略规划，确定组织的战略规划后，可根据不同时期的组织经营目标，进行某一特定时期的人力资源规划，预测该时期组织的人力资源需求、供给。将两者进行比较，可以初步了解组织在该段时间的人力资源供求状况，制订相应的人力资源规划，满足组织潜在的发展需要。

（二）人力资源规划的内容

人力资源规划一般包括战略规划、组织规划、制度规划、人员规划及费用规划等。

第一，战略规划。战略规划是根据企业总体发展战略的目标，开发和利用企业人力资源的方针，是对政策和策略的规定，是各种人力资源具体计划的核心，也是事关全局的关键性计划。

第二，组织规划。组织规划是对企业整体框架的设计，主要包括组织信息的采集、处理和应用，组织结构图的绘制，组织调查、诊断和评价，组织设计与调整，以及组织机构的设置等。

第三，制度规划。制度规划是人力资源总规划目标实现的重要保证，包括人力资源管理制度体系建设的程序、制度化管理等内容。

第四，人员规划。人员规划是对企业人员总量、构成、流动的整体规划，包括人力资源现状分析，企业定员、人员需求、供给预测和人员供需平衡等。

第五，费用规划。费用规划是对企业人工成本、人力资源管理费用的整体规划，包括人力资源费用的预算、核算、结算，以及人力资源费用控制。人力资源规划又可分为战略性的长期规划、策略性的中期规划和具体作业性的短期计划，这些规划与组织的其他规划相互协调联系，既受制于其他规划，又为其他规划服务。

（三）人力资源规划的步骤

人力资源规划的程序即人力资源规划的过程，一般可分为以下几个步骤：收集有关信息资料；人力资源需求预测；人力资源供给预测；确定人力资源净需求；编制人力资源规划；实施人力资源规划；人力资源规划评估；人力资源规划反馈与修正。

1. 收集有关信息资料

人力资源规划的信息，包括组织内部信息和组织外部环境信息。组织内部信息主要包括企业的战略计划、战术计划、行动方案、本企业各部门的计划、人力资源现状等。组织外部环境信息，主要包括宏观经济形势和行业经济形势、技术的发展情况、行业的竞争性、劳动力市场、人口和社会发展趋势、政府的有关政策等。

2. 人力资源需求预测

人力资源需求预测包括短期预测和长期预测、总量预测和各个岗位需求预测。人力资源需求预测的典型步骤包括现实人力资源需求预测、未来人力资源需求预测、未来人力资源流失情况预测、得出人力资源需求预测结果。

3. 人力资源供给预测

人力资源供给预测包括组织内部供给预测和外部供给预测。人力资源供给预测的典型步骤包括内部人力资源供给预测、外部人力资源供给预测、将组织内部人力资源供给预测数据和组织外部人力资源供给预测数据进行汇总，得出组织人力资源供给总体数据。

4. 确定人力资源净需求

在对人员未来的需求与供给预测数据的基础上，将本组织人力资源需求的预测数与在同期内组织本身可供给的人力资源预测数进行对比分析，从比较分析中可测算出对各类人员的净需求数。这里所说的“净需求”，既包括人员数量，又包括人员的质量、结构，即既要确定“需要多少人”，又要确定“需要什么人”，需将数量和质量对应起来。这样就可以有针对性地进行招聘或培训，这就为组织制定有关人力资源的政策和措施提供了依据。

5. 编制人力资源规划

根据组织战略目标及本组织人员的净需求量，编制人力资源规划，包括总体规划和各项业务计划。同时，要注意总体规划和各项业务计划及各项业务计划之间的衔接和平衡，提出调整供给和需求的具体政策和措施。一个典型的人力资源规划，应包括规划的时间段、计划达到的目标、情景分析、具体内容、制订者、制订时间。

6. 实施人力资源规划

人力资源规划的实施，是人力资源规划的实际操作过程，要注意协调好各部门、各环节之间的关系，在实施过程中需要注意以下几点：

（1）必须有专人负责既定方案的实施，要赋予负责人拥有保证人力资源规划方案实现的权力和资源；

（2）要确保不折不扣地按规划执行；

（3）在实施前要做好准备；

（4）实施时要全力以赴；

（5）要有关于实施进展状况的定期报告，以确保规划能够与环境、组织的目标一致。

7. 人力资源规划评估

在实施人力资源规划的同时，要定期或不定期地进行评估。评估要从三个方面展开：是否忠实地执行了本规划；人力资源规划本身是否合理；将实施的结果与人力资源规划进行比较，通过发现规划与现实之间的差距来指导以后的人力资源规划活动。

8. 人力资源规划的反馈与修正

人力资源规划实施后的反馈与修正，是人力资源规划过程中不可缺少的步骤。评估结果出来后，应及时进行反馈，进而对原规划的内容进行适时的修正，使其更符合实际，更好地促进组织目标的实现。

（四）人力资源规划的作用

1. 保证组织目标的完成

人力资源计划是实现组织战略的基础计划之一，制订人力资源计划的一个主要目的是确保组织完成发展战略。目前，大多数组织为了生存、发展及保持竞争优势，都制订了独特的战略，经营战略与计划一旦确定，下一步就是要有人去执行和完成，人力资源计划的首要目的，就是有系统、有组织地规划人员的数量与结构，并通过职位设计、人员补充、教育培训和人员配置等方案，保证选派最佳人选完成预定目标。

2. 适应环境变化的需要

人力资源计划有助于企业对市场经营环境变化、竞争、企业重组及新技术引进等情况作出反应。现代企业处于多变的环境，一方面，内部环境发生变化，如管理哲学的变化、新技术的开发和利用、生产与营销方式的改变等，都将对组织人员的结构与数量等提出新的要求；另一方面，外部环境的变化，如人口规模的变化、教育程度的提高、社会及经济的发展、法律法规的颁布等，也直接影响到组织对人员的需求，影响到员工的工作动机、工作热情及作业方式。人力资源计划的作用，是让企业更好地把握未来不确定的经营环境，适应内外环境的变化，及时调整人力资源的构成，保持竞争优势。

3. 提高使用人力资源管理效率

人力资源计划有助于组织降低人员的使用成本。它能够帮助管理人员预测人力资源的短缺和冗余，在人员管理成本上升前，纠正人员供需的不平衡状态，减少人力资源的浪费。良好的人力资源计划，能充分发挥人员的知识、能力和技术，为每个员工提供公平竞争的机会；能客观地评价员工的业绩，极大地提高劳动积极性。人力资源计划，能向员工提供适合个人的职业生涯发展计划，提高员工生活质量，开发员工的生产能力，最终提高组织对人力的使用效率。

二、工作分析在人力资源规划中的应用

人力资源规划是企业发展战略的重要组成部分，也是组织选人、育人、用人、留人等各项人力资源管理工作的依据。工作分析是人力资源管理中一项重要的常规性技术，是整个人力资源管理工作的基础，两者密不可分。工作分析的结果，可以为有效地人力资源规划提供可靠的依据。一个组织有多少个工作职位；这些职位目前的人力资源配备能否达到要求；今后几年内工作将有哪些变化；人员的结构应作出哪些相应的调整；几年甚至几十年内人员增减的趋势如何；后备人员的素质应达到何种水平等，这些问题都可以在工作分析的结果中找到相应的答案。可见，人力资源规划的制订，是以组织的工作分析为基础的，同时它又为下一步的人力资源管理活动制订了目标、原则和方法。

（一）工作分析与需求预测分析

进行人力资源需求预测分析，首先要收集相关的信息资料，包括企业的发展战略和目标、组织结构、工作说明书、现有人力资源信息等。这些资料都可在工作分析中获取。此外，还要收集一些关于组织经营环境的约束性资料，包括社会、政治、经济、法律环境等，这些也是制订人力资源规划必须考虑的因素。

通过工作分析，企业可以获得现有人力资源的整体状况：对工作说明书中的各职位人员的工作职责进行分析，可以了解其能否实现组织未来的发展目标；对工作规范进行分析，可以了解组织现有职位人员是否具备实现组织发展战略的技术和能力；通过对组织发展战略、组织文化与组织环境等情况的分析，可以对未来所需的人力资源数量、质量及结构的总体状况作出预测分析，从而确定组织是否需要进行人员补充，

需要哪种类型的人员补充，并设计出未来所需人员的职责。同时，通过对工作分析结果进行分析，还可以掌握现有人员的数量以及未来可能的流向，确定人力资源的需求数量及年龄要求。

（二）工作分析与供给预测分析

组织人力资源供给预测分析的信息主要来源于两个方面：一是组织外部人员的招聘；二是组织内部人员的晋升、调配。组织对人力资源供给预测的信息进行分析时，在一定程度上依赖于工作分析的结果。

1. 确定所需人员的标准

对组织外部人员的招聘，首先要确定的是适合人员的标准。只有符合组织需要的人员，才是供给预测分析的对象。在对组织外部人员的招聘信息进行分析时，可以依据本组织的工作分析结果，按照工作描述、工作规范对组织所需的人员标准、条件进行分析，掌握组织外部未来能够适应本组织发展的相关人员数量。工作分析所形成的规范性文件是组织对外部人员信息进行预测分析时的前提和基础。只有依据组织所形成的有关工作分析的规范性文件，组织才能对这些外部信息进行分析和筛选。比如，工作规范规定了工作的任职资格，只有具备了该资格的人员，才能符合该职位的要求，那么在进行供给预测分析时，只能在具备了该资格的人员范围内对其流动性进行分析。假设某企业设计工程师的工作规范要求任职资格为具有五年以上设计经验且掌握工艺流程等，那么在进行外部人员的招聘信息分析时，分析范围只能限于具备或将来具备这些条件的人员。如果没有针对性的分析人群，那做出的供给预测分析对企业是毫无意义的。

2. 提供供给预测分析的资料

人力资源供给预测主要是根据组织内外部条件，对未来一定时间内，组织空缺职位能获得补充的人员的总数及获得供给的时间进行估算。对任何一个组织而言，其人员都是流动的、发展的。组织内人员会出现不同形式的流动，如职位晋升与调配，人员的自然流失、伤残、退休和死亡等，这些信息都应属于人力资源供给预测分析的内容。在进行人力资源预测分析时，必须掌握关于组织内现有人员流动趋势的信息，而这些信息可以通过对工作说明书的分析获取。一份完整的工作说明书不仅包括工作名称、工作环境、工作职责，同时对该职位人员的晋升、降级、所受的培训都有详细描述，通过对这些信息资料进行整理，可以进行相应的人员供给预测分析。

（三）工作分析与人力资源政策

在完成人力资源的需求预测与供给预测，并进行比较和平衡后，组织会制定相应的人力资源政策。这些政策制定的目的，主要是保障组织未来发展所需人员的有效供给。组织人力资源的供求平衡分析会出现供求平衡、供给不足、供给过剩三种情况。

1. 供求平衡

当供求平衡时，组织的人力资源政策可以保持现有的工作分析结果，并且对其进行一些必要的维护，保证各职位的任职者能够按照工作说明书所描述的职责、任职资格及工作协作等有序地进行日常的工作和生产。

2. 供给不足

当供给不足时，组织的人力资源政策主要有两种选择：一种是招聘增员；另一种则是进行工作职责的拓展。如果招聘增员，那么组织应根据所缺人员应承担的工作职责、应掌握的知识技能、所在职位的工作环境及其他条件等，编制工作说明书，人力资源部门根据工作说明书制订相应的招聘方案，确定招聘人员的标准。

如果要拓展现有职位的工作职责，组织也需要借助工作分析。工作职责的拓展，就是将人员的工作范围扩大，增加人员的工作职责、工作任务，让人员完成更多的工作量。一方面，在拓展工作职责之前，要先对工作分析的结果进行梳理和分析，了解各职位工作的饱和度。对于工作任务、工作量已达到饱和状态的职位，不适宜再对其进行职责的拓展；对于未达到饱和状态的工作职位，则可以考虑拓展其工作职责。另一方面，在决定对某些具体职位进行工作职责的拓展后，组织要根据各职位的实际情况，确定如何进行职责扩展。

一方面，要对增加的工作任务、工作职责进行分析，以确定完成这些任务和职责所需的知识、技能；另一方面，要对这些职位原本所需具备的资格条件进行分析，然后将两者对比，从而确定哪些职位可以扩展，扩展何种工作职责。如果原有职位任职者不具备新增任务所需的相应资格条件，则还要规定该职位相应的技能或知识培训内容。只有这样，才能保证拓展后的工作职责顺利落实。职责拓展后，由于各岗位的工作关系、工作环境、工作职责、工作技能要求等都可能发生改变，原有的工作说明书已不能准确描述职责拓展后的职位。因此，组织应根据职责拓展后的实际情况对相应职位重新进行工作分析，并制订工作说明书。

3. 供给过剩

当供给过剩时，组织的人力资源政策主要有三种：一是裁减或辞退人员；二是进行工作职责的分解；三是减少工作时间，同时也减少工资。组织可以根据自身的人力资源政策精简组织机构，裁撤人员，将不能满足组织发展要求的人员辞退，再将工作任务重新整合，完成人岗匹配。工作职责的分解，一方面是将原有的一个或两个职位的职责分由两个或更多职位来共同完成，以此达到不裁员的目的；另一方面是用减少工作时间的办法来缓解人力资源供大于求的矛盾。不少组织在经济衰退或出现行业危机时，为了能使全员共渡难关，提高企业人员的凝聚力，就采用第二种或第三种方法。

不论是哪一种情况，都需要及时对原有的工作说明书进行适当修改和调整，为以后的其他人力资源管理活动提供依据。

（四）工作分析与人力资源规划的控制和反馈

人力资源规划的最后一个步骤——控制与反馈，是对人力资源规划的合理性、准确性进行反馈，并根据现实情况不断予以修正和完善的过程。对人力资源规划进行控制与反馈，是为了实现对人力资源的适时、有效地配置，其最终目标是保证组织战略的顺利实施。对人力资源规划进行控制与反馈，需要关注的内容是多方面的，比如，各岗位任职者能否胜任该岗位工作；各岗位任职者能否按照岗位设置的目标履行各自的工作职责；各岗位工作职责的完成能否最终实现组织的发展方向或战略目标等。这些都需要以工作分析的结果为依据来检验和衡量。通过对组织内所有岗位进行工作分析，及时发现可能存在的有关岗位的问题，可以避免组织内岗位设置或是岗位任职者的原因影响组织发展的情况。

第三节　人员招聘与培训

一、人员招聘与培训

（一）人员招聘

1. 人员招聘的定义

人员招聘是企业为了弥补岗位空缺而进行的一系列人力资源管理活动的总称。它是人力资源管理的首要环节，是实现人力资源管理有效性的重要保证。从广义上来讲，人员招聘包括招聘准备、招聘实施和招聘评估三个阶段；狭义的招聘即招聘的实施阶段，其中主要包括招募、筛选（或称选拔、选择、挑选、甄选）、录用三个具体步骤。

人员招聘主要由招募、选拔、录用、评估等一系列活动构成。招募是组织为了吸引更多、更好的候选人来应聘而进行的若干活动，它主要包括招聘计划的制订和审批、招聘信息的发布、应聘者申请等；选拔则是用人单位从“人”“事”两个方面出发，挑选出最合适的人来担当某一职位，它包括资格审查、初选、面试、考试、人员甄选等环节；而录用则主要涉及人员的初始安置、试用、正式录用；评估则是对招聘活动的效益与录用人员的质量的评估。

人员招聘有两个前提：一是人力资源规划，从人力资源规划中得到的人力资源净需求预测，决定了要招聘的部门、职位、数量、时限、类型等因素；二是工作描述与工作说明书，它们为录用提供了主要的参考依据，同时也为应聘者提供了关于该职位的详细信息。

2. 人员招聘的前提条件

（1）董事会和管理人员要保持开放、包容的心态

相关调查显示，许多企业招来了优秀的管理人才后，短时间内他们就会流失。原因之一就是企业里的管理层对待新来人员的做法容易令人反感和不被人认可。很多管理人员思想守旧封闭，认为新来人员会对自己的地位造成威胁，处处掣肘新来的人员，使得新来的人员难以开展工作。这就要求企业的高层应对老员工和管理人员进行充分的思想教育，使老员工明白，企业招人的目的不是要威胁原有管理人员的地位，当然，有的时候，新旧冲突的部分原因在于新来的人员沟通和政治技巧不强，对企业的优良传统重视不够，想将一切推倒重来。

（2）充分尊重，敢于授权

许多中高级管理人才之所以跳槽，无非是想到新企业施展拳脚，有一番作为。但是，许多企业招来人员后，又不敢大胆使用，不敢充分授权，使得员工的工作计划难以施展开，这是人员迅速流失的一个重要原因。

（3）对原有的薪酬体系进行调整，充分市场化

许多企业在招聘人员时，实行的是谈判工资制，薪酬待遇远远高于企业内相类似岗位的人。这样企业的薪酬体系就会被打乱，企业内部平衡也就被打破了。这直接导致了原有内部管理人员和新来人员的矛盾，导致原有老员工的心理极不平衡，对原有老员工的积极性是一种极大的打击。这样，“招来一个新人员，打击一批老人员”，企业往往得不偿失。

（4）战略目标清晰

企业不能依靠新来的人员制定公司的发展战略，确定公司的发展方向。一般来说，要想制定一个科学而又切实可行的企业战略，需要对企业的经营管理现状和企业文化做全面而深入的了解，新来的人员没有半年的时间，是很难对企业有透彻的了解的，依靠他们制定战略，风险很大。而且，从外面招聘的人员（尤其是外企），一般不具备战略管理能力。因此，企业在招聘人员之前最好有清晰的战略目标，然后招人员来实现这些目标，在执行战略的过程中，不断锻炼他们的战略管理能力，再慢慢过渡到让他们帮助制订企业的战略规划。

3. 人员招聘的原则

（1）客观公正原则

人事部门及经办人员在人员招聘中，必须克服个人好恶，以客观的态度及眼光去甄选人员，做到不偏不倚、客观公正。

（2）德才兼备原则

在人才招聘中，必须注重应聘人员的品德修养，在此基础上考查应聘者的才能，做到以德为先、德才兼备。

（3）先内后外原则

人事部门及用人部门在人才招聘中，应先从公司内部选聘合适人才，在此基础上进行对外招聘，从而充分运用和整合公司现有人力资源。

（4）回避原则

德才兼备、唯才是举是公司用人的基本方针，因此，对公司现有人员介绍的亲朋，公司将在充分考查的基础上予以选用，但与之有关联的相关人员，在招聘过程中应主动予以回避，同时，不能对招聘过程或人员施加压力以免影响招聘的客观性和公正性。

4. 人员招聘程序

（1）制订计划

当组织中出现需要填补的工作职位时，有必要根据职位的类型、数量、时间等要求确定招聘计划，同时成立相应的选聘工作委员会或小组。选聘工作机构，可以是组织中现有的人事部门，也可以是代表所有者利益的董事会，或由各方利益代表组成的临时性机构。选聘工作机构，要以相应的方式，通过适当的媒介，公布待聘职务的数量、类型，以及对候选人的具体要求等信息，向组织内外公开"招聘"，鼓励那些符合条件的候选人积极应聘。

（2）进行初选

当应聘者数量很多时，选聘小组需要对每一位应聘者进行初步筛选。内部候选人的初选，可以根据以往的人事考评记录来进行；对外部应聘者，则需要通过简短的初步面谈，尽可能多地了解每个申请人的工作及其他情况，观察他们的兴趣、观点、见解、独创性等，及时排除那些明显不符合基本要求的人。

（3）能力考核

在初选的基础上，需要对余下的应聘者进行材料审查和背景调查，并在确认之后进行细致的测试与评估，其内容如下。

第一，智力与知识测试。该测试是通过考试的方法测评候选人的基本素质，它包括智力测试和知识测试两种基本形式。智力测试的目的是通过候选人对某些问题的回答，测试候选人的思维能力、记忆能力、应变能力和观察分析复杂事物的能力等。知识测试是要了解候选人是否具备待聘职务所要求的基本技术知识和管理知识，缺乏这些基本知识，候选人将无法进行正常工作。

第二，竞聘演讲与答辩。这是对知识与智力测试的一种补充，测试可能不足以完全反映一个人的素质全貌，不能完全表明一个人运用知识和智力的综合能力。发表竞聘演讲，介绍自己任职后的计划和远景，并就选聘工作人员或与会人员的提问进行答辩，可以为候选人提供充分展示才华、自我表现的机会。

第三，案例分析与候选人实际能力考核。在竞聘演说与答辩以后，还需要对每个候选人的实际操作能力进行分析。测试和评估候选人分析问题和解决问题的能力，可借助“情景模拟”或称“案例分析”的方法。这种方法是将候选人置于一个模拟的工作情景，运用各种评价技术来观测考查候选人的工作能力和应变能力，以此判断候选人是否符合某项工作的要求。

（4）录用人员

在上述各项工作的基础上，需要利用加权的方法，算出每个候选人在知识、智力和能力考核中的综合得分，并根据待聘职务的类型和具体要求决定取舍。对于决定录用的人员，应考虑由主管再一次进行亲自面试，并根据工作的实际与聘用者再作一次双向选择，最后决定选用与否。

（5）评价反馈

最后要对整个选聘工作的程序进行全面的检查和评价，并且对录用的人员进行追踪分析，通过对他们的评价，检查原有招聘工作的成效，总结招聘过程中的成功与过失，并将之及时反馈到招聘部门，以便改进和修正。

（二）人员培训

1. 人员培训的含义

人员培训是指使用一定的科学力法，通过对人员在知识、技术、能力和态度方面的训练，提高人员的能力，从而提高人员当前或未来的工作绩效。绩效水平受到诸多因素的影响，如人员的技术、知识、工作态度、生产工艺、管理水平等。一般来说，可从以下几个方面来测定绩效不佳的原因：①技术，是指人员是否具备从事该工作的专业技术；②能力，是指人员是否具备从事该工作的能力；③知识，是指人员是否知道如何去做该工作；④态度，是指人员是否愿意去做该工作。

当一个组织的绩效不佳是受人员的技术、知识和态度等因素影响时，就需要通过培训来解决了。培训是由一系列学习机会组成的，这些机会可以促进人员技术、知识、能力和态度的改变，从而提高人员的工作绩效。

2. 人员培训的重要性

进入 21 世纪后，培训在各类组织中变得日益重要，企业之间的竞争日益演变成企业知识与能力的竞争。培训在培养和增强人员能力的过程中扮演着重要角色，成为企业战略管理的重要环节。此外，飞速变革的技术要求人员不断增长自己的知识、技能和能力，从而适应新的流程和系统。

培训的重要性主要表现如下：①培训能够使人员更加认同组织文化，更加清楚组织目标；②培训能使人员加深对岗位要求的理解，提高人员分析问题、解决问题的能力和专业技术水平，减少工作失误和事故；③培训可以提高企业开发与研制新产品的能力；④当培训产生效果时，就可以减少管理成本，使管理者从日常管理事务中解脱出来，用更多的精力考虑全局性、战略性问题；⑤当企业要推行管理变革时，良好的培训环境有利于促进人员转变观念，同时，也为员工适应企业变革的需要做好技能上的准备；⑥培训具有激励作用，有利于提高员工的工作积极性，增强员工的归属感和成就感。

二、工作分析在人员招聘中的应用

组织在进行人力资源规划以后，就需要根据人力资源供求状况考虑是通过内部晋升还是外部招聘来补充所需人员。对于有些工作岗位，可能需要通过招聘的方式来补充。工作分析在招聘过程中起着非常重要的作用。

（一）工作分析与人员招聘的关系

人员招聘是组织人力资源管理中一项经常性的工作。组织在发展过程中可能出现业务的扩张、现有人员流失、关键人才短缺等情况，这都需要通过招聘的方式来补充人员，以完成组织中特定的任务。人员招聘是组织发展中极为重要的一方面，新补充的人员素质将影响组织未来发展的成败，人员招聘是否及时也决定了组织的任务是否能按期开展。同时，人员招聘是一项耗费大量人力、物力和财力的工作。如果盲目招聘，不但人员的素质无法保证，而且会造成经济损失。因此，要使招聘有效地发挥招聘人才的作用，工作分析是其中很重要的环节。

（二）工作分析与招聘信息的关系

有关招聘工作岗位的相关信息，可以根据工作分析的结果，即工作说明书和工作规范来确定。工作说明书表明了空缺岗位的职责和工作任务，空缺岗位在组织中所处的层次以及与其他有关岗位的关系。工作规范则表明担任此工作岗位的人员应具备的资格条件，如学历、工作经验、知识背景、技能水平、需要使用的设备以及岗位对人员的特殊要求，如身体条件等。

当确定需招聘的有关岗位后，组织需要发布招聘信息，使尽可能多的合格的潜在候选人了解这些信息。招聘信息的内容应该简单明了，让寻找工作岗位的候选人能清楚地了解空缺岗位的职责和应聘要求。在高度专业分工的现代社会，不准确的招募信息将影响应聘者的数量、质量，影响招聘的工作效率。有的招聘信息对岗位职责的描述过于简单，对应聘人员的要求也比较含糊，这对正常的招聘工作很不利。为了吸引合格应聘者，发布的招聘信息的内容应包括：①岗位名称，在工作说明书中的工作识别要素中有工作名称的规定，因此岗位名称可以直接从工作说明书中得到；②工作内容，来自工作说明书中的工作描述；③人员任职要求，这是招聘信息中最主要的内容，来自工作说明书中的工作规范，如本地区通行的学历资格、所需要的相关工作经验、所需的知识和技能水平。

（三）工作分析与候选人资料筛选的关系

通过各种招聘渠道招募到应聘者之后，面临的一个问题就是人员筛选。筛选是指从一组职位应聘者中挑选合格的潜在候选人，进入下一阶段笔试或面试的过程。由于招聘信息的发布，组织会收到大量来自各方面的应聘者的材料。正确地从大量申请者资料中初步筛选合格的候选人，能节约招聘者的时间和成本。例如，在某公司一个招收计算机网络维护员岗位的信息发布后，平均每天从网络上发来的应聘邮件有 50 ~ 100 份，这种情况持续一个星期，就可能收集到 300 ~ 400 份应聘者的资料。如果对这些资料不加筛选，全部通知面试，则需要大约 10 名面试者用一个星期左右的时间才能面试完毕。显然，采用这种对应聘者逐一笔试或者面试的方法，对组织而言，工作成本高，工作效率低。

为提高筛选准确性，必须很好地运用工作分析的方法。工作分析在候选人资料筛选中的应用，主要包括确定学历、专业、工作经验和资格证书等主要考察指标。候选人资料筛选和审核的工作，可以通过查阅应聘者背景以及电话联系方式等进行，将资料中已有的信息和通过其他方法了解的信息，与工作规范中的资格要求相比较，初步审查工作申请者是否具备应聘的基本资格。例如，一个组织需要一名负责工厂成本费用核算的财会人员，工作规范中明确指出专业资格必须是“注册会计师”，则应在筛选资料中首先审核应聘者是否具备“注册会计师”的专业资格，如果不具备，就不符合招聘要求。

一般情况下，工作规范中会明确列出担任该岗位工作的人员应该具备的各种资格条件，可根据工作规范的要求，清楚地筛选应聘者的资料，选择合格的应聘者进行测试。

在应聘者背景资料审查与资格筛选中，应注意以下问题：①应聘者的专业、学历、经验，要符合工作岗位的要求；②应聘者资料中显示的应聘者的重要信息；③应聘者以往的工作成就；④应聘者以往的工作经历显示出的其自身的进步与发展；⑤从以往的工作经历中应聘者表现出的才能；⑥背景资料中不存在不实之处和前后矛盾之处；⑦背景资料能证明应聘者能胜任工作岗位的要求。

（四）工作分析与面试的关系

面试是通过同应聘者收集信息以验证应聘者是否具备承担所应聘工作岗位能力的

过程。面试又可分为结构化面试、非结构化面试和混合面试。通过选取招聘岗位中所需完成的典型工作任务、所需知识、技能要求等询问应聘者，可以了解应聘者的实际工作能力。不可否认，在实际工作中，面试是最常用的测试方法之一。面试的灵活性强，面对面地与应聘者交流能最直接地了解应聘者的有关信息。面试是围绕应聘者展开的，主要考查其是否具备职位胜任能力，因此，评价也应该选择可以考查其是否具有胜任能力的内容。

面试的评价手段一般有提问和观察两种形式。提问是利用问题直接考查应聘者，通过应聘者对问题的回答来了解他们的知识、工作经验、能力等。而观察则是通过对应聘者的衣着、言谈举止等来考查其外在特征，并通过这些外在特征来考查应聘者的内在能力与素质。

面试提问的方式主要有结构化面试、非结构面试和混合面试。结构化面试是对同类应聘者按照事先制定好的面试提纲上的问题一一发问，并按照标准格式记录面试者的回答和对某评价的一种面试方式。这种面试适用于招聘一般的员工。非结构化面试则是漫谈式的，没有既定的模式、框架和程序，主考官与应聘者可随意交谈，无固定题目，无限定范围，海阔天空，无拘无束，让应聘者自由地发表言论，抒发情感。这种方法给谈话双方充分的自由，主考官可以针对应聘者的特点进行有区别的提问。这种面谈需要主考官具有丰富的知识和经验，以及掌握高水平的谈话技巧，否则很容易使面谈失败。因此，这种面谈适合于招聘中、高级管理人员。混合面试则既有结构化方式也有非结构化方式，综合了两种方式的优点。

【知识延伸】

面试者语言运用的技巧

面试场上一个人的语言表达艺术标志着其成熟程度和综合素养。对求职者来说，掌握语言表达的技巧是十分重要的。那么，面试中怎样才能恰当地运用谈话的技巧呢？

（1）口齿清晰，语言流利，文雅大方。交谈时要注意发音准确，吐字清晰。要注意控制说话的速度，以免磕磕绊绊，影响语言的流畅。为了增添语言的魅力，应注意修辞美妙，忌用口头禅，更不能用不文明的语言。

（2）语气平和，语调恰当，音量适中。面试时要注意语言、语调、语气的正确运用。打招呼时宜用上语调，加重语气并带拖音，以引起对方的注意。自我介绍时，最好多用平缓的陈述语气，不宜使用感叹语气或祈使句。声音过大令人厌烦，声音过小则令人听不清。音量的大小要根据面试现场情况而定。两人面谈且距离较近时，声音不宜过大，群体面试且场地开阔时声音不宜过小，以每个人都能听清自己的讲话为原则。

（3）语言要含蓄、机智、幽默。说话时除了要表达清晰以外，适当的时候可以插进幽默的语言，为谈话增加轻松愉快的气氛，也会展示出自己的优越气质和从容风度。尤其是当遇到难以回答的问题时，机智幽默的语言会显示自己的聪明智慧，有助于化险为夷，并给人以良好的印象。

（4）注意听者的反应。求职面试不同于演讲，而是更接近于一般的交谈。交谈中，应随时注意听者的反应。比如，听者心不在焉，可能表示他对这段话没有兴趣，求职者得设法转移话题；侧耳倾听，可能说明求职者音量过小使对方难以听清；皱眉、摆头可能表示求职者言语有不当之处。根据对方的这些反应，要适时地调整自己的语言、语调、语气、音量、修辞，包括陈述内容。这样才能取得良好的面试效果。

工作分析在面试中的价值主要体现在帮助招聘者确立面试中所需考查的职位知识、经验与能力要求方面。因为工作分析是针对工作本身进行的分析，所以提供的信息关注的是职位专业性要求。工作说明书中任职者资格方面的要求，是职位的起码要求，提供的信息是职位的基本知识、能力、工作经验等，这些与提问考查的专业性内容是一致的。

三、工作分析在人员培训中的应用

（一）工作分析与员工培训的关系

1. 工作分析有利于员工培训需求的确定

企业开展培训工作时，必须了解培训的需求、培训的目的，哪些人需要培训，培训的内容是什么，需要何种方式的培训，预期的培训结果是什么。而这些培训需求的确定，都离不开工作分析，通过工作分析了解了各岗位工作的性质与任务、所需的工作能力与操作技能，才能有效地开展培训工作，降低培训成本。

2. 工作分析是设计员工培训方案的基础

在企业中，不同部门、层次、工作的岗位，其工作性质与内容、任职资格要求是不同的。完全按照一套培训课程进行培训将无法真正满足不同岗位的个性化培训需求，企业需要在工作分析的基础上，根据各岗位的不同特点，有针对性地设计不同岗位的培训方案，提高培训工作的有效性。

（二）工作分析与培训需求的确定

人员培训是人力资源开发与管理的重要组成部分，是开发现有人力资源和提高人员素质的基本途径。招聘到优秀人才并不等于拥有了优秀的员工，因此，通过组织学习来帮助员工获得成功的信息与技能，提高员工的自主性与自觉性是非常重要的。因此，员工培训也需要进行投资收益分析。培训所需的投入包括人力、物力、财力，可以将这些培训的投入视为一种投资，有人认为培训是一种可能带来预期收益或利益的行为，也有人认为培训是一种维持成本的行为，即通过不断的培训，维持员工的绩效水平，使其不至因为知识、技能的老化而下降。无论是哪种观点，作为培训的最大投入者——组织，必须能衡量培训是否可以真为企业带来相应的收益。在组织运作中，培训的一个主要目的就是帮助组织提高业绩。如果不能达到这一目标，那么培训的作用就值得怀疑了。为增强组织培训的有效性，需要针对组织中有待培训的个体、群体甚至整体进行培训需求分析。

1. 培训需求分析

培训需求分析，指的是在工作过程中确定培训需求，并确保在满足这些需求的同时，公司的金钱、时间及努力不会浪费在无谓的培训活动中。培训需求分析是由提问、回答、澄清与记录业务运作中存在的一系列问题所组成的系统过程，而这些问题可以通过培训得以解决。通过培训可以解决的问题，必须与员工达到工作标准所欠缺的知识、技能和技巧有关。需求产生于目前的状态与理想的状况之间存在的差距，这一差距就是“状态缺口”。企业有培训需求，也正是由于存在“缺口”。企业对雇员的能力水平提出的要求就是“理想状态”。员工本人目前的实际水平即“目前状态”，两者之间的差距就是“状态缺口”。企业要努力减小这一“缺口”，就形成了培训需求。培训需求分析不应局限于企业中的员工，也应该包括企业组织结构及每一个具体的岗位。当一个企业中员工的知识、技能、创新等水平达不到企业发展的目标和要求时，该企业就存在培训的需要。因此，培训需求分析是确定培训目标和设计培训规划的前提，也是进行培训评估的基础。

2. 培训需求评估的作用

培训需求评估对企业的培训工作至关重要，它是真正有效地实施培训的前提条件，是培训工作准确、及时和有效的重要保证。企业如果没有做好培训需求评估，培训项目就不能很好地满足被培训者的需要，也就无法评价培训是否取得了成功，也无法判断是否要对培训项目进行改进、这一项目是否可行、花时间和金钱是否值得。培训需求评估的作用有以下几点：①了解受训员工现有的全面信息；②确定员工的知识技能需求；③明确培训的主要内容；④提供培训材料；⑤了解员工对培训的态度；⑥可获得管理者的支持；⑦有利于估算培训的成本；⑧避免时间和金钱的浪费；⑨使培训做到“量体裁衣”；⑩提供测量培训效果的依据。

3. 培训需求分析的步骤

（1）培训需求分析需要了解的问题

在培训需求分析的过程中，需要准确地了解以下问题：

①工作任务是什么，完成工作任务所需的知识、技能是什么；

②员工是否具备工作岗位所需的知识、技能，是否存在上岗前的培训需求；

③业绩表现问题是否存在，能否具体描述哪些员工存在业绩表现问题，这些问题的具体表现形式是什么，如何帮助员工解决这些问题；

④员工是否知道应该怎样做这份工作；

⑤员工是否了解工作的标准；

⑥员工的工作方法与技巧怎么样；

⑦业绩表现的差距是什么；

⑧为什么会有业绩表现的差距；

⑨产生差距的原因是什么；

⑩产生差距的后果是什么；

⑪这些后果会有什么严重性；

⑫是否有培训需求；

⑬培训的内容应如何安排。

（2）培训需求分析的步骤

①记录绩效表现中存在的问题；

②对绩效问题进行调查；

③制订培训需求分析计划；

④选择分析工具；

⑤实施分析；

⑥整理分析数据；

⑦撰写分析报告。

4. 工作分析与培训需求确定

培训需求分析是以对工作任务的分析为基础的。在进行培训需求分析时，需要通过检查各岗位的工作说明书及任职资格要求，发现从事某项工作的具体内容和完成该工作所需具备的各项知识、技能和能力，并在此基础上确定培训需求以及相关的培训内容。

具体步骤：①根据组织战略目标需要确定要进行分析的工作；②根据该工作岗位的工作说明书列出基本的任务，以及完成这些任务所需技能、知识的清单；③列出员工完成每一项工作任务的具体步骤；④根据内外部环境的变化重新确认工作任务和所需技能；⑤对员工的工作流程进行反复观察，特别是操作性、重复性较强的工作，以确认工作说明书中的工作任务、工作技能要求是否符合实际；⑥与有经验的员工及部门主管进行访谈，对工作任务和所需技能进行进一步确认；⑦对同行业发展情况进行相关资料收集和整理，以便确定最新的技术与工作动态；⑧根据情况调整现有的工作说明书；⑨为各工作岗位制订针对培训需求分析的调查表，如业绩考核指标培训需求调查表、具体能力培训项目调查表、任职资格培训信息调查表等，通过让员工填写这些表格，收集培训的有关资料。

（三）工作分析与培训方案设计

1. 培训方案设计

（1）培训方案设计原则

在培训需求分析完成之后，要进行培训方案的设计，在培训方案的设计过程中，应坚持以下原则：

①明确培训目标。在对组织、工作以及员工进行分析之后，管理者应该对培训需求形成一个完整的图像。将这一图像具体化，就形成了培训中的目标指引。它描述了所需掌握的技能、知识和所期望的员工工作态度。

②了解受训者情况。通过工作分析，可了解到员工在他们的工作任务中有哪些知识、技能已经老化，哪些态度不利于工作业绩的实现，哪些方面的改变能更加促进生产率的提高。通过对员工个人情况进行分析，可以掌握他们的背景材料，了解他们是否有足够的知识与技能接受和消化培训内容。在综合评定员工的培训需求与学习能力后，要有针对性地提供相关培训。必要时，管理者还可以通过设计问卷来了解员工对培训课程的接受能力和准备程度。

③知识性与趣味性相结合。任何有用的知识或技能，如果以枯燥乏味的方式表达出来，那员工对培训内容的接受程度就会很低。只有生动有趣的表达或者含义深远的阐述，才能让员工接受，激发员工的学习愿望。要使得培训生动有趣，借助教学设备或者实际案例让受训者投入其中是很重要的。

④注重实际体验。仅通过授课或讲座来传授知识技能，其效果远比不上让受训者亲自操作一遍。因此，在员工培训中，在传授相关知识技能的同时，还应给员工创造实际体验的机会，使员工真正掌握所学知识技能。

⑤考虑个体差异。不同类型员工的学习方式也各不相同。例如，有些人看一遍材料就能把大意背出来，而有的需要三四遍甚至七八遍才可以记住。一些学员在大型讲座类的学习场合表现得极为糟糕，但在一些小型的讨论班却游刃有余。因此，培训课程应该尽可能地考虑并适应员工的个体差异，符合各类学员的学习风格和学习能力。

⑥反馈。随着员工培训的进展，通过实际的反馈，可以检查员工的知识进步情况，也有利于保持并激发员工的学习动力。采用测试手段或其他记录方式，可以将学习进展描绘在图表上，我们称为“学习曲线”。学习曲线指的是随着时间和经验的增加，每单位产出所需要的小时数会随一系列原因而下降。在培训中，随着受训者对培训课程的熟悉、对知识掌握程度的加深，人们会越来越容易接受所培训的知识、技能与经验。

（2）培训方法与培训技术

企业培训的效果在很大程度上取决于培训方法的选择。当前，企业培训的方法有很多种，不同的培训方法具有不同的特点，也有不同的优势。要选择合适、有效的培训方法，需要考虑到培训的目的、培训的内容、培训对象的自身特点及企业具备的培训资源等因素。

常见的培训方法主要有以下几种：课堂讲授法；工作指导法；视听技术法；研讨法；案例研究法；角色扮演法；游戏法；工作轮换法；网络培训法；参观访问法。

对以上各种培训方法，我们可按需要选用一种或若干种交叉应用。由于各类企业人员结构、内部工种、技术要求各不相同，企业培训必然是多层次、多内容、多形式与多方法的。这种特点就要求培训部门在制订培训计划时必须真正做到因需施教、因材施教、注重实效。

2. 工作分析与培训方案设计

在企业中存在着既相互联系又相对独立的不同部门，每个部门中的工作人员又相对有着不同的岗位职责，这就决定了各部门所需要的培训内容是有所区别的，而同在一个部门工作的员工，又因其岗位高低和本职工作的不同在培训需求上也各不相同，完全按照一套培训课程进行培训，将无法真正满足这种个性化的需求。因此，培训工作应该像现代市场营销中为客户提供量身定做的个性化服务或个性化产品一样，在工作分析的基础上，针对不同的工作岗位选择不同的培训项目及课程内容。

（1）常规管理的培训课程

常规管理的培训课程一般是针对组织中所有管理层人员设立的基础管理知识和管理技能培训项目，它不像人力资源管理培训、营销管理培训、生产管理培训等课程那样，比较强调其专业领域内的知识和技能，而更多的是对通用的管理知识进行系统培训，从而提高组织内部管理人员的综合素质。常规管理培训课程的培训绩效，一般表现在以下几个方面：系统地了解管理学基础知识，提升管理者的管理技能；加强管理者对自身角色和工作职责的认识，产生主动管理的意识；对以往管理经验进行重整，明确其中的偏差并掌握纠偏和改进的方法；掌握基本管理工具的应用；提高工作的计划性、目标性和效率；减少管理不到位造成的浪费和损失；建立管理沟通意识，提高团队配合意识。

（2）营销管理者培训课程

在市场经济环境下，营销工作已经被视为企业各项工作的重中之重，企业能否生存，能否占领市场并在激烈的市场竞争中立于不败之地，营销工作在其中起着非常重要的作用。营销工作与市场环境、组织、管理等因素，存在着密切的联系。市场环境的不断变化，决定了企业营销工作也必须要适应市场环境的变化，即市场组织模式也处于不断地调整中，因此，市场营销又决定了企业组织模式；组织模式出现了变化，用老一套的管理政策和管理方法会出现很多矛盾，因此，管理的方式又要随着组织模式的变化而进行调整。由此可见，营销工作者在组织中的角色地位是十分重要的。随着市场环境的加速变化，营销管理者的反应能力及营销信息系统的建设和管理越来越重要，这又导致对营销管理者的培训课程要因时、因地、因人而不断调整。营销管理培训课程的培训绩效，主要体现在有效提升市场反应能力、有效提升品牌形象、提高市场占有率、建立完善的营销体系、降低营销风险、了解电子商务和国际市场的运作这几个方面。

（3）生产管理人员培训课程

生产管理人员的培训，也是企业内部培训的重要项目之一。不论是多么现代化的企业、多么先进的生产设备，如果没有过硬的技术人员和科学生产管理的人员，先进的机器设备就无法发挥其应有的作用，只有提高生产管理人员的素质，才能够达到提高产品质量、提高生产效率等一系列生产管理目标。

生产管理人员培训课程的培训绩效，主要体现在降低库存、减少废品率、减少产品缺陷、降低生产损耗、提高生产率、提高生产工人熟练度、减少生产工作的危害、使生产计划符合市场需求等方面。

（4）采购物流管理人员培训课程

对现代化生产型企业来说，能否最大限度地降低产品生产成本，确立产品在市场中的价格竞争优势，采购物流管理水平的高低将起到关键作用。对采购物流管理人员的培训，不仅要重视采购物流管理系统管理的方式方法，还要重点培养采购物流人员在商务谈判等方面的基本工作技能。

采购物流管理人员培训课程的培训绩效，主要体现在提高采购物流人员的工作效率、提高采购物流人员工作规范化意识、使采购物流人员在确保工作质量的前提下降低企业成本、提高采购物流人员的商务谈判能力、使采购物流人员能够合理地应用现代电子商务手段等方面。

（5）财务管理人员培训课程

财务管理人员不同于其他部门的管理人员，一般企业内部的财务管理人员都具备专业财务知识。因此，企业内部的财务管理人员培训主要体现在思想教育方面，以预防经济犯罪行为的发生，另外，企业也应根据实际情况加强实用性财务管理知识和技能的培训。

（6）人力资源管理人员培训课程

近年来，国内企业组织结构设置中人力资源管理部门的出现和地位的提高，已经体现出人本主义管理思想被普遍接受的现状。目前，多数有远见卓识的企业家都将人力资源视为企业的核心资源，而人力资源管理人员的培训，便成为全世界关注的焦点问题。人力资源管理人员培训课程的绩效，可以从以下几个方面衡量：①提高对国家有关劳动法律法规的掌握程度；②提高遵守国家有关劳动法律法规的意识；③系统掌握人力资源管理的基础理论；④提高人力资源管理者的战略意识；⑤提高人力资源管理者在招聘、培训、组织设计、管理制度设计方面的具体工作能力；⑥提高人力资源管理者在薪酬管理、绩效管理、员工激励等方面的实际工作能力；⑦提高人力资源管理者在员工满意度调查、组织文化建设、员工行为评估、员工职业生涯规划等方面的工作能力；⑧提高人力资源管理者解决员工离职、劳动纠纷问题的实际工作能力。

（四）培训效果评估

1. 培训效果评估的目的

与管理中的控制功能相似，在企业培训的某一项目或某一课程结束后，一般要对培训的效果进行一次总结性的评估或检查，以便了解受训者究竟有哪些收获与提高。所谓人员培训的评估，就是企业在人员培训过程中，依据培训的目的和要求，运用一定的评估指标和评估方法，检查和评定培训效果的过程。实际上，人员培训的评估就是对人员培训活动的价值判断过程。为什么要对培训活动进行评估，评估究竟有哪些好处？这是我们首先需要回答的问题。

（1）通过评估，可以对培训效果进行正确、合理的判断，以便了解某一项目是否达到原定的目标和要求。

（2）通过评估，观察受训者知识技术能力的提高或行为表现的改变是否直接影响培训活动。例如，一个管理决策的培训班，选择同样两种水平的小组，其中一个小组参加培训，培训结束后，可以把同一个决策案例分别交给受训过的小组和未经过培训的小组进行讨论决策，如果两个小组得出的决策分析和解决办法相同或类似，那说明受训小组的决策能力没有什么提高，其决策能力并不是直接来自培训活动。

（3）通过评估可以找出培训的不足，总结教训，以便改进今后的培训。

（4）通过评估往往能发现新的培训需要，从而为下一轮的培训提供重要依据，而且对成功的培训做出肯定性评价，也往往能提高受训者对培训活动的兴趣，激发他们参加培训活动的积极性和主动性。

（5）通过评估可以检查培训的成本收益。评估培训活动的支出与收入情况，效益如何，有助于使培训资金得到更加合理的配置。

（6）通过评估可以较客观地评价培训者的工作。一般来说，培训的效果反映了培训者的水平和对待培训的态度。对培训效果的检验评估，有助于培训人员进行自我检查，进一步端正态度，从而不断提高培训的质量，同时也可以正确地对培训者进行绩效评估。

（7）通过评估，可以为管理者决策提供必要的信息。而且，管理者对培训结果的重视，往往也会引起企业其他人员的重视，从而提高大家对培训工作的积极性。

2. 培训效果评估的途径

完成一次培训究竟给员工和企业带来了什么，这就涉及培训效果的评估问题。培训的效果可以从以下几个方面进行分析：

（1）所确定的工作任务是否符合实际

研究各个岗位所确定的工作任务是否符合工作实际，是否是员工在实际工作中所完成的，这是非常重要的。为确保工作任务符合工作实际，对各个岗位工作任务的确定，应建立在科学、合理的工作分析基础上。

（2）培训目标是否直接与工作任务相关

确定培训目标是否直接与岗位工作任务相关，培训内容是否是员工在实际工作中所需要的，员工是否能真正在工作中应用所学到的知识。如果培训的知识、能力或技能不是员工在实际工作中所需要的，或者员工不能将这些知识、技能在实际工作中付诸实施，则会影响培训的有效性。

（3）培训目标的实现程度

培训目标的实现程度与培训系统的有效性直接相关。如果培训系统存在问题，如培训的方式不恰当、培训地点不合理、培训内容不科学等，就都会影响培训目标的实现。

（4）管理者对经过培训的员工的感受如何

管理者可以通过反馈、学习、行为和结果四种方式来判断所开展的培训是否真正有效，即经过培训的员工是否从培训中得到了预期的知识、能力或技能。

第一，反馈。反馈指的是了解员工对培训的直观感受，包括对课程设置、培训者水平、培训氛围、培训情况以及所授内容是否有价值等的感受。这就像每个学期末进行的问卷评价一样。不过，这些评价往往会流于表面，无法明确判断培训究竟能否为企业和员工带来实际效益。

第二，学习。通常在参加培训前和完成培训时分别有一次测验，通过测验结果的对比，可以看出员工在对某些知识和技能的认识和了解上的进步。然而，除了应对受训者在培训前后进行测验外，还应在同一团队内的未经培训的成员与参加培训的同事之间进行平等标准的比较衡量，这样可以确保进步是受培训而非其他因素的影响。

第三，行为。在衡量员工的反馈和学习成果时，可能培训效果的得分很高，但这并不意味着培训内容一定会转移到员工的实际工作中，体现在员工的实际工作行为中。除了员工自己要善于活学活用外，培训过程也会影响到这种转移的实现。例如，培训课程中的情况是否和实际工作情况相似，培训者是否在授课时强调了一般性的原则而并不仅是一些具体行为，企业是否对新知识、新技能的运用给予了肯定和鼓励等，这些都会影响培训成果的转移。

第四，结果。培训的目的最终是要使组织获益，因此，组织考虑更多的是培训课程的实际效用。实际效用指的是发生费用后所获得的收益。根据所付出的成本来算，如果培训的成本高而收益低，或者员工流动性大，经常因为各种原因离开原有职位，则培训的实际效用就低。

3. 培训评估的方法选择

培训评估有各种各样的方法和技巧，主要包括民意调查法、问卷调查法、面谈法、核心小组讨论法、观察法、课外作业法。培训评估没有统一的格式。总的来说，评估人员可以根据评估目的、评估要求和评估重点自行设计。

第四节　工作分析与绩效管理

现代组织人力资源管理的核心在于提高员工的绩效水平，从而为组织整体目标战略的实现做出贡献。因此，绩效管理在人力资源管理中具有关键性的地位，需要企业及人力资源部予以重视。

一、绩效管理概述

（一）绩效管理的定义

所谓绩效管理，是指各级管理者和员工为了达到组织目标共同参与的绩效计划制订、绩效辅导沟通、绩效考核评价、绩效结果应用、绩效目标提升的持续循环过程，绩效管理的目的是正确评价团队或个人的工作任务完成情况，促使组织成员产生与组织战略目标一致的行为，促进员工的成长与能力开发，并为员工的奖惩、升降职提供依据。

（二）绩效管理的影响因素

在进行绩效管理制度设计和推行时，要考虑到自身的特点和环境的作用。即便是企业设计的考核制度完美无缺，考核标准明确，考核程序规范，考核方法先进，但到头来考核制度还是迟迟难以落实。也就是说，必须意识和考虑到组织战略、业务流程、组织结构、岗位职责、企业文化及企业发展阶段等诸多因素对绩效管理的影响，这些内容可称为绩效管理的评估基础。

1. 业务流程是否具备合理性

在对公司各级组织和部门的管理体系的整体规范程度和内部控制进行评判，流程的规范以及日常的遵守情况是一个重要的衡量标准。因此，公司是否建立起了标准的业务流程规范，对引入考核制度及其是否能有效执行有着非常重要的意义。否则，尽管建立起了一套自以为相当不错的绩效管理体系，但是操作起来却走了样，因为流程不规范导致很难去界定各项绩效指标设定的基础及其评定结果的规范性、准确性及可靠性，会使考核失去可以比较的基础，最后只能是造成考核形式化。

2. 公司组织结构是否完善

在实施绩效考核与管理的过程中，设计绩效考核的内容时有一个必须面对且十分重要的课题，那就是为各部门设计关键绩效指标。如果公司内部的组织结构清晰、员工职责分工明确，那么在为各部门、各岗位个人设计绩效指标时就有了明确的前提。否则，如果企业内部的组织结构混乱，那么就很难做到指标分解客观化、合理化和流程化。由此可以看出，只有在组织结构清晰、分工明确的前提下，关键绩效指标才能真正落实到人，考核才能真正应用到绩效管理当中去。

3. 企业所处的不同发展阶段

一个企业根据其所处的发展阶段不同，其绩效管理制度也应相应地有所变化。美国的专家学者将企业生命周期划分为四个阶段，即从最新的创业阶段到接下来的集合阶段，再到正规化阶段，最后到精细阶段。每个阶段在重点目标、正规化程序、组织形式、集权程度、高层风格及相应的考核激励机制上，都有所不同。当前，国内大多数的中小型民营施工企业处在集合阶段这样一个高速成长、初步走向正规化的阶段，其考核方式还要靠个人印象与制度要求各半的方式来决定，这就不可避免地会出现许多问题，需要企业的高层通过逐步的有控制的分权、更多且更为规范化的制度与系统的绩效管理，来解决主观化的个人印象式的粗放型管理，使企业向更高层次的正规化阶段迈进。

（三）绩效管理的作用

1. 绩效管理促进组织和个人绩效的提升

绩效管理通过设定科学合理的组织目标、部门目标和个人目标，为企业员工指明了努力方向。管理者通过绩效辅导和沟通，能及时发现下属工作中存在的问题，给下属提供必要的工作指导和资源支持，下属通过工作态度以及工作方法的改进，能保证绩效目标的实现。在绩效考核评价环节，对个人和部门的阶段工作进行客观、公正的评价，明确个人和部门对组织的贡献，通过多种方式激励高绩效部门和员工继续努力提升绩效，督促低绩效的部门和员工找出差距以改善绩效。在绩效反馈的面谈过程中，通过考核者与被考核者面对面的交流沟通，帮助被考核者分析自身在工作中的长处和不足，鼓励被考核者扬长避短，促进个人得到发展；对绩效水平较差的组织和个人，考核者应帮助被考核者制订详细的绩效改善计划和实施举措；在绩效反馈阶段，考核者应和被考核者就下一阶段工作提出新的绩效目标并达成共识，被考核者应承诺完成目标。在企业正常运营情况下，部门或个人新的目标应超出前一阶段目标，激励组织和个人进一步提升绩效，经过这样的绩效管理循环，组织和个人的绩效就会得到全面提升。

此外，绩效管理通过对员工进行甄选与区分，保证优秀人才脱颖而出，同时淘汰不适合的人员。绩效管理能使内部人才得到成长，同时吸引外部优秀人才，使人力资源满足组织发展的需要，促进组织绩效和个人绩效的提升。

2. 绩效管理促进管理流程和业务流程优化

企业管理涉及对人和对事的管理，对人的管理主要是激励约束问题，对事的管理就是流程问题。所谓流程，就是一件事情或者一种业务如何运作，涉及因何而做、由谁来做、如何去做、做完了传递给谁等几个方面的问题，上述四个环节的不同安排都会对产出结果有很大的影响，极大地影响着组织的效率。

在绩效管理过程中，各级管理者都应从公司整体利益以及工作效率出发，尽量提高业务处理的效率，应该在上述四个方面不断进行调整优化，使组织运行效率逐渐提高，在提升组织运行效率的同时，逐步优化公司管理流程和业务流程。

3. 绩效管理保证组织战略目标的实现

企业一般有比较清晰的发展思路和战略，有远期发展目标及发展规划，在此基础上，根据外部经营环境的预期变化以及企业内部条件制订出年度经营计划及投资计划，确定企业年度经营目标。企业管理者将公司的年度经营目标向各个部门分解，就成为了部门的年度业绩目标，各个部门向每个岗位分解核心指标，就成为每个岗位的关键业绩指标。

（四）绩效管理中常见误区及解决策略

对绩效管理的错误认识是企业绩效管理效果不佳的最根本原因，也是最难突破的障碍，企业管理者对绩效管理往往存在如下误解甚至是错误认识。

1. 绩效管理是人力资源部门的事情，与业务部门无关

在企业绩效管理实践中，有很多这样的事例，公司领导对绩效管理工作很重视，人力资源部门也花了很多时间推进绩效管理工作，但各部门领导和员工对绩效管理认识不够，总认为绩效管理是人力资源部或人事部门的事情。有的业务部门经理认为，填写绩效考核表格会影响正常业务工作；作为直线领导，不想参与对下属的业绩评价，认为自己的评价有失公正；部门领导总想由人力资源部门或成立考核组来对员工进行考核。在这种思想观念的影响下，某些部门尤其是业务部门会对绩效考核消极应付，如果公司执行力不够强，业务部门的绩效考核往往先期流产。

实际上，人力资源部门只是绩效管理的组织协调部门，各级管理人员才是绩效管理的主角，各级管理人员既是绩效管理的对象，又是其下属绩效管理的责任人。对于员工的错误认识，第一，要对其进行思想灌输，使他们改变大业务员的思维定式，认识到管理的重要性；第二，要对管理者进行管理，尤其是进行绩效管理有关工具、方法和技巧的培训，提高管理者的能力素质和企业管理水平；第三，从企业文化建设入手，加强公司的执行力，只要公司决策领导大力推进，相信各级管理者和员工会逐渐接受绩效管理的，随着绩效管理的深入推进，各级管理者和员工会从绩效管理中获得好处，那么，绩效管理就会得到各级管理者和员工的重视。

2. 重考核，忽视绩效计划制订环节的工作

绩效管理实施过程中，很多管理者对绩效考核工作比较重视，但对绩效计划制订环节不够重视，这是初次尝试绩效管理的企业经常遇到的问题。绩效计划是领导和下属就考核期内应该完成哪些工作以及达到什么样的标准进行充分讨论，并形成契约的过程。

在制订绩效计划的过程中，确定绩效目标是最核心的步骤，如何科学、合理地制订绩效目标，对绩效管理的成功实施具有重要的意义。许多公司的绩效考核工作难以开展的原因，就在于绩效计划制订得不合理，例如，有的员工绩效目标定得太高，无论如何努力，都完不成目标；有的员工绩效目标定得比较低，很容易就完成了目标。这种事实上的内部不公平，会对员工的积极性造成很大的影响。除此之外，绩效目标定得过高或过低，会降低薪酬的激励效应，达不到激发员工积极性的目的。绩效目标制订得合理可行，是非常关键的，科学、合理地制订绩效计划，是绩效管理能够取得成功的关键环节。

3. 轻视和忽略绩效辅导沟通的作用

绩效管理强调管理者和员工的互动，将管理者和员工结成利益共同体，促使管理者和员工为绩效计划的实现而共同努力。绩效辅导是指绩效计划执行者的直接上级及其他相关人员为帮助执行者完成绩效计划，通过沟通、交流或提供机会，给执行者以指示、指导、培训、支持、监督、纠偏、鼓励等帮助的行为。绩效辅导沟通的必要性：第一，管理者需要掌握员工工作进展状况，提高员工的工作绩效；第二，员工需要管理者对工作进行评价和辅导支持；第三，必要时对绩效计划进行调整。

4. 过于追求量化指标，轻视过程考核，否认主观因素在绩效考核中的积极作用

定量指标在绩效考核指标体系中占有重要的地位，在保证绩效考核结果公正客观方面具有重要作用。但定量考核指标并不意味着考核结果必然公正公平，考核结果的公正公平不一定需要全部是定量指标。要求考核指标全部量化的管理者，在某种程度上是不称职的，表明其没有正确评价下属工作状况的能力。

既然定量指标的运用需要一定条件，那么就应该发挥过程指标在考核中的重要作用，应该充分尊重直线上级在考核中的主观评价作用。事实上，没有任何人比主管更清楚地知道下属的工作状况，任何一个称职的领导都非常清楚下属的工作绩效状况，因此，用过于复杂的方法寻求绩效考核的公平公正是低效的。

5. 绩效考核过于注重结果而忽略过程控制

公平公正的进行考核，以便对业绩优异者进行激励，是绩效考核非常重要的一个方面，但绩效考核绝不只是最终的“秋后算账”，通过过程考核对绩效计划执行环节进行有效监督控制，及时发现存在的问题，避免更大损失的发生，是绩效考核的重要方面。

6. 对推行绩效管理效果抱有不切实际的幻想，不能持之以恒

绩效管理是一个逐步完善的过程，绩效管理取得的成效与企业基础管理水平有很大关系，而企业基础管理水平不是短期内就能快速提高的，因此，企业推行绩效管理不可能解决所有问题，不能对绩效管理寄予过高期望。很多企业推行绩效管理不了了之，就是因为企业领导急功近利，希望通过绩效管理迅速改变企业现状，这样的目的在短期内是不会达到的。

绩效管理对企业会产生深远的影响，但这种影响是缓慢的。绩效管理影响着企业各级管理者和员工的经营理念，同时对于促进和激励员工改进工作方法以提高绩效有很大的促进作用，但这些改变都是逐渐的，不是一蹴而就的。绩效管理只要坚持就会有成效，但它的效果会逐步显现。

推行绩效管理是企业发展的必然，只要正确对待绩效管理的作用，从企业实际情况出发，扎扎实实地推进绩效管理工作，组织和个人的绩效就会逐步提升，企业竞争力便最终会得到提高。

二、工作分析与绩效管理的关系

工作分析是人力资源管理工作的基础，也是绩效管理的前提。工作分析是以岗位为中心的，其直接成果是工作说明书，工作说明书为绩效管理各个环节的实施提供了依据。绩效管理与工作分析的关系是非常密切的，具体表现在以下几个方面。

（一）工作描述是影响绩效的最直接因素

员工的绩效是员工外显的行为表现，这种行为表现受很多因素影响。在众多影响因素中，有的因素是比较深层次的，有的因素是比较直接的。影响人的行为绩效的内在因素有许多层次，处在最深层的是人的内在动力因素，其次是价值观等观念和意识层面的因素。一个组织的价值观念、经营哲学等决定了组织的政策，从而影响了组织的使命和目标。组织的使命和目标被分解成各个工作单位的目标，而各个工作单位的目标又决定了工作描述。工作描述是直接影响行为绩效的因素。因此，要想进行有效的绩效管理，首先必须有清晰的工作描述信息。

（二）岗位特点决定了绩效评估方式

采取什么样的方式进行绩效评估，是我们进行绩效管理时要解决的一个重要问题。绩效评估的方式主要包括由谁进行评估、评估的周期安排、绩效评估的信息如何收集、采取什么样的形式进行评估等。对不同类型的岗位，采取的绩效评估方式也应该有所不同。例如，有的岗位是由主管人员下达任务指标并一步一步进行控制的，那么其任职者的工作绩效就应该主要由主管人员进行评估；而有的岗位的工作性质是与客户打交道，那么对其任职者的工作绩效的评估就需要考虑客户的意见，而不是仅由主管人员评估。又如，有的岗位的工作成果在比较短的时间内就可以表现出来，对其任职者的绩效评估就可以采用比较短的周期；而有的岗位的工作结果需要比较长的时间才能表现出来，那么对其任职者的绩效评估就需要采用比较长的周期。

（三）工作描述是制定绩效考核指标的基础

对一个岗位的任职者进行绩效管理应该设定哪些关键绩效指标，往往是由任职者的关键职责决定的。虽然从目标管理的角度来说，一个被评估者的关键绩效指标是根据组织的战略目标逐渐分解而形成的，但个人的目标终究要依据岗位的关键职责来确定，一定要与个人的关键职责密切相关。职责是一个岗位比较稳定的核心特征，表现的是任职者所要从事的核心活动。目标则经常随时间而变化，一个岗位的工作职责可能会几年稳定不变或变化很小，而目标则可能每年都不同。对于那些较为稳定的基础性岗位，如秘书、会计等，他们的工作可能并不由目标直接控制，而主要依据工作职责来完成，则对他们的绩效指标的设定，就更需要依据工作的核心职责。

三、工作分析与绩效管理的具体操作

（一）绩效信息的收集

在绩效管理中，绩效信息的收集至关重要，它关系到绩效评价的合理性和准确性。

1. 绩效信息的来源

绩效信息的主要来源是工作分析所提供的工作描述。工作描述为绩效管理提供的信息主要表现如下。

工作职责和任务是指一个岗位所承担的职责以及为实现这些职责所要求完成的任务。例如，招聘主管的工作是招聘合适的工作人员，使用人部门能及时得到合适的人员。为了履行这样的职责，招聘主管所要完成的工作任务就是制订招聘计划，找到候选人，对可能的候选人进行识别，向用人部门推荐合适的候选人，办理人员的试用手续等。工作职责和任务是对任职者的绩效进行管理的基础和依据，对任职者绩效的评估主要是根据他在这些工作职责和任务上所产生的结果进行的，将其实际完成的工作结果与目标的要求相比较，就可以得出其绩效水平。

在工作描述中，一般会说明工作的各项职责和任务所占的比例，这种比例关系可作为绩效指标权重分配的依据。例如，对营销主管这一岗位来说，制订促销活动计划的职责所占的比例为30%，对营销人员进行培训的职责所占的比例为25%，与分销商和客户进行联络沟通的职责所占的比例为40%，撰写报告的职责所占的比例为5%，那么，绩效指标的权重就可以参照职责和任务的比例来分配。

在工作描述中，会表明该岗位主要与组织内部哪些部门和个人发生联系，与组织外部哪些部门和个人发生联系，在此基础上，可以确定对该岗位绩效的评价人员。例如，一个外企招聘主管在公司外部需要同当地的外企服务总公司、政府的人事部门、人才中介机构等发生联系，而在公司内部需要同各用人部门以及人力资源部中负责其他职能的同事发生联系。工作关系表明了任职者工作结果的输出方向，那么在对其工作绩效进行评估时，接受其工作结果的对象就有权力对其结果进行评估。

2. 绩效信息的收集方法

收集绩效信息的方法有工作记录法、定期抽查法、检查扣分法、关键事件记录法等。对于生产、销售、服务的数量、质量、时限等指标，按照规定由相关人员填写“原始记录单”，并定期进行汇总统计，获得绩效考核的有关信息，这就是工作记录法；为了保证上述信息的真实有效，管理者可以对上述信息进行抽查，这是定期抽查法；检查扣分法是指针对关键业绩指标中出现错误的员工进行扣分事项检查登记，发现一次记录一次，以便为考核期末绩效考核提供原始信息；关键事件记录法是对员工特别突出或异常失误的情况进行记录，关键事件的记录，有助于管理者对员工的突出业绩进行及时的激励，对员工存在的问题进行及时的反馈和纠偏。

（二）关键业绩指标体系的确定

1. 关键业绩指标的概念

关键绩效指标是管理中与“评价”不可分割的一部分，它是反映个体或组织关键业绩贡献的评价依据和指标。关键绩效指标是指标，不是目标，但是能够借此来确定目标或行为标准；它是绩效指标，不是能力或态度指标；它是关键绩效指标，不是一般所指的绩效指标。

2. 确定关键业绩指标体系的原则

员工的工作可能不只包括一项任务，因此，为了制定客观的工作业绩评价指标，必须从员工的工作任务出发，分析员工工作中的关键工作领域和关键业绩指标，在各项关键业绩指标间分配权重，构成特定岗位的关键业绩指标体系。

关键工作领域是指员工工作中最重要的部分，在这些领域中的成就决定或表明了员工的工作是否成功。在确定关键业绩指标时，应注意把握以下三个原则。

（1）关键性原则

确定需要衡量的关键业绩指标，应该按在岗位中职责的重要性来排序，以此为依据分配权重，对最重要及占岗位工作时间百分比最多的职责应分配较大的权重。

（2）可控性原则

用于衡量岗位职责完成与否的关键业绩指标，应该是岗位所能直接影响的因素。如果业绩指标在不同的岗位间会造成影响，那么就应进行清楚的界定，当失误发生时，应该能分辨清楚属于哪一个岗位的失职。例如，在生产性企业中，生产经理、仓库管理员、采购人员等均可能影响生产进度的合理安排，造成不必要的停产和转产，在此种情况下，对与此项职责有关的岗位，均需界定是否为本岗位的直接原因造成的浪费。

（3）注重行为原则

在某些情况下，工作的结果并不完全由员工控制，因此，如果可能的话，可以将职责分解为工作任务、流程、行为，从而衡量员工在实际工作中的行为。例如，某公司的物料采购员的职责为“根据生产所需的原材料与库存可用原材料的差距数，向供应商下达所需采购物料的类型、数量、质量，以保证正常生产的需要”，在此项职责中，如果供应商因为特殊原因不能及时供货，而采购员在所限时间内完成了订单的下达并能及时与供应商联系催促物料，则采购员已达到了工作岗位的要求。但如果按工作产生的结果衡量，只要供应商未能及时提供物料，则属于采购员的失职。

3. 关键业绩指标体系的确定步骤

确定关键业绩指标体系的步骤，大体分为三个部分，具体内容如下。

（1）识别关键业绩指标：通过管理流程及业务流程分析，确定工作结果和核心行为；确定部门关键业绩指标，对部门关键业绩指标进行分解，得到岗位关键业绩指标。

（2）设计考核评价标准：确定各个指标形式；确定各个指标的评价标准；确定绩效考核者和信息提供者。

（3）判断指标可操作性：判断评价标准是否有效，信息能否准确获取，绩效考核导向是够正确，是否会引起工作质量降低等。

（三）绩效评估人员的选择

在工作分析中，通过工作岗位的关系、与组织中其他岗位的工作接触以及岗位在组织的位置，可准确地确定对工作岗位进行绩效评估的参与人员。在绩效评估过程中，理想的评估人员应该对所评估的岗位工作内容有基本的了解，在工作过程中与评估岗位有一定接触，熟悉任职者在工作中的表现，并且对任职者在被评估期内的工作业绩有一定的了解。一般来说，我们认为员工的直接上级是主要的绩效评估人员，这是因为直接上级可以对员工进行直接观察，并且对绩效标准也比较了解。但是，除了上级之外，我们还可以选择其他绩效评估人员，如同事、下级、员工本人以及客户等。

1. 直接上级

将员工的直接上级作为绩效信息来源的一个好处是，他们常常是最能根据组织的战略目标对员工的绩效进行评价的人。同时，他们也是根据绩效评估结果确定员工报酬的人。因此，员工的直接上级通常是最重要的绩效评估人员，同时也是负责管理员工绩效的人。直接上级对被评估岗位的工作内容非常了解，同时在工作中与任职者近距离全面接触，全面地掌握任职者在评估期间的工作业绩、工作行为、工作表现。如果采用全方位、多角度的评估，直接上级评估的结果也应该占较大的比例。同时，由直接上级对任职者的工作绩效进行评估，能增进上、下级之间的沟通，直接表明上级对下级工作表现的满意程度，有利于绩效改进和提高，有利于建立下一评估期间的工作重点目标。但仅由上级对任职者进行评估，是不够的，因为任职者与上级之间的个人感情因素可能会影响评估的公平性，而且任职者在上级的观察范围内的工作可能带有个人表现的色彩，因而需要其他方面信息的补充。

2. 同事

同事对任职者的工作内容相当了解。在某种程度上他们也承担相似的工作，因而更为客观。而且同事可能会了解一些上级并不了解的任职者的工作表现，因此，同事在绩效评估中可以提供有价值的参考建议。但是，同事在进行绩效评估时会存在两个问题：第一，员工认为在工作中存在友情偏见，也就是说，同事做出的评价之所以比另一位同事差，只不过是因为另一位同事与评估者的关系比较好，在这种情况下产生的评估结果可能不容易被员工接受，员工也不会根据得到的反馈进行改进；第二，同事之间的评估往往会保持较高的评价一致性，即他们会对员工的所有绩效维度都保持较高的评价，即使这些绩效维度并不具有关联性。由于同事评估具有上述两个方面的缺点，因此我们不能把同事作为唯一的评估者，而只能把同事评估作为绩效评估的一个组成部分。

3. 直接下级

在管理岗位的绩效评估中，直接下级是很好的绩效评估人员。下级对上级的评估，能反映出管理者的管理风格、工作行为表现。例如，下级就非常适合对自己上级的领导能力，包括授权能力、组织能力以及沟通能力等做出评估。但是，由下级进行绩效评估的用意会对评估的准确性产生影响。如果让下级做出绩效评估是为了开发管理人员，而不是出于管理方面的目的，则评估的结果更加准确；如果是用于管理目的，也就是说，用来判断管理人员是否该晋升，则由下级做出的评价结果将偏好，因为下级会担心遭到上级的报复。因此，把下级作为绩效评估人员，保密工作至关重要。

4. 本人

被评估者本人对自己的评价常被称为自我鉴定。在绩效评价过程中，采用这种方法能让被评估者本人对自己的工作表现、工作结果有一个陈述的机会，对工作中的特殊事件进行说明，能增进组织与个人的双向沟通。由于任职者本人对自己的工作完成情况、原因、结果较为清楚，因此，如果运用得当，自我评估可以建立良好的业绩改善氛围，有利于不断提高业绩。如果在组织中的绩效评估结果仅用于奖励和惩罚，则可以预见，一般员工会提高对自己评估的等级，以获得更多的奖励，减少惩罚的压力。

5. 客户

利用客户进行绩效评估可能是一个费时费力的过程。但是，对那些需要与客户紧密接触的工作来说，由客户进行绩效评估非常有必要，如采购经理、供应商以及销售代表等。此外，还可以利用一个组织的内部客户进行绩效评估，内部客户在组织的工作流程中相互联系、相互影响。例如，生产部的人员需要供应部的员工及时提供一定数量、质量的原材料才能进行生产加工，因此，生产部的生产人员就是供应部供应人员的内部客户；供应部生产材料供应的数量、质量和供货时间将直接影响生产部的生产，对供应部物资供应岗位是否满足工作要求的评估就可以由生产部与之接触岗位的任职者提供参考意见。另外，在对一部分岗位进行评估时，也应考虑外部客户的意见。

第五节　工作分析与薪酬管理

一、薪酬的内涵

（一）薪酬的定义

从某种意义上来说，薪酬是组织对员工的贡献，包括员工的态度、行为和业绩等所做出的各种回报。从广义上来讲，薪酬包括工资、奖金、休假等外部回报，也包括参与决策、承担更大的责任等内部回报。外部回报是指员工因为雇佣关系从自身以外所得到的各种形式的回报，也称外部薪酬。外部薪酬包括直接薪酬和间接薪酬。直接薪酬是员工薪酬的主体组成部分，它既包括员工的基本薪酬，即基本工资，如周薪、月薪、年薪等；也包括员工的激励薪酬，如绩效工资、红利和利润分成等。间接薪酬即福利，包括公司向员工提供的各种保险、非工作日工资、额外的津贴和其他服务，如单身公寓、免费工作餐等。

内部回报是指员工自身心理上感受到的回报，主要体现为一些社会和心理方面的回报。一般包括参与企业决策、获得更大的工作空间或权限、更大的责任、更有趣的工作、个人成长的机会和活动的多样化等。内部回报往往看不见也摸不着，不是简单的物质付出，对企业来说，如果运用得当，内部回报也能对员工产生较大的激励作用。然而，在管理实践中，内部回报的方式经常会被管理者所忽视。管理者应当认识到内部回报的重要性，并合理地利用。

（二）薪酬的原则

1. 公平性

薪酬的公平性主要分为外部公平和内部公平。前者是根据劳动力市场的薪资水平确定企业薪资标准；后者则与其同种职位、同等绩效薪资相等。不同职位、不同绩效的薪资差别合理，应坚持按劳分配的原则。

2. 合法性

薪资制度必须符合党和国家的政策与法律，如有关最低工资、职工保险等问题的法律法规等。

3. 竞争性

企业制定的薪资标准应该在社会和人才市场中有吸引力。

4. 激励性

薪资标准应对员工有吸引力，而且企业内部各级、各类职务的薪资水准应适当拉开差距，以调动员工的工作积极性，提高劳动生产率。

5. 经济性

较高的薪资水准能提高员工的竞争性与激励性，但也必然会导致人力成本上升。一套经济合理的薪资制度应当既能保持最大可能的劳动生产率，又能保持企业产品的市场竞争力。

（三）薪酬的分类

薪酬分为经济薪酬和非经济薪酬，经济薪酬分为直接经济薪酬和间接经济薪酬。

根据货币支付的形式，可以把薪酬分为两大部分：一部分是以直接货币报酬的形式支付的工资，包括基本工资、奖金、绩效工资、激励工资、津贴、加班费、佣金、利润分红等；另一部分则体现为间接货币报酬的形式，间接地通过福利（如养老金、医疗保险）以及服务（带薪休假等）支付的薪酬。

（四）薪酬的作用

1. 薪酬具有维持和保障作用

员工必须购买必要的生活资料以维持生活的需要，比如衣食住行等方面的支出；为了满足技术进步以及生产发展的需要，员工需要不断提高自己的技能以免被组织淘汰，因此，在学习、培训、进修等方面的支出是不可缺少的；为了满足自身需求，在娱乐、社交等方面也会有大量的支出。

2. 薪酬具有激励作用

从绩效管理模型可以看出，绩效管理要获得良性循环，以下三个环节非常重要：一是目标管理环节，二是绩效考核环节，三是激励控制环节。在激励控制环节，通过适当激励使个人满意，产生激励效应，从而提高个人和组织的效率，这是绩效管理的目标之一，而薪酬在这个环节起着决定性的作用。

3. 薪酬具有优化劳动力资源配置功能

薪酬对社会具有配置劳动力资源的功能，不同区域、不同行业、不同职业的薪酬不一样，劳动力供给和需求的矛盾，在劳动力价格形成过程中起着非常重要的作用。

二、工作分析与薪酬体系设计

薪酬体系设计的要点：对内具有公平性，对外具有竞争力。满足这两个要求的薪酬体系，是建立在工作分析、工作评价基础上的。一般来说，要设计出科学合理的薪酬体系和薪酬制度，需要经过以下几个步骤。

（一）工作分析

工作分析是确定薪酬的基础。结合企业经营目标，企业管理层要在业务分析和人员分析的基础上明确部门职能和岗位关系，对岗位、部门和组织结构的分析，包括对岗位名称、岗位内容、部门名称、部门职能、工作量及相互关系等内容的分析。然后再由人力资源部和各部门主管针对部门内的具体工作岗位，合作编写工作说明书。

（二）工作评价

工作评价重在解决薪酬的对内公平性问题，它有两个目的：一是比较企业内部各个岗位的相对重要性，得出岗位等级序列；二是为进行薪酬调查建立统一的工作评价标准，消除企业之间由于岗位名称不同或即使岗位名称相同但实际工作要求和工作内容不同所导致的岗位难度差异，使不同岗位之间具有可比性，为确保工资的公平性奠定基础。科学的工作评价体系，是通过综合评价各方面因素得出工资级别，而不是简单地与岗位挂钩，这有助于解决管理人员与业务专家的等级差异问题。例如，高级研发工程师并不一定比技术研发部经理的等级低。前者注重技术难度与创新能力，后者注重管理难度与综合能力，两者各有所长。通过工作评价，可以对这两种性质不相同的工作岗位的价值进行公平的比较。

（三）薪酬调查

薪酬调查主要解决的是薪酬的对外竞争力问题。企业在确定工资水平时，需要参考劳动力市场的工资水平。公司可以委托比较专业的咨询公司进行薪酬调查，也可以自己开展这方面的工作。通过一系列标准、规范和专业的方法，对市场上各职位进行分类、汇总和统计分析，形成能够客观反映市场薪酬现状的调查报告，为企业提供薪酬设计方面的决策依据。薪酬调查的对象最好是与自己有竞争关系的公司或同行业的类似公司，重点考虑员工的流失去向和招聘来源。薪酬调查的数据要包括上年度的薪酬增长状况、不同薪酬结构对比、不同岗位和不同岗位级别的薪酬数据、奖金和福利状况、长期激励措施以及未来薪酬走势分析等。

（四）薪酬定位

在分析同行业的薪酬数据后，需要根据企业状况选用不同的薪酬水平。以薪酬定位确定企业的薪酬水平在劳动力市场中的相对位置，它直接决定了薪酬水平在劳动力市场上竞争能力的强弱程度。影响公司薪酬水平的因素有很多，既包括国家宏观经济状况、通胀或通缩水平、行业特点和行业竞争、人才供应状况甚至外币汇率的变化等外部因素，也包括企业赢利能力和支付能力、人员的素质要求等内部因素。另外，企业发展阶段、企业文化、招聘和培训难度、公司的市场品牌和综合实力，也是需要考虑的因素。招聘难度大的岗位，如高精尖行业，往往需要大量的专业能力非常强的人才，在对其进行薪酬定位时，则必须采用高昂的报酬；相反，对于比较容易招聘的岗位，则采用市场平均薪酬即可。

同产品定位相似的是，在薪酬定位上，企业可以选择领先策略或跟随策略。薪酬排在前列的公司未必是品牌最响的公司，因为品牌响的公司完全可以依靠其综合优势而不必花费最高的工资找到所需要的优秀人才。往往是那些财大气粗的“后起之秀”最易采用高薪策略，多数处在创业初期或快速上升期的公司，投资者愿意用金钱买时间，希望通过招聘更多的一流人才来快速拉近与大公司的距离。

（五）薪酬结构设计

薪酬结构设计是对同一组织内部的不同职位或者是技能所得到的薪酬进行的各种安排，是依据公司的经营战略、经济能力、人力资源配置战略和市场薪酬水平等，为公司内价值不同的岗位制定不同的薪酬水平和薪酬要素，并且提供确认员工个人贡献的办法。薪酬结构反映了企业的分配哲学，即依据什么原则来确定员工的劳动报酬。不同企业有不同的观点，新兴的企业的薪酬措施往往与成熟的官僚化企业不同。比如，IT 企业特别注重其分配方式与自身的行业特点、企业文化相一致。

许多跨国公司在确定人员工资时，往往综合考虑三个方面的因素：一是其岗位等级；二是个人的技能和资历；三是个人绩效。在工资结构上，与其相对应的分别是岗位工资、技能工资、绩效工资。也有的将前两者合并考虑，作为确定员工基本工资的基础。相同岗位的不同任职者，在技能、经验、工作效率、历史贡献等方面存在差异，导致他们对企业的价值并不相同。这些可以体现在技能工资的差异上。因此，同一等级内的任职者，基本工资未必相同。

三、工作评价与薪酬公平性认知

（一）工作评价与薪酬公平性认知内涵

如何让员工认同薪酬的公平性，从而产生对组织的满意感和信任度，是人力资源管理面对的挑战。工作评价是建立薪酬公平的重要手段。加强对工作评价的过程控制，可以充分发挥工作评价的作用，引导员工建立薪酬的公平性认知。

工作评价是企业内部建立薪酬公平机制的重要手段。它是以岗位为中心，依据一定的标准和程序来判断不同岗位对组织的价值大小，并据此建立岗位价值序列的一项专门的人力资源管理技术。它的理论假设：对于不同性质的工作岗位，不论岗位的工作内容是否相同，都可以通过对比岗位背后所隐含的付酬要素，确定它们的相对价值，并据此确定岗位薪酬。

工作评价对于薪酬设计的意义是双重的。一方面，工作评价在薪酬设计中引入了理性分析的方法，克服了不同岗位之间由于工作性质、工作内容不同造成的价值对比障碍，使得岗位薪酬的制定可以处于同一标准之下，从而为增加岗位薪酬的合理性，克服其制定过程中的主观性、随意性奠定了基础；另一方面，工作评价的程序性特征为薪酬设计引入了程序公平，有利于帮助组织建立员工对薪酬分配结果的公平性认知。研究发现，员工能否建立薪酬公平性认知，并不仅仅取决于分配结果的合理与否，更重要的是对分配决策过程的参与和认同。这就要求工作评价不能仅仅停留在建立统一的薪酬衡量标准这个纯技术层面上，更重要的是通过过程控制实现程序公平，为组织的薪酬体系提供合法性解释。

（二）影响薪酬公平性认知的因素

员工对薪酬公平性的认知，是认知主体对客观现象所建立的一种认知结果，对认知主体而言，在最终获得这一认知结果的过程中，存在着一系列影响员工公平性认知的主客观因素。

1. 岗位价值衡量方法的专业化与合理性

工作评价所选择的方法，对薪酬体系所依赖的岗位相对价值序列有很大影响。方法决定了工作评价的精确程度和客观性，是员工建立公平性认知的平台。研究发现，从分配结果的角度来看，无论采用何种岗位价值评价方法，公平总是相对的，因为客观上很难做到对贡献和报酬的精确计量。一般而言，组织所选择的评价方法越复杂，工作评价结果的精确程度和合理性就越高，但同时方法所体现的专业性也就越强，向员工解释的难度也就越大。

2. 岗位信息分布的不对称状态

现代组织的分工体系，造成组织中的每一个人都不可能完全了解组织内其他岗位的工作情况。最了解某一岗位信息的是该岗位的任职者，对其他部门和管理层级的任职者而言，他们之间处于高度的信息不对称状态。这对员工认可岗位价值排序结果的公平性，是一个客观存在的障碍。

3. 个人认知的主观影响因素

（1）员工对企业的信任程度

信任强烈地影响着员工对公平的知觉，对企业高度信任的员工，对组织会产生认同感，不会过度计较得失；对企业信任程度低的员工，则很看重自己的收益，时刻防备分配不公。员工对企业的信任程度下降会直接导致公平感下降。

（2）个体认知的自利性偏差

心理学研究发现，在涉及评判自己的表现时，人们倾向于高估自己的努力和贡献，低估别人的努力和贡献，更愿意将成功归结于自己。

【拓展阅读】

正确认识自我的寓意

山上的寺院里有一头驴，每天都在磨坊里辛苦地拉磨，天长日久，驴渐渐厌倦了这种平淡的生活。它每天都在想着，要是能出去见见外面的世界，不用拉磨，那该有多好啊！不久，机会终于来了，有个僧人带着驴下山去驮东西，它兴奋不已。

来到山下，僧人把东西放在驴背上，然后牵着它返回寺院。没想到，路上的行人看到驴时，都虔诚地跪在两旁，对它顶礼膜拜。一开始，驴大惑不解，不知道人们为何要对自己叩头跪拜，慌忙躲闪。可一路上都是如此，驴不禁飘飘然起来，原来人们如此崇拜我！当它再看见有人路过时，就会趾高气扬地站在马路中间，走起路来虎虎生风、腰杆瞬间直了起来！

回到寺院里，驴认为自己身份高贵，死活也不肯拉磨了，只愿意接受人们的跪拜。僧人无奈，只好放它下山。驴刚下山，就远远看见一伙人敲锣打鼓迎面而来，心想，一定是人们前来欢迎我，于是大摇大摆地站在马路中间。那是一队迎亲的队伍，却被一头驴拦住了去路，人们愤怒不已，用棍棒抽打它……

驴仓皇地逃回寺里，奄奄一息，它愤愤不平地告诉僧人：“原来人心险恶啊，第一次下山时，人们对我顶礼膜拜，可是今天他们竟对我狠下毒手！”僧人叹息一声：“果真是一头蠢驴！那天，人们跪拜的，是你背上驮的佛像，不是你啊！”

人生最大的不幸，就是不认识自己。每天我们都照镜子，但是我们在照的时候，可曾问过自己一句话：你认识自己吗？

这样一个故事，旨在告诉我们要学会正确认识自己，在自我认知过程中，不能高估自己的表现，也不能过于负面地评价自己。要从客观的角度对自己进行评价，从而激励自己更好地去努力和奋斗。

（3）维护本群体利益的动机

在企业中，同样或类似的岗位往往不止一个，而是一簇。这就意味着在衡量岗位相对价值时，会涉及一群人的利益。同类岗位簇的人员具有较强的认同性，会自觉或不自觉地维护本岗位簇任职者群体的利益，因此，需要有计划地引导员工树立正确的公平观，建立公平性认知的文化基础。

（三）通过对工作评价的过程控制建立薪酬公平性认知

工作评价技术具有规范的程序性特征。一方面，可以确保数据的准确性和信息充分，有助于实现工作评价指标的科学性、合理性；另一方面，程序规范有助于员工参与薪酬决策，表达意见，避免偏见，体现程序性公平。不少企业在运用工作评价技术时，仅仅关注工作评价的技术性要求，而忽视它的程序性规范，这样的结果是大大降低了工作评价的有效性，失去了引导员工建立公平性认知的重要机会。在这种错误观念的引导下，即使建立了合理的岗位价值序列，也可能得不到员工的普遍认同，最终影响薪酬激励作用的发挥。

要实现工作评价的程序规范性要求，必须对工作评估的流程进行控制。根据控制的基本原理，任何一项管理控制都必须在控制成本和控制效果之间进行权衡。控制过多，可能带来过高的成本，还可能影响人员的工作积极性；控制过少，则可能使程序规范的要求得不到彻底的落实。因此，工作评估的过程控制需要在流程的每一个阶段确立控制点，根据不同需要，综合应用现代管理手段对工作评估进行分析、诊断和纠偏。工作评估的整个流程归纳起来包括以下四个部分。

1. 确定评估计划

“预则立，不预则废”，如同所有的管理活动一样，制订评估计划是保证工作评估活动有效进行的先决条件，是预先控制的主要方法。在此阶段的控制重点，是明确建立公平性认知的目标和途径，确定所需的资源供给，保证评估的有效进行。

2. 成立工作评估委员会

成立评估委员会的目的，就是通过集体决策的相互制衡，以程序性公正满足组织中各群体的需要，贯彻薪酬设计的公正原则。在此阶段，控制点主要包括以下几点。

（1）人数控制

工作评估委员会的人数通常为 5 ~7 人，人数的选择既要能够覆盖组织相关部门、岗位，又要便于会议控制，防止集体决策的低效率。

（2）人选控制

委员会人选对评估结果有重要影响。因此，在确定评估委员会人选时，应严格按照要求进行。一方面，评估委员的构成须遵循多角度原则，成员最好是来自有代表性的不同部门。尽管在评估活动中涵盖所有领域不可能也不现实，但应尽可能地包括多数典型岗位的相关领域人员。另一方面，评估委员应当在一定程度上熟悉被评估岗位的情况。另外，评估委员的选择还需考虑相关部门成员对其的认可程度，具有一定群众基础，具有责任心，能够保持公正客观的判断，高中以上的受教育程度对于评估委员来说也是较为重要的条件。依靠评估委员会进行工作评估，可以大大提高员工以及管理层对方案的接受程度，因为委员们是各领域雇员的代表，作为非专家对评估过程进行参与和了解，有助于减少工作评估的信息不对称，增强来自集体判断和“自己人操作”的心理优势，这对工作评估方案的解释有很大的影响。

（3）评估前进行相关培训

有效的评估必须确保每个成员熟悉和理解工作评估的目的、现行体系和工作评估的过程，以及他们的责任。培训师可由人力资源部主管或外部专家担任，也可由资深的有评估经验的经理人员担任。

3. 规范评估会议过程

所有的工作评估结果，都是在评估会议上产生的。尽管不同的方法对会议的程序要求不尽相同，例如，排序法只需对评估人员进行简单说明，使其了解评估程序，再由主持人指导对所评岗位进行排序就可以了；评分制则需要在会议上逐项产生指标、权重、清晰界定的评估标准，然后在此基础上对岗位进行评估。但是，无论采用何种评估方法，对评估会议的现场控制要求都十分严格。评估会议的现场控制责任，通常由有经验的会议主持人承担。但企业在配合准备的过程中，可以通过了解控制原则的贯彻情况，来鉴别评估控制实施过程的质量。

4. 做好方案解释工作

从评估方案产生到员工认同在此基础上产生的薪酬框架，中间有一个方案的解释环节。方案解释环节的控制实际上是对信息的控制和利用。一方面，工作评估具有很强的专业性，由此决定了大部分员工对工作评估技术的认识是肤浅的，甚至是完全陌生的；但另一方面，工作评估产生的结果又和企业内每一个员工的切身利益紧密相关，具有高度的敏感性。因此，对信息环节的控制往往最终决定了员工对岗位薪酬的公平性认知。企业必须认识到，任何一个方案都不可能自动得到认可并顺利贯彻落实，只有通过向员工解释，才能使评估的作用得以有效发挥。有些组织注重方案的开发和评估的实施，不惜花费较大的成本和时间，但忽视事后对评估过程和方案的解释工作，结果可能很被动，反而产生不利的后果。

具体来讲，方案解释的渠道包括正式渠道和非正式渠道。正式渠道包括在企业内各层级会议上宣传解释，在企业内刊、宣传栏等信息媒介上发布信息，利用企业内培训等活动加强职工对评估的认识等。非正式渠道在评估方案的解释中也扮演了重要角色，由于信息与每个人的切身利益相关，员工具有高度的敏感性，会普遍关心评估活动的开展和结果。因此，企业可以有目的地选择人员进行小道消息的传播，这其中可以充分发挥评估委员会成员的作用。

【本章回顾】

工作分析是人力资源管理的基础环节，是一项多层次、多种类、应用范围非常广泛的管理技术，它对于维持和发展人力资源管理系统是不可或缺的。人力资源管理是一个有机的系统，其职能主要包括人力资源规划、人员招聘、培训、薪酬管理、绩效管理等，这些职能之间是相互连接、彼此协调的。本章着重介绍了工作分析与定编定员、人力资源规划、人员招聘与培训、绩效管理、薪酬管理之间的关系及具体应用，以此来加深学生对工作分析结果的认识，与此同时，认识到工作分析在人力资源管理系统中的重要性，有利于为学生未来工作的顺利开展提供借鉴，帮助学生更好地适应社会生活。

【思考题】

1. 通过本章的学习，你如何看待工作分析结果的应用？
2. 工作分析与定编定员的具体实施步骤是什么？
3. 工作分析在人力资源规划中的应用具体有哪些？
4. 工作分析在人员招聘与培训中的作用有哪些？
5. 你如何看待工作分析与薪酬公平性？

第八章　工作设计

【学习目标】

1. 了解工作设计的定义、目的、影响因素、内容及原则、思想演变及发展和程序，对工作设计有初步的了解。

2. 从整体上对工作调查的概念、主要内容及方法有准确的把握，对工作调查有一定的认识。

3. 明确工作再设计的定义、原则、影响因素及意义、内容和方法等基本概念，认识到工作再设计的重要性。

【案例引入】

“富士康坠楼事件”与工作设计

富士康科技集团是全球计算机、通信、消费性电子领域规模最大、成长最快、评价最高的国际集团，是全球代工服务领域龙头，也是世界500强企业之一。但自从富士康“第一跳”以来，在短短半年内发生的五次跳楼事件让全社会瞩目震惊。短时间内专家、政府纷纷介入富士康，社会各界众说纷纭。一项社会调查显示，在被调查的13774人中，有85.5%的人认为富士康在坠楼事件中应负有主要责任；41.7%的人认为“富士康跳楼事件”频发的原因是员工缺少关爱，30%的人认为是员工社会压力大。

“富士康事件”是由多种原因共同造成的。从工作设计的角度来看，传统的工作设计方法致使工作内容单一，按照泰勒的科学管理进行工作设计的基本途径就是工作—动作研究。在这种传统的工作设计中，每项工作被分解成高度专业化的操作单元，然后员工在严格的监督下完成。根据这种思路所设计出来的工作内容，专业化程度很高但内容单一。在富士康的流水线上，电子产品生产工艺被分解成若干个操作单元，每个员工仅需熟悉其中一个单元的操作方法，并在整个生产过程中不断反复，员工就像机器一样重复单调、枯燥的工作，这种传统工作设计方法所带来的危害显而易见。新华网报道：“一项统计显示，富士康的员工流失率为每年35%左右，这意味着企业的员工每三年就会完全换一遍。”

当然，由于第二代农民工抗压能力不强，喜欢接受新的事物，因而，他们对工作难以产生满足感和成就感，内在报酬水平较低，这一系列的因素在一定程度上导致了“富士康坠楼事件”的发生。

请思考：

1. 你认为导致“富士康坠楼事件”的根源是什么？
2. 你认为该怎样才能完善富士康一线员工工作设计？

随着社会及技术的不断变化，工作设计也发挥了其应有的作用。它不仅可以提供现有工作的内容和方式的相关信息，还可以从这些信息中分析出目标的工作内容是否合理，员工对自己的工作是否满意，以便组织决定是否重新设计组织结构，重新界定工作，改进工作方法。工作设计可以使职责分明，有利于增加工作的有趣性，提高员工的工作满意度。那么，你知道工作设计具体指的是什么吗？让我们一起来学习。

第一节　工作设计概述

一、工作设计的定义及目的

（一）定义

工作设计是将组织的任务组合起来构成一项完整工作的方式，它确定了关于一项工作的具体内容和职责，并对该项工作的任职者所必备的工作能力、所从事的日常工作活动以及该项工作与其他工作之间的关系进行设计。为了有效实现组织目标并满足个人需要，不断提高工作绩效，需要对工作内容、职责、权限和工作关系等各方面进行分析和整合，这个过程就是工作设计。

从上述概念中我们可以看出，工作设计中至少应该包含以下这几点内容。

（1）工作是多项任务的组合。组合形式的不同，决定了工作性质的不同，以及它的难度和强度不一致。

（2）必须清晰界定具体的工作内容。工作设计成功与否，就某种意义而言，就是它的明确度和清晰度达到什么样的级数。当然，由于工作性质不同，不是每一种工作都可以落实得相当具体，但在主观上，必须使每项需要设计的工作尽可能地具体化，以使设计结果达到最佳状态。

（3）必须明确任职者的能力、职责、权限和工作关系。这一条和前一条形成相对应的关系，是人岗匹配的基本条件和要求，也是工作设计最终得以落实的前提和基础。

（4）达到目标、满足需要、提高工效是工作设计的主要目的。具体而言，工作设计主要包含对某一职务的工作内容、工作职能以及工作关系等方面的设计。工作内容的设计，是解决如何确定这一职务所包含的各项工作的一般性质问题，也就是对在完成各项工作的整个过程中的多样性、复杂性、自主性、整体性、难易程度等进行设计；工作职能设计，指提出这一职务的基本要求和基本方法，也就是确定该项职务的工作责任、工作权限、工作方式以及信息流通渠道等；工作关系的设计，是对任职者在工作和组织中与其他人之间的各种工作关系进行设计。

有的工作是常规性的，其任务是标准化和经常重复的；有的工作是非常规性的，其任务是非标准化和多变的；有的工作限定员工要遵循非常严格的程序和流程，有的工作给予员工充分的自由空间；有的工作要求复杂和多样的技能，有的工作只需要基本的或特殊的技能；有的工作让个人来完成可取得更好的效果，有的工作只有团队合作才能做得更好；等等。正因为工作的性质和种类过于繁复，所以精确到位的工作设计更加必不可少。工作设计就是要通过对工作和员工的需求进行分析，对工作进行有意识的设计和安排，综合组织对工作的设想和规划，以及对员工技能、偏好和水平等的要求和期待，从而达到开发员工潜力、提高工作绩效、落实组织目标的目的。

（二）工作设计的目的

工作设计改变了员工和工作之间的基本关系。传统的管理理论往往把重点放在工作的人身上，而把工作仅仅看作一个不可改变的固定物。工作设计则打破了这样一个传统观念，它假设工作本身对员工的激励，对员工的满意度和生产率都有强烈的影响，也就是说，从某种意义而言，工作是可以改变的，从原来冰冷的、死板一块的固定物，变成具有生命力的、充满着快乐和情趣的“朋友”和“知音”。工作设计就是在这样一种理念的指导下，假定在工作得到适当的设计之后，员工的积极态度就会随之被调动起来。同样一组工作，同样一群员工，如果设计混乱，其结果免不了是扯皮、摩擦和消极怠工。而科学的工作设计，则能赋予工作以乐趣，“原来工作也可以这样来做”会成为员工的新发现。另外，研究表明，职责分明的工作设计有利于改善人际关系，员工的工作热情也会因此而得到提高。

根据以上分析，归纳起来，工作设计的目的有以下几点。

1. 改变工作态度

心理常识告诉我们，一个人对其所从事工作的态度如何，对这项工作的结果会有关键的、根本性的影响。换而言之，也就是说，如果任职者对其从事的工作是喜欢的、满意的，那他就会全身心地投入，而且其思维往往是开放的、多维的，在工作中自然会形成许多创造性思维的诱发因子，从而使工作者进入一种现实和创造互为作用的理想的工作状态。

2. 明确工作内容

所谓明确工作内容，关键是要将其落实到可操作层面。做什么，怎么做，这是任何工作设计都必须首先回答的问题，工作内容交代得越具体、越精确，就越便于操作和执行。毫无疑问，一份笼统、抽象的工作设计，没有丝毫的作用和价值。

3. 规范工作行为

从客观上来说，人的许多行为都来自本能，这在日常生活中是正常的、无可厚非的，没有必要加以规范和限制。但工作行为则是一种特殊的行为，无论哪种工作，或多或少都有一定的要求和规范，工作性质越复杂，规范的程度通常也就越高。工作设计的一个十分重要的目的，就是针对不同类型的工作要求，提出相应的、可遵守的工作行为规范。

4. 提高工作绩效

一个组织，特别是企业，工作设计并不是最终目的，而只是一种手段，其最为实际的目的，就是通过工作设计，尽可能地使企业的各项工作规范化、程序化、科学化，从而通过各项工作的正常运转和合理展开，来达到工作的最佳状态，以获得最佳的成果和绩效。

二、工作设计的影响因素

一个成功、有效的工作设计，必须综合考虑各种因素，即需要对工作进行周密的、有目的的计划安排，并考虑到员工的具体素质、能力及各个方面的因素，也要考虑到本单位的管理方式、劳动条件、工作环境、政策机制等因素。具体进行工作设计时，必须考虑以下几方面的因素。

（一）员工的因素

人是组织活动中最基本的要素，员工需求的变化是工作设计不断更新的一个重要因素。工作设计的一个主要内容，就是使员工在工作中得到最大的满足，随着文化教育和经济发展水平的提高，人们的需求层次提高了，除了一定的经济收益外，他们希望在自己的工作中得到锻炼和发展，这就对工作质量的要求也更高了。

只有重视员工的要求并开发和引导其兴趣，给他们的成长和发展创造有利条件和环境，才能激发员工的工作热情，增强组织吸引力，留住人才。否则，随着员工不满意程度的增加，带来的是员工的冷漠和生产低效，以致人才流失。因此，工作设计时要尽可能地使工作特征与要求适合员工个人特征，使员工能在工作中发挥最大的潜力。

（二）组织的因素

工作设计最基本的目的是提高组织效率，增加产出。工作设计离不开组织对工作的要求，具体进行设计时，应注意，工作设计的内容应包含组织所有的生产经营活动，以保证组织生产经营总目标顺利且有效地实现；全部岗位构成的责任体系应该能够保证组织总目标的实现；工作设计应该能够有助于发挥员工的个人能力，提高组织效率。这就要求进行工作设计时要全面权衡经济效率原则和员工的职业生涯和心理上的需要，找到最佳平衡点，从而保证每个人满负荷工作，使组织获得生产效益、员工个人满意度及安宁两方面的收益。

（三）环境因素

环境因素包括人力供给和社会期望两方面。一方面，工作设计必须从现实情况出发，不能仅仅凭主观愿望，而要与人力资源的实际水平相一致。例如，在我国目前人力资源素质不高的情况下，工作内容的设计应相对简单，在技术的引进上也应结合人力资源的情况，否则引进的技术没有合适的人使用，会造成资源的浪费，影响组织的生产。另一方面，社会期望是指人们希望通过工作得到的满足。不同的员工其需求层次是不同的，这就要求人力资源部门在进行工作设计时应考虑到人性。

在 21 世纪，激励越来越受到管理者的重视，因为它是对员工从事劳动的内在动机的了解和促进，从而使员工在最有效率、最富有创造力的状态下工作。工作设计直接决定了人在其所从事的工作中干什么、怎么干，有无动机性，能否发挥其主动性、创造性，有没有可能形成良好的人际关系等。优良的工作设计能保证员工从工作本身寻得意义与价值，可以使员工体验到工作的重要性和自己所负的责任，及时了解工作的结果，从而产生高度的内在激励作用，形成高质量的工作绩效及对工作高度的满足感，达到最佳的激励水平，为充分发挥员工的主动性和积极性创造条件，只有这样，组织才能形成具有持续发展性的竞争力。

三、工作设计的内容及原则

（一）工作设计的内容

任何组织都有一定的工作，或者可以这样说，工作是一个组织的生存特征，一个组织没有了工作，也就意味着失去了存在的前提。有工作就要有人来做，那么要谁来做、做多少、怎么做、做什么等，都要进行明确和限定，这些就构成了工作设计的内容。具体来讲，工作设计的内容包括工作内容、工作职责、工作关系、工作产出、工作结果的反馈以及任职者的反应六个方面。

（1）工作内容。工作内容指确定工作的一般性质，这是关于工作范畴的问题，包括工作的种类、自主性、复杂性、难度、强度和工作完整性。

（2）工作职责。工作职责指完成每项工作的基本方法和要求，包括工作责任、权限、信息沟通、工作方法和协作关系等，均是关于工作本身的描述。

（3）工作关系。工作关系指员工在工作中所发生的人与人之间的关系，包括同事之间的关系、上下级之间的关系、与其他部门之间的关系，以及组织外与工作相关联的关系等。

（4）工作产出。工作产出指工作的业绩和成果的产出情况，包括工作绩效和任职者的反应。前者是工作任务完成所达到的数量、质量和效率等具体指标，后者是指工作者对工作的满意程度、出勤率和离职率等，以及组织根据工作结果对任职者所做出的奖惩。

（5）工作结果的反馈。工作结果的反馈指工作本身的直接反馈和来自别人对自己所做工作的间接反馈，即同级、上级、下属人员、客户等各方面的反馈信息。

（6）任职者的反应。任职者的反应指岗位任职者对工作内容、职责关系、产出和反馈的意见。

（二）工作设计的原则

工作设计的好坏，会直接影响工作质量的优劣及工作本身的成败。从长远来看，还会影响整个组织的生存状态和发展愿景，因此，在工作设计时，我们应该遵循以下原则。

1. 因事设岗原则

组织的发展目标决定了工作的性质和任务，而岗位是根据工作设置的，这就是因事设岗的原则。组织中不存在没有工作的岗位，如果有，那也是“虚岗”，应该撤除。当然，设置岗位既要着眼于企业现实，又要着眼于企业发展和未来。另外，应按照组织各部门的职责范围来划定岗位，而不能因人设岗。岗位和人应是设置和配置的关系，而不能颠倒和混淆。

2. 动静结合原则

为了适应社会的发展、外部环境的变化、组织战略目标的转移等因素，工作设计必须采取开放和运动的态势，不能一劳永逸。因此，现在很多咨询公司和企业提出了“职位族”的工作分析方法，但“职位族”的概念太宽泛，不利于每一位员工清晰地掌握自己的工作内容，对责任的划分也存在一定的模糊现象。因此，为了尽可能地适应外部变化和组织的动态发展，工作设计必须“动静结合”，该“动”则“动”，宜“静”则“静”。一般而言，对于基础性的工作岗位，宜采用静态为主的工作分析法；

而对于与外界联系比较密切、变化较为频繁的岗位，宜采用动态分析为主的工作分析法。总之，动也好静也好，都必须以企业的核心竞争力为基点，以企业的战略愿景为依据。

3. 工作满负荷原则

实行满负荷工作，就是力求使员工的各项指标达到最佳状态，做到人尽其力、物尽其用、时尽其效。工作设计的一项基本任务，就是保证每个岗位工作量的饱满和有效劳动时间的充分利用。如果岗位的工作量是低负荷的，那么必然会导致成本的升高，导致人力、物力和财力等方面的损失和浪费。但超负荷也不行，因为超负荷虽然能暂时带来高效率，但这种效率不可能长久维持，长此以往，不仅会影响员工的身心健康，还会给设备等带来不必要的损坏。因此，在工作设计中，应当重视对岗位任务量的分析，尽可能地使劳动定额和岗位定员科学化、合理化。

4. 工作环境优化原则

工作环境优化是指利用现代科学技术，改善工作环境中的各种因素，使之适合劳动者的生理、心理安全健康，建立起“人—机—环境”的最优系统。

一方面，要优化影响工作环境的物质因素。工作环境的物质因素包括工作场所的安排、照明与色彩、设备、仪器和操纵工具的配置等。工作场所的安排要符合生产工艺要求和人体活动规律，确保工作场所中的劳动者、劳动工具和劳动对象的关系达到最优化结合。这样既方便员工操作、提高工效，又能保证环境安全和卫生，使员工心情舒畅、状态良好。适宜的照明和适度的色彩环境，能够给人以舒适感，有利于稳定员工心理，促进工作效率的提高。另一方面，要改善影响工作环境的自然因素，如工作场所的空气、温度、湿度、噪声及绿化等。

工作环境影响工作的效率和结果，良好的环境是保证工作顺利完成的基本条件。优化企业工作环境，为劳动者提供良好的劳动氛围，这是企业重视员工情绪、关注员工需求的具体体现，同时也是企业能够实现目标的前提和基础。此外，在进行工作设计时，应尽量降低工作场所的危险性，降低因从事此类工作可能患职业病的可能，尽量避免在高温、高湿、寒冷、粉尘、有异味、噪声等环境中工作。

5. 员工能力开发原则

当今企业的发展越来越依赖于员工，而员工越来越注重个人的发展和能力的提升。员工能力的开发不仅仅通过培训来完成，工作中的实践锻炼也是有效的办法之一，并且往往成为员工看重这项工作的重要原因。在工作设计中，应该考虑工作的设置等能否使员工的能力得到提升，也就是要全面权衡经济效益和员工生理心理需要，找到最佳平衡点。工作设计就是要让员工在适度的挑战中工作，在适度的挑战中不断提高自己的能力。

四、工作设计的思想演变及发展

（一）纯理性的工作设计思想阶段

纯理性的工作设计思想的基础是“职能专业化”，即把工作者分到范围窄小的工作上。英国经济学家亚当·斯密在他的《国富论》中，就曾对专业化有详细的论述和评价：“生产质量稳定，生产速度快，在专业狭窄的领域内工人的技术水平较高。此外，专业化还有经济上的优点。简单的部分可由具有简单技术的低薪工人来生产，而复杂的部分可由具有高级技术的高薪工人来生产。这样高薪工人绝不去完成其价值低于劳动力成本的工作。另外，学习一项新工作的时间将减少。因此，一个新工人只需学习一种或几种不同工作项目。”

尽管职能专业化的基本概念在18世纪末期便已建立起来，但是直到19世纪末20世纪初，系统的工作设计方法才由泰勒发展起来，并广泛应用于20世纪40年代。这一方法被称为工业工程方法。工业工程方法主张的是，工作专业化和简化的工作设计思想。在20世纪上半叶大规模的生产方式下，工业工程方法对提高生产效率确实起了重要作用，并受到了欢迎，但也有大量研究表明，工业工程法带来了许多负面后果。比如，工作专业化和简化使工作变得重复单调，造成员工厌恶工作，工作满意度下降。高度分工割断了工作任务之间的联系，破坏了工作的完整性，使员工对自己所承担的工作与企业生产过程整体之间的联系乃至工作的意义缺乏了解，从而导致员工工作主动性和积极性不高。

（二）人性化的工作设计思想阶段

在人性化的工作设计思想阶段，出现了许多丰富的充分考虑人本观念的理论，如人际关系理论、双因素理论、工作特征理论，下面对这三个主要理论进行介绍。

1. 人际关系理论

当科学管理在实践中被运用到极端之后，人际关系运动在很大程度上是作为对这一运动的反拨而出现的。人际关系运动强调的不是组织的生产需要，而是从雇员个人的视角来看待职位。

人际关系理论是由哈佛大学教授梅奥提出的，他在霍桑实验的研究结果基础上提出了人际关系学说。如果将“关注人”和“关注工作效率”作为工作设计的两个因素，可以说，以梅奥为代表的人际关系学派则是一个重要的分界线。在20世纪四五十年代，人际关系理论对管理理论和实践产生了深远影响。自此，管理方式从重物转向重人。“参与管理”便是工作设计思想向人本化方向迈出的重大步骤，它是工作设计思想的一次根本性变革。

【拓展阅读】

罗森塔尔实验

罗森塔尔教授曾讲述过一个实验。在实验中，志愿者被分成两人一组，每组中分别由一个人按照研究者的指示，假装自己有根手指受伤，缠上了胶布，并做出很疼的样子。过了一会儿，他们又假装再次伤到手指。如果当时他们的同伴是在直视他们的眼睛，那么对方也会受到惊吓，并且会不自觉地模仿他们疼痛的表情。而如果他们的同伴没有看他们的眼睛，那么对方即使意识到他很疼，也不会受到惊吓。由此可见，在精神不集中时，我们会忽视一些重要的细节，特别是情绪方面的细节。因此，直视同伴的眼睛为产生同理心创造了条件。

这个实验说明了相互关注的重要性，这种关注是产生同理心的一个重要前提。

2. 双因素理论

行为科学评论家弗雷德里克·赫茨伯格与他的同事，于1959年提出了著名的双因素理论，也称为激励保健理论，该理论将“参与管理”的思想进一步理论化、具体化。这一理论认为，有两大因素影响着员工工作的激励程度，分别是保健因素和管理因素。保健因素包括薪金水平、公司政策、工作环境、与他人的关系等；激励因素包括晋升机会、个体成长机会、认可、责任和成就。

赫茨伯格认为，每一位员工都有心理成长的需求，心理成长取决于成就，而成就取决于工作。因此，要想激励员工以提高劳动生产率，就必须重新设计工作。对此，他提出了工作丰富化的思想。所谓工作丰富化，是指通过增加工作深度，使员工对工作拥有更多的自主权、独立性和责任感，从而让员工感到成就、赞赏、责任和进步。这种以人为本的工作设计思想，对调动员工的积极性和主动化起了很大的促进作用。因此，在20世纪六七十年代，它被发达国家的企业广泛实践。

3. 工作特征理论

为进一步使工作丰富化理论更加具体、更加有利于实践，哈克曼和奥德海姆提出了工作特征理论。该理论认为工作特征包括以下内容。

（1）技能多样性。技能多样性指完成一项职位的工作时个人能够使用一系列技能和禀赋的程度。

（2）任务的同一性。任务的同一性即从事一项职位的工作时，能够从头到尾地完成任务并看到显著成果的程度。

（3）任务的重要性。任务的重要性即一项职位对其他人或工作的实质性影响程度，这种影响可以是内部的，也可以是外部的。

（4）自主性。自主性即一项职位所能给任职者在确定工作程序和计划方面的自由、独立程度。

（5）反馈。反馈即完成工作任务的人获得他或她工作成绩的信息的程度。

工作特征理论的主要观点：通过重新设计工作，增加工作的多样性、完整性、重要性、自主性和反馈性，可以使员工的心理状态得到改善。员工能够感受到所从事的工作很有意义，从而对工作更加负责任，更能及时看到努力工作的结果，在这种心理状态下，员工的内在工作动机被高度激发出来，表现出更优秀的工作绩效，对工作更加的满意，从而保持较低的缺勤率和离职率。

（三）整合优化的工作设计思想阶段

经历了人性化的工作设计思想阶段之后，当前工作设计思想进入了整合优化的阶段。这一阶段的工作设计思想主要表现在以下几个方面。

（1）在设计厂房、工艺和安装设备时，要考虑到把技术系统和社会系统、工作任务与人的需求结合起来，把技术系统设计得有利于人的身心健康，以及有利于发挥人的创造性。

（2）设计或重新设计工作内容时，按工作特征理论来构造个人及群体的任务，使工作本身起到激发员工主动性和积极性的作用。

（3）选择工作组织，使之既有利于提高工作的效率，又有利于满足人的心理需求。整合优化的设计思想，是现代企业一种较系统的、理想的工作设计思想。在 20 世纪 80 年代以后，这种思想一直被发达国家广泛接受和推广。

五、工作设计的程序

企业所进行的工作设计通常有两种情况：一种是针对组织中存在的问题进行的工作设计；另一种是针对新设组织所进行的工作设计。任何组织在运行的过程中，总会出现这样或那样的问题，这些问题可能是由于组织结构设计不合理造成的，也可能是由于部门或岗位设置不完善，抑或是因为部门之间的关系不合理等。为了解决组织运行中的这些问题，企业管理人员需要对组织的结构、部门岗位及相互关系进行调整或重新设置。对一个新的组织而言，也要通过工作设计来设置服务于组织的部门和岗位。

无论是哪种类型的工作设计，都应该从组织的角度和工作本身的角度两方面去考虑。这里的工作设计是广义上的，包括组织设计（分析）部分和具体的工作设计部分。

（一）组织任务的确定阶段

1. 内外环境分析

组织总是存在于一定的环境之中，因此，工作设计首先应该从对组织内外部的环境分析入手。当然，无论是外部还是内部，具体的环境都有可能是错综复杂、千变万化的，任何组织都没能力也没必要去收集无限量的与环境相关的信息和资料。因此，环境分析的关键，是必须找到有利于或者有害于组织生存和发展的“命门”，然后进行规划和设计，这样才有助于组织开拓理想、健康的发展空间，落实合理、有序的发展愿景。

2. 组织定位分析

确定或分析组织的目标和宗旨、组织所处的行业、企业的战略定位以及企业的业务领域、范畴、核心竞争力分别是什么。组织的建立或存在，总是为了实现既定的目标和宗旨。因此，对于新设组织，需要确立其目标和宗旨；而对于一个既定的组织，则要分析组织原先的目标和宗旨是什么。组织总是存在于一定的行业和竞争态势之中，有其从事的业务领域和范畴。因此，培养竞争意识、提升竞争能力，无疑是组织定位的题中之义。其中，核心竞争力是企业用来战胜竞争对手的独特优势，其他的企业是难以学习的，必须重点对其加以考虑和规划。新建组织需要确定这些内容，而原有组织需要对这些内容进行经常检视和分析。

3. 组织任务分析

弄清了企业的外部环境、内部优势和企业的目标宗旨、战略定位等问题之后，就可以确定组织的工作任务了。明确新设的组织或既定的组织的总体工作任务是什么，进而开展更加详细的工作任务的确定和分析。

（二）部门任务的确定阶段

1. 分析并改进业务流程

确立或分析组织的业务流程，确定关键业务流程，对不合理的部分进行改进，是工作设计的重要内容。

2. 组织结构设计

根据业务流程设计组织结构框架、任务，确定部门以及部门职责。组织结构的设计，其实是确立了更大范围内的工作内容。

3. 部门工作任务的确定

根据组织结构确定的部门，进一步确定部门的职责和工作任务。部门工作任务是部门岗位工作任务的集合。

（三）岗位工作任务的确定阶段

1. 设计部门内的岗位

部门都有一定的工作任务，而工作任务是靠岗位上的员工来完成的，因此，这一阶段的工作就是根据任务设计岗位，具体包括需要什么岗位、岗位数量多少、岗位的工作量等。

2. 界定岗位工作

工作任务可具体分解为各项工作。在这个阶段，要确定工作的性质，设计岗位的具体职责、职权、上下级关系和任职资格等。

3. 形成设计文件

其实，设计文件的形成是贯穿在上述三个阶段之中的，组织任务的确定、部门任务的确定和岗位工作的界定，分别会产生各自的设计文件。

【知识延伸】

工作设计中常见的六种错误

错误一：工作量不足

在工作设计中，最大、最常见的错误就是设计的工作量不足。很多人的工作任务太少了，他们没有得到合理的安排。这种错误是造成员工挫败感和生产率低下的主要原因。

错误二：工作量过大

工作设计也有可能会犯相反的错误，即工作量过大。

人类的整个历史证明，人们可以承受远比他们想象得多的任务。没有哪项运动纪录可以永远保持下去，它们总是会被打破。人们反复地超越自我，有能力做出他们难以想象的表现。显然，工作表现本身及工作结果是员工最大的动力源泉。因此，任务量必须充足。当然，也必须有一个界限，因为超过这个界限就会引起员工的不满，进而影响工作。

错误三：缺乏实质性工作内容

这类错误在中小型企业中很少出现，但它是大型企业的一种“流行病”。

不承担责任，一项任务就会缺少重要的核心元素，因此，应明确每个岗位的工作内容，做出工作说明。

错误四：多人参与同一项工作

有时候某些工作单靠一个人是无法完成或解决的，而是要依靠合作与协调。但多人参与同一项工作，会导致“人人不尽其责”的问题，反而降低工作效率。这种情况下，必须有相关的规范标准来约束员工，即要做好监督工作。

错误五：“几乎包含一切”的工作

这类工作会强迫人们分散精力、浪费精力，会让工作已经很繁忙的人极度劳累，却往往无法取得有价值的成果。

人们需要为取得成果而集中注意力。比如，外科医生在做一个心脏手术期间要全神贯注，完全专注于这项工作任务，他不会离开去接一个很短的电话或者去参加一个会议。任务必须足够重要，并且能够迫使人们把注意力集中在一件事情上。这是取得成果的最简单的方法。

错误六：“要命”的工作或无法完成的工作

这种工作有时候会要一个人的“命”，当然这是夸张的说法。这种情况并不是因为一个人的工作太多了，而是因为这种工作提出的要求非常多，并且相关要求涉及很宽的范围，普通人根本无法全部满足这些要求。

中小型公司经常犯这种错误，一个典型例子就是把营销与销售放在同一个职位上。销售与营销是两个在本质上完全不同的工作，它们需要的能力也不一样，一个人很少能同时拥有这些能力。

工作设计必须符合以下几点要求：工作量必须充足；它们必须使人们集中精力；必须有内在的相关性，而不能是简单的非相关工作的集合；必须让相关目标能够达到；必须根据普通人的能力设计工作。

第二节　工作设计新思路

一、传统工作设计及其不足

（一）传统工作设计的特征

传统工作设计一般呈现倒“Y”形，通常具有以下特征。

（1）工作主要分为管理工作和员工工作两种。

（2）管理工作非常有限，一般由正（副）部门经理工作、正（副）总经理工作等组成。

（3）管理工作发展和变化空间有限，且通常是“能上不能下”。

（4）员工工作相对较多，主要由业务工作和技术工作组成，业务工作和技术工作又分为不同层次。

（5）员工工作向上的发展趋势只有竞争有限的管理工作。

（6）企业内部薪酬分配制度以工作层次的划分为基础。

（二）传统工作设计的缺陷

传统工作设计的缺陷，主要体现在以下两个方面。

（1）管理工作的变化呈刚性。管理工作变化空间太小，其变化要么垂直向上，但管理工作非常有限；要么直线向下，沦为普通员工。在我国企业，特别是在国有企业中，管理工作往往是“能上不能下”，沦为普通员工的可能性太小，因此管理工作往往表现为停滞不前，缺乏活力。这种刚性特征使管理层新陈代谢不畅，同时也抑制了优秀员工进入管理层工作。

（2）员工工作的开展呈刚性。管理工作的刚性及有限性特征，使得普通工作人员对未来通过努力进入管理工作的期望减弱，这也大大挫伤和遏制了普通员工的工作积极性和主动性。

二、柔性工作设计及其优势

（一）柔性工作设计的特征

柔性工作设计直观上呈“X”形，其具体特征主要有以下四点。

（1）所有工作都由管理工作和员工工作两类组成。

（2）管理工作由两部分组成：一部分是传统工作设计中的以部门为管理对象的管理工作（以下称为管理工作A），亦即行政管理工作，其工作是有限的；另一部分是以项目为管理对象的管理工作（以下称为管理工作B）。

（3）管理工作A主要分为正（副）部门经理、正（副）总经理等；管理工作B也分为多层（比如项目经理、高级项目经理、专家、高级专家等），并与管理层次A的层次划分相对应。

（4）在薪酬分配制度上，管理工作A与管理工作B坚持同层次同待遇的原则。

（二）柔性工作的优越性

与传统的工作设计方式相比，柔性工作设计有诸多优点，如下所述。

（1）各项工作能纵横有序地快捷流动。在遵循一定规则的前提下，组织内各项工作能纵横有序地快捷流动。这不仅使整个企业组织充满活力与生机，而且也增加了企业组织对外界的适应力、应变力，从而提高企业组织的市场竞争力。

(2) 管理工作流动空间增大。管理工作 A 可流向管理工作 B，管理工作 B 可流向管理工作 A，从而能保证领导层进行必要而及时的新陈代谢，又能兼顾管理人员的个人发展偏好。通过设计管理工作 B，使管理工作 A 上的管理者“能上能下”，横向流动，这样为员工岗人员进入管理岗提供了上升空间，从而保证领导层旺盛的生命力。同时，处于管理工作上的管理人员，可能不愿意缠身于繁杂的行政管理工作岗位而选择退出管理工作 A，进入管理工作 B，从事适合自己或自己喜爱的专业技术或专业业务工作，从而兼顾了管理者的发展方向与偏好。

(3) 员工工作向上攀升空间扩大。由柔性工作设计的特点可知，员工工作向上攀升空间扩大无疑会提高员工的工作积极性与主动性，同时也有利于自动建立起一个企业内部的竞争机制。

(4) 有利于引进并留住优秀人才。在柔性工作设计下，一方面，人才的努力能得到应有的承认与回报；另一方面，人才也能在企业内部很灵活地找到适合自己或自己喜爱的岗位。这种机制保证了企业所需人才的及时引进，同时也减少了优秀人才的外流。

第三节 工作调查

一、工作调查的定义

工作调查是以工作岗位为对象，采用科学的调查方法，收集各种与工作有关的信息和资料的过程。工作调查不同于一般的了解情况。它要通过调查，取得说明工作岗位的第一手资料，同时还必须注意采用科学的调查方法，认真搞好调查研究，以确保材料的真实性、可靠性和完整性。只有做好这项工作，工作分析和工作评价才能顺利进行。

二、工作调查的内容

工作调查的内容主要分为以下几方面。

第一，工作任务的性质、内容、程序，以及完成任务所需的时间。比如，是做什么工作的，是部门领导还是某一方面的主管，是做研发的还是做销售的；这些内容里面哪些比较重要，哪些是次要的；工作经过哪些程序，是怎么做的；完成这项任务，领导有没有在时间上的要求等。

第二，工作的责任。这个工作有哪些责任，哪些负主责，哪些负部分责任，哪些工作只是支持别人。比如，美国的企业往往有一个办公室，开会时办公室只负责支持会议，做布置会场、准备开水、准备纸张等支持性的工作，不负责开会内容。

第三，承担本工作的资格、条件。工作要求什么样的任职条件，如对学历、经验、年龄和身体有什么要求。比如，某些工作女性做不太适合，要求一定是男性；有些工作要求一定有本科以上学历，或者五年以上的工作经验等。

第四，工作应知应会的技能。在负责某项工作时必须要懂相关方面的知识。比如，化工企业的员工应该懂得化工方面的专业知识；机械厂冷加工车间的工人必须具备安全操作机床的能力，具备一定的专业技能；从事管理工作的人员应该具备管理学的知识等。

第五，与公司内部和外部的关系。假如你是某部门的职员，对内你首先打交道的是部门经理，再上面是分管这项工作的总监或者副总，也可能要和营销部、技术部打横向交道。对外，还要和工商局、技术监督局打交道，这些情况在工作调查的时候都要调查清楚。

第六，工作条件和工作环境。工作处在一种什么条件，特别是对于劳动密集型的企业，比如，建筑行业、化工行业，可能涉及野外、高空作业或接触有毒气体等。在做工作分析和评价的时候要考虑这些因素，比如，化工行业和接触有毒气体的车间的员工，除了基本工资还必须获得营养补贴。

三、工作调查的方法

整体来说，为工作再设计而进行工作调查的方法是多种多样的，其中，最主要的方法有工作满意度调查和工作丰富化调查，具体内容如下。

（一）工作满意度调查

1. 定义

工作满意度调查是为了了解员工对工作的态度。我们知道，不论何种原因，员工对于工作的不满意都会以一定的方式反映出来，其结果是使得生产效率下降、对组织的忠诚度下降、员工缺勤率和离职率提高。同样，员工对工作条件、同事、上级或者工作设备状况的不满，都会使其不安，从而无法专心工作。因此，工作调查就是要掌握影响士气的主要因素，如果这些因素涉及工作本身，就应该通过工作再设计来加以解决。

2. 主要内容

工作满意度调查的内容主要涉及工作条件，如设备、安全状况、工作时间、资源供给情况；还有工作关系，如上下级关系、沟通渠道、工作指导情况；以及工作评价，如工作质量、报酬与奖励等方面。

3. 调查方式

工作满意度的调查方式一般是发放调查问卷，需要注意的是，为了保证能够调查到真实的情况，在设计调查问卷时，应该使得问题简明扼要并易于回答，在设计问项时，建议采用单项选择方式，令问题容易解答。同时，调查问卷还应以匿名方式填写，鼓励员工真实地发表意见。

通过对工作满意度的调查，工作设计人员不仅可以了解到员工对组织目前状况是否满意及其满意程度，还可以了解到存在的问题及原因，从而进行有针对性的设计活动，对工作进行再设计，以提高员工的工作满意度。

（二）工作丰富化调查

1. 定义

工作丰富化指增大员工计划、组织、控制与评估自己工作的自主性与责任感。工作丰富化也叫充实工作内容，主要是让员工更加完整、更有责任心地进行工作，使员工得到工作本身的激励和成就感。

2. 调查方式

工作丰富化调查，就是要了解员工对目前所从事的工作的认知、态度及积极性等，以便找到问题的症结，为工作丰富化提供依据。通常情况下，问卷调查是诊断工作丰富化问题的一种可靠并且易于操作的方法，特别是对某个职务的所有员工进行的调查，通过对调查问卷的分析，往往能找到问题的症结所在。采用问卷调查法时，问卷的设计非常重要。问卷调查的内容应包括基本信息、工作内容的调查、职业发展调查、适应性调查、相关问题调查五个方面的内容，如下面问卷所示。

工作丰富化调查问卷

基本信息

姓名：　　　　职务名称：　　　　职务编号：

填写日期：　　所属部门：　　　　部门经理姓名：

工作基本内容

请准确、简洁地列出你的主要工作内容：

上述内容与工作说明书中的内容是否有差异？如果有，有哪些差异？产生差异的原因是什么？

请列举你有决策权的工作项目：

上述内容与工作说明书中的内容是否有差异？如果有，有哪些差异？产生差异的原因是什么？

请列举你没有决策权的工作项目：

上述内容与工作说明书中的内容是否有差异？如果有，有哪些差异？产生差异的原因是什么？

职业发展调查

请描述你为自己设定的职业发展目标：

你认为这个目标和企业为你制订的发展目标是否一致？如果不一致，差别在什么地方？

为了达到你个人的职业发展目标，你认为企业应该为你做些什么？

在目前的职务情况下，你是如何向你的职业发展目标迈进的？

适应性调查

你是否还有工作的热情？如果没有，原因是什么？

你是否对现在的状态感到满意？如果不满意，你希望达到什么样的状态？

你是否能在没有工作热情时同样做好自己的工作，为什么？

相关问题调查

你自己在工作中最大的困难和苦恼是什么?

你是否喜欢为自己的工作做计划?

你对目前的工作说明书中的职务描述和职务资格要求有什么看法?

第四节　工作再设计

一、工作再设计的定义与原则

（一）定义

工作再设计是指重新确定所要完成的具体任务及方法，同时确定该工作如何与其他工作相互联系起来的过程。工作再设计在很多情况下是改善员工工作生活质量的工具。工作再设计是为了提高生产力和改进工作质量而对某些具体工作内容和安排的改变。工作再设计涉及用于低增值工作任务管理的自动化、计算机化、内部资源和外部资源等方面。根据不同的方案，工作任务可以被重新设计成更广泛、更充实、可交替的方式，并可以提供灵活的工作安排。

工作再设计通常以员工为中心，让员工参加工作的设计过程，员工可以提出对自己工作改进的意见、建议，参与编制工作再设计的具体内容。这样做，一方面，使员工的工作得到组织的认可，增加了员工在工作中的满意度，激发了员工的工作动机；另一方面，工作设计从员工中来，设计的内容更加符合实际情况，有利于工作的顺利实施，共同推进了组织生产的高效和产出的最大化。

（二）原则

美国管理学家哈克曼提出了工作再设计活动的主要原则，即充分考虑技能的多样性，充分考虑任务的完整性，要向员工阐明每项任务的意义，要设置职位反馈环节。

哈克曼认为，满足了上述的原则，就可以使员工体验到工作的重要性和自己所负的责任，及时了解工作的结果，从中产生高度的内在激励作用，形成高质量的工作绩效及对工作高度的满足感。哈克曼提出的工作再设计的一般原则，具有普遍意义，但在工作再设计的具体活动中，还应遵循以下三条原则。

1. 效率原则

提高组织的工作效率是进行工作再设计的目的，工作再设计的实施应该有助于发挥每个人的能力并提高组织效率。这就要求工作再设计全面权衡经济原则和社会原则，找到一个最佳的结合点，保证每个人有效地工作并发挥积极性。

2. 分解集成原则

为保证组织总任务的完成，应该通过工作再设计把组织运行所需的每一件工作都分解落实到每一职位的工作规范中去；同时，全部职位所构成的责任体系，应能保证组织总目标的实现，即组织运行所要达到的每一工作结果。组织内每一项资产的安全及有效运行，都必须明确由哪个职位负责，不能出现责任空档的情况。

3. 实事求是原则

每个工作的任务、责任都可以根据当时资源条件决定适合的人选，不能脱离资源约束来单独考虑组织的需要。

二、工作再设计的影响因素及意义

（一）工作再设计的影响因素

工作再设计的方式有很多种，比如工作内容多样化、工作责任丰富化、工作纵向专业化等。无论哪一种形式，都有某些因素很容易被忽略掉，但它们对工作再设计能否成功却有着非常大的影响。

1. 工资报酬

在进行工作再设计的时候，企业会重点考虑业务流程的运作模式和职能管理等主要因素的优化和深化，而对其他方面的因素考虑得就会少一些，因为它们对工作再设计的影响并不是显性的，而这其中最应引起关注的就是工资报酬因素。

工资报酬是企业得以吸引优秀劳动力和人才的首要因素，工资报酬也是企业经营运作成本的一个主要方面。企业要想在成本方面超越竞争对手，就必须控制人工成本，因此必须限制工资报酬的增长趋势。然而，工作再设计会使每一项工作的挑战加大、价值增大，会对参与每一项工作的人提出更高的素质能力要求，也必然会使员工产生更高的收入预期。这就好像是踩高跷，两根木跷的高度必须一致，如果责任能力这根“木跷”加高了，收入待遇这根“木跷”不动，站在“木跷”上的人肯定是很难保持平衡的。因此，企业在进行工作再设计的时候，一定不能忽视了工资报酬这个限额指标因素。在这个限额范围内开展工作再设计，可以在公司不同部门之间逐步推开，也可以优先考虑关键性的岗位和表现优异的员工，总之就是要进行适度设计。

2. 价值观倾向

既然企业要关注对员工的激励，就必然会考虑员工在过去工作经历中锻炼出来的技能和能力，也会与员工交流，了解员工对工作的看法和想法。公司再根据这些实际的个人因素设计工作的变动方向，是增加复杂性还是增加深度，还是加大责任等。但是，有一个主观因素是企业可能很少会考虑到的，那就是员工的价值观倾向。这个因素对于关键性的岗位，特别是中高层管理职位至关重要，因为这个因素是决定员工工作行为的导向。就像企业越来越重视企业文化建设一样，员工也越来越重视个人的精神需求。员工不仅仅希望通过工作来解决温饱问题，还希望通过工作能够发挥个人专长，实现个人价值，更希望自己所从事工作带来的主观感受与自己的价值观系统相吻合，希望自己能够在一种平和、快乐的氛围中安心工作。这种需求往往是企业最难发现、最难把握的，也往往是员工疏于向企业表达的。

3. 设计的连续性

在实施工作再设计的过程中，有时会因陷入具体的操作而忽略了原来的目标。因此，要不断回顾设计目的，要在设计过程中不断地反思所采取的做法是否能够保证目标的实现。在这个过程中，有两个细节是需要引起注意的，其中之一就是针对同一员工要根据其不同工作周期，进行有针对性的工作设计。同企业的生命周期理论相类似，员工在一个企业的工作状态也有一定的规律变化，这个变化过程对于不同的员工有长有短，但其基本规律不变。面对这样的工作周期变动，企业也要做好对工作进行连续再设计的思想准备，一旦员工的工作状态发生了变动，公司就必须采取相应的对策，以延长员工的工作热情，使员工的工作状态尽可能地在兴奋期、发挥期和挑战期之间循环。

4. 引导自主发挥

企业由于业务流程的限制、岗位定额的限制等，不可能完全按照员工的意志设计工作变动轨迹，这个时候企业的管理者就要注意，不能强制性地要求员工接受公司的安排，而是应当很有技巧地引导员工接受。当员工不能接受时，企业的管理者也要有意识和决心拒绝员工的不合理要求，确保公司的企业文化氛围不被破坏。也就是说，作为企业的管理主体，各级管理人员要能够做到正确引导员工，既要使员工的主观能动性得以发挥，又要使员工主观意志的张扬限制在公司文化价值观的范围。

（二）工作再设计的意义

工作再设计的意义，主要体现在以下两方面。

（1）运用人本管理方法，对工作进行再设计，体现了组织对员工的人文关怀，以

及对人力资本的重视

赫兹伯格的双因素理论表明：员工对工作本身的内部因素日益重视，只有让员工满意，才能激发其工作动机，实现组织和个人的目标。因此，以员工为中心的工作再设计，充分体现了以人为本、员工是工作伙伴、员工是家庭成员这些人性化的人本管理理念。以人为本的工作再设计，对员工缺勤、怠工现象有较好的改进作用，有利于组织留住人才，同时又关注了员工的工作满意度。

（2）工作再设计是组织发展的需要

信息时代的员工更需要能够发展个性、完善自我、不受约束的工作环境，而传统的工作设计的种种弊端，最终会带来员工对工作的厌恶情绪，引起旷工、辞职等问题，造成经济上的损失和员工身心健康水平的下降，不利于激发员工工作积极性。

三、工作再设计的内容

工作再设计和工作设计在本质上都是对工作进行的安排，因此，工作再设计的主要内容与工作设计的主要内容类似，同样包括设计工作内容、工作职能、工作关系、工作结果和工作结果的反馈五个部分。

设计工作内容即确定工作的一般性质问题；设计工作职能即确定每件工作的基本要求和执行方法；设计工作关系即确定个人在工作中发生的人与人之间的关系，包括与他人交往关系、建立友谊的机会和集体工作的要求；设计工作结果指确定工作绩效和工作者的反应程度。工作结果的反馈，主要指工作本身的直接反馈和来自别人对所做工作的间接反馈。

四、工作再设计的方法

工作再设计的方法比较丰富，形式多样，下面介绍八种常用的方法。

（一）工作专业化

工作专业化是一种最为传统的工作再设计方法。受亚当·斯密和泰勒等人的指导思想的影响，管理者都设法将组织中的工作再设计得尽可能细化、简单。它通过时间和动作研究，把工作分解为许多很小的单一化、标准化和专业化的操作内容及操作程序，并对工人进行培训、激励，以使工作保持高效率。专业化这种工作再设计方法，在流水线生产上应用最为广泛。

（二）工作轮换

工作轮换是为了避免工作专业化的缺陷而较早采用的工作再设计方法，它是在保证工作流程不受较大影响的前提下，让员工从执行一项任务转移到执行另一项任务，进而创造“一专多能”的有利条件。

工作轮换的好处是明显的，它尽量使员工发挥多种才能，尝试新的工作职责，获取新的工作经验，这将有助于员工适应能力的培养，同时也为员工提供了一个全面观察和了解工作全过程的机会，有助于工作动机的激发，并能消除长期从事某一项工作的厌恶感。特别是若轮换的工作难度较大，则会使其工作更具挑战性。对管理人员进行的工作轮换则是为他们提供一次学习、培训的机会，增加其对企业的全面了解；使其更好地协调人际关系，为以后晋升做好准备。值得注意的是，若员工不具备完成新任务的技能与知识，则工作轮换很难产生预期效果。

工作轮换存在着一些缺点，工作设计人员在实际操作过程中应特别予以重视，并采取相应的措施规避这些缺点。具体来说主要有以下几点。

（1）发生轮换后由于任职者需要熟悉工作，可能会使工作效率降低。使一位员工从先前的岗位进入一个新的岗位需要增加培训成本，还会带来生产效率下降的问题，因为员工在先前岗位上的效率性能提高组织的积极性。

（2）工作轮换可能使那些聪明而富有进取心的员工的积极性受到影响，因为这些人喜欢在他们所选定的专业上寻找更大的责任。

（3）非自愿地对员工进行工作轮换，可能导致旷工和事故的增加。

（三）工作扩大化

工作扩大化是一种与专业化分工背道而驰的工作再设计方法，指的是通过增加工作内容，使员工的工作变化增加，要求员工具备更多的知识与技能，从而提高员工的工作兴趣。工作扩大化的特点，是横向扩大工作水平与工作条件相似的工作范围，使员工的工作内容多样化，每个员工不仅在每道工序工作，而且要参加相似的、邻近的、前道或后道工序的工作。

工作扩大化的好处在于，一定程度上降低了工作的单调感，增强了员工的工作技能，加大了其工作责任感，提高了员工的工作满意度。不过，如果让员工长期处于这种状态或者不为其增加相应的经济报酬，员工会感到吃亏，这将极大减弱工作扩大化的效果。

（四）工作丰富化

工作丰富化指增大员工计划、组织、控制与评估自己工作的自主性与责任感，它是对工作内容和责任层次基本的改变，旨在向员工提供更具有挑战性的工作。与工作扩大化主要是扩大员工的工作范围不同，工作丰富化主要是拓宽员工的工作权限。工作丰富化让员工拥有确定工作方法、进度、报酬等的自主权，本质上是把部分或全部传统的管理权授予员工。工作丰富化的核心是体现激励因素的作用，具体来说，工作丰富化可从以下六个方面入手。

1. 增加员工责任

不仅要增加员工生产的责任，还要增加其控制产品质量，保持生产的计划性、连续性及节奏性的责任，使其感到自己有责任完成一项完整的工作。同时，增加员工责任意味着降低管理和控制的程度，实行员工自我管理，自己控制代替外界控制。

2. 团队建设与工作自主

赋予员工一定的工作自主权和自由度。发挥团队作用，强化团队目标而淡化个人责任制或岗位责任制，给员工充分表现自己的机会，使员工认识到其工作的意义。

3. 反馈

将有关员工工作绩效的数据及时反馈给员工，使他们看到自己的劳动成果，了解个人的工作绩效，是形成工作满足感的重要因素。

4. 考核

根据团队或小组成员实现工作目标的程度而给予相应的报酬与奖励，使员工感受到被赏识和承认，并认识到集体的力量。

5. 培训

尽可能地多为员工提供学习的机会，以满足员工进步、成长和发展的需要。

6. 成就

通过提高员工的责任性和决策的自主权，进一步突出团队与小组的作用，并使其中每个成员都能提高其工作的成就感。

工作丰富化的主要优点：它能为员工提供更大的激励和更多的满意机会，从而提高员工的生产效率和产品质量，也可以减少缺勤率和离职率。但是，工作丰富化涉及改造工作本身的内容，因此比较复杂和困难，同时，对于员工的要求有所提高，工作丰富化的成效在一定程度上还取决于员工成就动机的高低。

（五）工作团队

当工作是围绕小组而不是围绕个人来进行设计时，就会形成工作团队，它是一种日益流行的工作再设计方法。工作团队大体上有两种类型：综合性工作团队和自我管理工作团队的。

1. 综合性工作团队

在综合性工作团队中，一系列任务被分配给一个小组，然后由小组决定分派给每个成员什么具体任务，并在任务需要时在成员之间轮换工作。例如，公路筑修队就经常以小组的形式决定其各项任务应该如何完成。

2. 自我管理工作团队

自我管理工作团队具有较强的纵向一体化特征。与综合性工作团队相比，它拥有更大的自主权。为自我管理工作团队确定了要完成的目标后，它就有权自主决定工作的分派、工作时间安排和质量检验方法等。这些团队甚至还有权挑选成员，并让成员相互评价工作成绩。其结果是，团队主管的职位变得不那么重要，有时可能会被取消。

（六）弹性工作时间

工作再设计选择的另一项重要内容涉及工作的时间安排。弹性工作时间指允许员工自由选择工作时间的工作日程安排。除每天的核心工作时间（非全部工作时间）内的务必工作外，员工可自由决定何时上班。

（七）工作分担

工作分担指的是由两人或两人以上共同承担一项工作，并分享该工作的报酬和福利。它能使组织的一个职位利用多个人的才能，同时也增加了员工的灵活性。工作分担不仅满足了一大批难以提供全日制工作的人员的要求，而且使得组织可以在既定岗位上吸引更多的人才。同时，由于其工作时间较短，员工的工作效率可以大大提高。但要注意的是，工作分担方法要求做好分担者之间的沟通、协调工作。

（八）压缩工作周

压缩工作周的做法是减少每周工作的天数，但每周工作总时长不变。比如，原来每人每周工作 5 天，每天工作 8 小时，将工作周进行压缩后，改为每人每周工作 4 天，每天工作 10 小时。

这一做法的好处：①有利于提高机器设备的利用率；②工厂如果不是每天进行生产，就可以节省照明、取暖、降温等开支；③员工有更多的休闲时间，减少了上下班往返时间的消耗。

压缩工作周的不利之处主要有：①对有些工作而言，压缩工作周可能会降低生产率，因为每日工作时间的延长会导致体力下降和疲劳；②很多国家的法律都有加班工作时间内工作应给员工增加工资的规定，这对企业来说意味着成本的增加。

【本章回顾】

工作设计既是人力资源管理的一项基础性工作，也是组织不断发展壮大的核心工作之一。通过工作设计，可以满足企业劳动分工与协作的需要；满足企业不断提高生产效率，增加产出的需要。企业工作分析的中心任务是要为企业的人力资源管理提供依据，实现“位得其人，人尽其才，适才适所，人事相宜”。本章着重介绍了工作设计的相关概念，以及工作调查的定义、内容及方法，并在此基础上，对工作再设计的相关内容进行了详细的论述，目的是使学生对工作设计有一个清楚的认识，并在此基础上认识到工作再设计的重要性，帮助学生在工作岗位上发挥最大的作用。

【思考题】

1. 通过本章的学习，你对工作设计有了哪些全新的认识？
2. 工作调查的方法有哪些？
3. 工作再设计的定义及原则是什么？
4. 你如何看待工作再设计的方法？

参考文献

[1] 彭剑锋，张望军，罗军．职位分析技术与方法［M］．北京：中国人民大学出版社，2004.

[2] 陈彩绮，马欣川．工作分析与评价［M］．武汉：华中科技大学出版社，2017.

[3] 郑晓明，吴志明．工作分析实务手册［M］．北京：机械工业出版社，2002.

[4] 胡辰英．人力资源开发与管理［M］．上海：复旦大学出版社，2002.

[5] 方雯．工作分析与职位评价［M］．西安：西安电子科技大学出版社，2017.

[6] 萧鸣政．工作分析的方法与技术［M］．北京：中国人民大学出版社，2010.

[7] 高艳．工作分析与职位评价［M］．西安：西安交通大学出版社，2012.

[8] 李强．工作分析：理论、方法与应用［M］．北京：科学出版社，2015.

[9] 张培德，胡志民．工作分析与应用［M］．上海：华东理工大学出版社，2012.

[10] 朱勇国．工作分析与研究［M］．北京：中国劳动社会保障出版社，2006.

[11] 熊超群．工作分析与设计实务［M］．广州：广东经济出版社，2002.

[12] 穆涛，赵惠敏．职位分析评价体系［M］．深圳：海天出版社，2006.

[13] 王小艳．如何进行工作分析［M］．北京：北京大学出版社，2004.

[14] 尹隆森．职位说明书设计实务［M］．北京：清华大学出版社，2007.

[15] 吴之仪．我的生涯手册［M］．北京：人民邮电出版社，2004.

[16] 邓洁，朱勇国．工作分析［M］．北京：高等教育出版社，2014.

[17] 蒲晓红，廖喜生．工作分析［M］．成都：四川大学出版社，2017.

[18] 赵永乐．工作分析与设计［M］．上海：上海交通大学出版社，2003.

[19] 张岩松，李健，等．人力资源管理案例精选精析［M］．北京：经济管理出版社，2005.

[20] 董临萍．工作分析与设计［M］．上海：华东理工大学出版社，2008.

[21] 饶征，彭青峰，等．任职资格与职业化［M］．北京：中国人民大学出版社，2006.

[22] 朱勇国，王海斌．职位分析与职位管理体系设计［M］．北京：对外经济贸易大学出版社，2010.

[23] 郑晓明．现代企业人力资源管理实务丛书［M］．北京：高等教育出版社，2000.

[24] 周文，刘立明，黄江瑛．工作分析与工作设计［M］．长沙：湖南科学技术出版社，2005.

[25] 陈庆．岗位分析与岗位评价［M］．北京：机械工业出版社，2013.

[26] 葛玉辉．工作分析与工作设计实务［M］．广州：广东经济出版社，2011.

[27] 马国辉，张燕娣．工作分析与应用［M］．上海：华东理工大学出版社，2012.

[28] 任正臣．工作分析［M］．南京：江苏科学技术出版社，2012.

[29] 孙海法．绩效管理［M］．北京：高等教育出版社，2010.

[30] 姚月娟．工作分析与应用［M］．大连：东北财经大学出版社，2007.

[31] 郑永武，苏志霞．工作分析［M］．杭州：浙江大学出版社，2011.

[32] 付亚和．工作分析［M］．上海：复旦大学出版社，2009.

[33] 李文辉．工作分析与岗位设计［M］．北京：中国电力出版社，2014.

[34] 朱颖俊．组织设计与工作分析［M］．北京：北京大学出版社，2018.

[35] 万希．工作分析：人力资源管理的基石［M］．北京：电子工业出版社，2017.

[36] 潘泰萍．工作分析：基本原理、方法与实践［M］．上海：复旦大学出版社，2011.

[37] 陈俊梁．工作分析：理论与实务［M］．北京：中国人民大学出版社，2017.

[38] 蒋祖华．工作分析与测定［M］．北京：机械工业出版社，2012.

[39] 腾宝红．如何进行员工培训［M］．北京：北京大学出版社，2003.

[40] 高新华．如何进行企业组织设计［M］．北京：北京大学出版社，2004.